स्वाधीनता का स्त्री-पक्ष

[स्त्री-विमर्श]

स्वाधीनता का स्त्री-पक्ष

अनामिका

राजकमल प्रकाशन

ISBN : 978-81-267-2291-4

मूल्य : ₹695

पहला संस्करण : 2012
पहली आवृत्ति : 2022
This book is printed on **Print on Demand** Technology : 2025

प्रकाशक : राजकमल प्रकाशन प्रा.लि.
1-बी, नेताजी सुभाष मार्ग, दरियागंज
नई दिल्ली-110 002

शाखाएँ : अशोक राजपथ, साइंस कॉलेज के सामने, पटना-800 006
पहली मंजिल, दरबारी बिल्डिंग, महात्मा गांधी मार्ग, प्रयागराज-211 001
1, अनमोल सोराबजी संतुक लेन, धोबी तलाव, मरीन लाइंस, मुम्बई-400 002
वेबसाइट : www.rajkamalprakashan.com
ई-मेल : info@rajkamalprakashan.com

SWADHINATA KA STREE-PAKSH
by Anamika

भूमिका

संस्कृत में 'स्व' के विस्तार का क्रमांकन तीन महत्त्वपूर्ण शब्द करते हैं–'निजता' की पहचान से अन्तर्यात्रा शुरू होती है, प्रेम या किसी अन्तरंग सम्बन्ध के बीत जाने पर 'द्विजता' का एहसास होता है। शायद यही प्रज्ञा के सूर्योदय का वह बिन्दु होता है जहाँ 'आत्मन्' के मग्न पानियों में अहं का घड़ा डूबता है और बुड़बुड़ाता हुआ फूट जाता है–'फूटा घट जल जलहिं समाना' की स्थिति ये ही होती हो शायद। 'जित देखौं तित लाल' वाले सूर्योदय के बाद की स्थिति। सूर्योदय के बाद ही पनघट याद आता है और नदियाँ याद आती हैं। अग्नि की तपिश में सुनहरे एहसास के बाद ही पानी पानी होता है और व्यक्ति पानी की ओर प्रयाण करता है।

'अहं' का घट फूटता है, उसके घेरे टूटते हैं, तो ही 'अहं' का पानी 'वयं' के पानियों से एकाकार होता है और 'त्रिजता' की स्थिति आती है–सत-रज-तम की त्रिगुणात्मक स्थिति, जहाँ 'मैं' और 'वो', 'मैटर' और 'स्पिरिट', 'घर' और 'बाहर' की दूरियाँ मिट जाती हैं, 'पर्सनल' और 'पॉलिटिकल', 'माइक्रो' और 'मैक्रो' के बीच की दूरियाँ भी! एहसास का दीपक जलता है–भारतीय तत्वचिन्तन से रूपक उधार लेकर कहूँ तो–'तमोगुण' तेल है, 'रजोगुण', बाती और 'सतोगुण' प्रकाश! यहाँ तेल, बाती और प्रकाश के बीच 'को बड़ छोट कहत अपराधू' की स्थिति है। तीनों के बीच पदानुक्रम नहीं है, एक अन्योन्याश्रय है, मग्न-सा अन्योन्याश्रय, एक के बिना दूसरे की कल्पना असम्भव है। तीनों के मेल से ही चित्त का दीपक उस एक भाव से जलता है जिसका रेखांकन महादेवी रह-रहकर अपनी कविता में करती हैं : 'मधुर-मधुर मेरे दीपक जल।' भभककर नहीं जलना है! सौम्यता नहीं खोनी है, लेकिन जलना है जरूर–तमाम आँधियों के विरुद्ध लपट-अपटकर जलना है–दूसरों का पथ प्रकाशित करना है।

भारत में स्त्री-चेतना के विकास का क्रम कमोबेश यही बनता है–गांधी की 'सविनय अवज्ञा' से बात शुरू होती है और जाती है 'पर्यावरण-चेतना' तक, 'चिपको', 'नर्मदा बचाओ', 'बस्तर में बस भी करो'–विकास के छद्म का और 'दोहन' का सिलसिला समेटो! इस क्रम पर ध्यान दें तो यह भी कह सकते हैं कि

यात्रा शुरू होती है 'सविनय अवज्ञा' से और आत्मबल के सतत विकास का यह क्रम 'जीओ और जीने दो' की ऊर्ध्वबाहु घोषणा तक का विस्तार पा जाता है। 'भू' तो पहले एक 'मंडल' था—उसे मात्र 'मंडी' में क्यों रिड्यूस करना।

'प्रेम न बाड़ी ऊपजै, प्रेम न हाट बिकाय', पर मनुष्य का आरोपित अकेलापन इतना बढ़ गया है कि वह बाजार में 'प्रेम' ढूँढ़ता मिलता है, वह भी केवल तनघर्षण तक सीमित। चेतना में क्रमिक विकास के अभाव में उसका आत्मबल इतना घट गया है कि 'निजता' से 'द्विजता' और फिर 'त्रिजता' की यात्रा कर ही नहीं पाता। चित्त का विस्तार ऐसा हो कि वर्ग/वर्ण-सम्प्रदाय और 'लिंग' का भी घेरा लाँघकर मनुष्य-मात्र, बल्कि प्राणी-मात्र से गहरा तादात्म्य हो जाए, एक के बहारे सारी दुनिया अपनी-अपनी सी लगने लगे—संग्रथित स्त्रीवाद चाहता तो यह ही है। चाहता है कि अमीर और गरीब, ब्राह्मण-दलित, शहराती-ग्रामीण और आदिवासी, बहुसंख्यक-अल्पसंख्यक, पश्चिम-पूरब, शक्तिमंत और वंचित के बीच का पदानुक्रम टूटे। उनके बीच भेड़िया-भेड़ वाला रिश्ता रहे—यह दोनों के लिए शर्मनाक है। मानवीय श्रम और मानवीय गरिमा की रक्षा—किसी भी आन्दोलन का मुख्य प्रमेय तो यही होता है, स्त्री आन्दोलन तो इसके प्रति विशेष रूप से प्रतिबद्ध है।

अपने पुरुषों के चेहरे से भेड़िए का मुखौटा और अपने चेहरे से 'भेड़' होने की दयनीयता उतार नहीं फेंकेगी स्त्री तो एक दोस्त-समाज बनेगा कैसे? अहिंसा दोमुँहा भाला है, और प्रेम एक कठिन कर्म! कठिन इसलिए कि यहाँ जबर्दस्ती नहीं चलती—गालिब से बिम्ब उधार लेकर कहूँ तो यह ऐसी आतिश, ऐसी फुलझड़ी है जो लगाए न लगे और बुझाए न बने! इश्क पर जोर नहीं—प्रेम एक विवशता है, जैसे जन्म और मृत्यु—लाई हयात आए, क़ज़ा ले चली चले/अपनी ख़ुशी ना आए, न अपनी खुशी चले! स्नेह-भाव तो किसी तरह लगातार क्षमा करते हुए, अपने भीतर जगाए भी रह सकते हैं—जैसे बुद्ध या ईसा ने जगाए रखा था—मन को यह समझाते हुए कि सामने वाला अज्ञानी/मानसिक रूप से विकलांग/कुंठित या अविकसित है—नहीं जानता कि वह क्या कर रहा है—जानता भी है तो अपने दुष्ट कर्म की व्याप्तियाँ नहीं जानता कि न सिर्फ दूसरों की, दुनिया की आँखों से भी ये इसको कैसे गिरा रहे हैं। स्वयं अपनी आँखों से भी वह गिर ही रहा है! दूसरों की आँखें शायद नहीं भी देख पाएँ, पर अपनी आँखें तो सबकुछ देखती हैं। लोभ, क्रोध और कामना या मोह धूप के चश्मे हैं, नजर के नहीं। आँख के भीतर की आँख तो सब देखती ही जाती है—कर्म-सिद्धान्त के आधार पर उसे कर्मों का लेखा-जोखा कहिए या ईश्वर की आँख कहिए—कहीं-न-कहीं तो सब हमारे भीतर दर्ज हो रहा है। मानें-न-मानें, पर इतना पता है कि जो कर रहा हूँ, वह ठीक नहीं है, फिर भी किए चले जाते हैं—ऐसा करता जानेवाला खुद अपनी आँखों से गिरता तो है ही, उसका आत्मबल क्षीण हो जाता है।

और जिसका आत्मबल क्षीण है, उसमें व्यवहार की हिंसा बढ़ती ही जाती है! उसके मन-कर्म-वचन पर उसका अपना ही वश नहीं चलता—वह रह-रहकर गाली बक देता है, रह-रहकर हाथ छोड़ देता है, तन-घर्षण को ही प्रेम समझता है, दूसरों को दबाने में ही सुख पाता है। कभी सम्यक् न्याय कर ही नहीं पाता। दूसरों का हक छीन लेता है।...और यह सब करते हुए वह धीरे-धीरे एकदम अकेला हो जाता है। सच्चा प्रेम उसको कभी नहीं मिलता, चाटुकारों का घेरा बेशक मिल जाए : वह भी तब तक जब तक छीनकर घर लाया धन है या पद का वैभव!

नई स्त्री शिक्षा-सम्बलित-सजग स्त्री है! उसके प्रेम का पात्र बन पाना, उसके टक्कर का पुरुष बन पाना इतना आसान भी नहीं! स्त्रीवाद आप में उसके प्रेम के योग्य हो पाने की उमंग जगाता है! आत्मविकास का एक मौका देता है आपको! आत्मविश्वास की पहली सीढ़ी है आत्मनिरीक्षण! खौलते हुए पानी में चेहरा नहीं दिखता! अहंकार, क्रोध-लोभ या कामना एक विकट आँच है! इस आँच की सवारी मन को अदहन का पानी बना देती है : अन्तर्मन तो समझता है, लेकिन उसकी रिले-सर्विस जरा स्लो है, और उसका स्विच 'ऑफ' कर देने की सुविधा भी होती है, बाइबिल इसी अर्थ में तो कहती है—'सीइंग दे दोंट सी, हियरिंग दे दोंट हियर!' सब बड़ी विभूतियों, लगातार सबको खरी-खोटी सुनानेवाले आत्मग्रस्त विष्णुओं का यही हाल है, मूर्ख वे थोड़े हैं—पर उनका आत्मबल कम है : बुरा जो ढूँढ़न मैं चला, बुरा न मिल्या कोय, जो दिल ढूँढ़ा आपना, मुझसे बुरा न कोय!

स्त्री आन्दोलन यही विनय, यही आत्मसाक्ष्य जगाना चाहता है। प्रत्याक्रमण में, प्रतिघात या प्रतिशोध में इसकी आस्था नहीं है, शान्त प्रतिरोध यह करता है, आपको मौका देता है कि आप अपने भीतर झाँकें और सचमुच महसूस करें कि चित्त के पितृसत्तात्मक दबावों से या आदतन आपसे ऐसा व्यवहार तो नहीं हो गया जो दूसरों से आप अपने लिए नहीं चाहते, एक गम्भीर संकल्प लें कि अब ऐसा बिलकुल नहीं होगा। जिस दिन आपने यह संकल्प लिया कि कमजोरों को नहीं सताएँगे, उनकी मजबूरी का फायदा नहीं उठाएँगे, अपने महिमान्वयन के लिए दूसरों को नीचा नहीं दिखाएँगे—बात बन जाएगी। सत्य अपना प्रकाश खुद है। सच की सबसे बड़ी ताकत यह है कि झूठा से झूठा व्यक्ति भी खुद को सच्चा ही साबित करना चाहता है। सत्य का प्रतिपक्षी भी सत्य ही होना चाहता है! इसीलिए सत्य स्वयंसिद्ध है। उसे आत्मप्रचार की जरूरत नहीं पड़ती। किसी विज्ञापन-एजेंसी के पास नहीं जाना होता। अपनी ही जुबान से अपनी तारीफ नहीं करनी पड़ती। अधिनायक नहीं बनना पड़ता सत्य को!

वैचारिक यातनाओं का सामाजिक सन्दर्भन बेहद जरूरी है। दुश्मन व्यक्ति नहीं होता, व्यवस्था द्वारा प्रकाशित पूर्वग्रह होते हैं—भेड़िए में बेबाक होने की श्रेष्ठता ग्रन्थि और भेड़ में अनावश्यक हीनता-बोध पैदा करनेवाले वर्ग-वर्ण-सम्प्रदाय लिंगगत पूर्वग्रह! पूर्वग्रह एक तरह का मोतियाबिन्द है। इनकी फीको-सर्जरी जरूरी है। इसी फीको-सर्जरी की पृष्ठभूमि तैयार करते हैं अस्मिता-आन्दोलन।

किसी आन्दोलन के तीन चरण होते हैं—पहले चरण में संघशक्ति का सम्मिलित प्रतिरोध काम करता है, दूसरे चरण में आन्दोलन में शामिल एक-एक व्यक्ति को थोड़ा-सा सम्यक् आत्म-परीक्षण भी कर लेना चाहिए कि विपक्षी के दुर्गण जाने-अनजाने उसके अपने चित्त में तो प्रवेश नहीं कर गए। ऐसा हो जाना स्वाभाविक है। लगातार आप विपक्षी के बारे में ही सोचते रहेंगे और विपक्ष मात्र एक चेहरे में कीलित होगा—वह चाहे असहिष्णु पत्नी, क्रूर पति का चेहरा हो या कुंठित वृद्धा सास का, किसी सामन्त, पंडित या मुल्ला का या धन्नासेठ का, मुश्किल तो होगी ही। उसकी मुखमुद्राएँ आपकी मुखमुद्रा बन जाएगी। उसका चित्त भी आपका चित्त बन जाए—इससे भी इनकार नहीं किया जा सकता। इसलिए आत्म-निरीक्षण जरूरी है और यह भी जरूरी है कि पितृसत्ता, सामन्तशाही, औपनिवेशिक मानसिकता, जातिवादी या साम्प्रदायिक आग्रह तीर के निशाने पर रहे, व्यक्ति नहीं! व्यक्ति की क्या औकात! व्यक्ति तो माध्यम है, परिस्थिति-मनःस्थिति का मारा एक मजबूर माध्यम!...तीसरी अवस्था, सिन्थेसिस आने के पहले हर स्त्री यह भी जाँचती रहे कि ड्रैकुला की मारी, वह खुद तो लेडी ड्रैकुला नहीं बनी जाती! सम्यक् अवस्था यही अवस्था है जब पुरुष अति-पुरुष न रहें और स्त्रियाँ अति-स्त्री नहीं! दोनों के व्यक्तित्व से काँटे झड़ जाएँ—कुंठा का काँटा, श्रेष्ठता-ग्रन्थि का काँटा। और यह होगा तभी जब साधनों और अवसरों की समानता होगी—कानूनी कागजों के पार भी एक इगौलिटेरियन समाज सम्भव होगा।

अत्ता हि अत्तनो नाथो, को हि नाथो परो सिया।
अन्तनाव सुदन्तेन, नाथं लयति सुल्लभं॥

मनुष्य स्वयं अपना स्वामी है, उसका दूसरा कोई स्वामी नहीं है। जो स्वयं पर स्वामित्व स्थापित करता है यानी खुद को संयमित रखता है (अतिरेकों से बचाता है), दुर्लभ स्वामित्व को प्राप्त होता है। सोचिए, वह दिन कितना महबूब दिन होगा, जब पति भी महबूब कहलाएँगे और सासें साँसों की तरह ही सहज होंगी, यानी एक दूसरी माँ—पितृसत्ता का एजेंट नहीं जो स्त्रियाँ अक्सर बन जाती हैं, खासकर उम्र के उस कगार पर जब उनको लगता है कि रूप और यौवन, जो मूर्खतापूर्वक स्त्री जीवन की केन्द्रीय उपलब्धियाँ मानी गई हैं, अब उनके हाथों से फिसल गए; अब

ध्यान और मान पाने का एक ही उपाय है, पितृसत्ता के हथकंडे अपनाना, बात-बात में कोड़े फटकारना—कभी जुबान का कोड़ा, कभी सचमुच का।

गुलाम मानसिकता के रोगी हम कभी-कभी हंटरवालों के हंटर चूम लेते हैं। बकौल रवीन्द्रनाथ टैगोर, खट्टा अचार और सख्त पति स्त्रियाँ पसन्द करती हैं। जहाँ उपाय हैं, वहाँ भी वे आजमाए नहीं जाते। कभी बच्चों की दुहाई, कभी बूढ़े बाप-माँ की और नई गृहस्थी, एकल गृहस्थी बचाने लायक संसाधनों की भयानक कमी। ज्यादातर स्त्रियाँ बेगार करती हैं, नौकरी नहीं करतीं और जहाँ वे नौकरी करती भी हैं, उनके चेकबुक-पासबुक पतियों के पॉकेट में ही रहते हैं। चूँ-चपड़ की, लगाम ढीली करने की कोशिश की तो फिर से वही हंटर। कोई तो बात होगी कि दुनिया भर की औरतें पुरुषों के मुकाबले तीन गुणा अधिक काम करती हैं, तिगुने हैं उनके काम के घंटे और आमदनी? नगण्य! दुनिया भर की सम्पत्ति का मात्र 2.2 हिस्सा स्त्रियों के नाम है। यानी प्रायः सारी स्त्रियाँ सर्वहारा हैं। जो बड़े सेठों, स्मगलरों, उद्योगपतियों, कालेधन के स्वामियों से ब्याही गईं, उनके नाम से जमीनें और जायदादें खरीद तो ली जाती हैं (क्योंकि एक नाम पर कितनी जायदाद होगी भला) पर उनके सारे कागज उनकी पहुँच के परे होते हैं और उन्हें यदि पता चल गया कि उनके पति अपराधी हैं, सिर्फ घर में ही हंटर नहीं फटकारते, बाहर भी गोरखधंधे करते हैं, तो बार-बार कोर्ट का दरवाजा खटकाने के बावजूद उनको तलाक नहीं मिलता। कैसे मिले? उनके नाम इतनी सम्पत्ति नत्थी जो है। कहने को तो यह सम्पत्ति उनकी है, 2.2 के हिस्से में उसकी भी गिनती हो गई होगी, पर वास्तव में यह क्या इनकी है? ये तो बस लदनी का घोड़ा हैं। और घोड़े के नसीब में चाबुक ही आता है।

मार-पीट, गाली-गलौज, भ्रूण-हत्या, कटाक्ष, इनसेस्ट, बलात्कार और तरह के यौनदोहन, सती, पर्दा, डायन-दहन, दहेज-दहन, पोर्नोग्राफी, ट्रैफिकिंग, वेश्यावृत्ति, यांत्रिक सम्भोग, प्रेमहीन विवाह-बंधन, अनचाहा गर्भ, साफ-सुथरे और सुरक्षित प्रसव केन्द्र का अभाव—दुनिया के जितने अपराध हैं—प्रायः सबका प्राइम साइट स्त्री-शरीर ही तो है। शरीर जो कि इतना नरम और कोमल है, फिर भी इतना कर्मठ, लचीला और फुर्तीला, शरीर जिसने आपको धारण किया है, आपको पाला-पोसा है, कहानियाँ-लोरियाँ सुनाई हैं, दिन-रात आपकी खिदमत में जुटा है, आखिर आपसे चाहता क्या है? वैसा व्यवहार जो बकौल पोरस, एक राजा दूसरे से चाहता है। प्रजातंत्र का गौरव इसमें ही है कि यहाँ सब शहंशाह हैं, कोई छोटा-बड़ा, ऊँचा-नीचा नहीं, सबकी ही मानवीय गरिमा की रक्षा होनी है।

जो ऐसा नहीं मानता, तालिबानी है। जो भी वर्ग-वर्ण-नस्ल और लिंगगत वैविध्य को शोषण का आधार बनाकर भेदभाव की राजनीति खेलता है, तालिबानी

ही है। सबसे मजेदार बात यह कि 'तालिबान' का मतलब 'विद्यार्थी'! 'तुम कौन धौं पाटी पढ़े हौ लला?' जाने किस स्कूल के विद्यार्थी हैं ऐसे। इतने उग्र और हृदयहीन! जाने किसने उन्हें ऐसी पट्टी पढ़ाई है? पिछले दिनों ससुर से 'नाजायज' सम्बन्ध के आरोप पर एक मासूम, कोमल-सी लड़की की जिस तरह की नृशंस पिटाई के दृश्य इंटरनेट पर लोगों ने देखे और जिस तरह की क्रूर यौन-तृप्ति का नजारा तालिबानियों के कुटिल चेहरे पर देखा, सैडिज्म की इन्तेहा था, सैडिज्म जिसकी परिभाषा साद ने उन झंकृतियों के रूप में की है जो दूसरों–विशेषकर विवश स्त्रियों की नृशंस पिटाई के दौरान पुरुष की वहशी नसों में धीरे-धीरे जगती हैं–उनकी पशु-वृत्तियाँ खून में ऊपर से नीचे तक हहाकर-हहाकर उठती-गिरती हैं, उन्हें एक मीठी-सी गुदगुदी लगाती हुई, और उनका अहंकार पुष्ट होता है : ये लो, अब चख लो मजा, मेरा कहा टालने का...! अपने पाँचवें डायलॉग में साद खुद लिखते हैं :

"His sophistery as moralist, sociologist and legislator reaches new heights ..."

(सीवर एंड वेनहाउस, द माक्यू द साद, पृ. 113)

एक पंक्ति में साद का दर्शन यह है कि सबसे पहले एक नैतिक शून्य तैयार करो, फिर उसे नई चेतना से भरो–चेतना जिसे प्रभुतासम्पन्न लोग अपनी सुविधा, अपनी शर्तों पर तैयार नियमावलियों से 'मैनुफैक्चर' करते हैं : धर्म और आध्यात्मिक मूल्यों को भी उसी तरह से पीट-पाटकर पूरा अनुकूलित करने का यत्न निरंतर चलता है जिस तरह स्त्रियों को। इस तरह स्त्रियाँ और आध्यात्मिक मूल्य, जो दरअसल मानव-मूल्य हैं, सखियों की तरह उभरते हैं, पर फासिस्ट उन्माद की एक अवस्था ऐसी भी आती है जब ये मूल्य भी स्त्रियों के खिलाफ हो जाते हैं, उनके शोषण का हथियार बन जाते हैं। अब जैसे सहिष्णुता, धीरज, ममता, क्षमा, उदारता, सेवा, उत्कृष्ट मानव-मूल्य या आध्यात्मिक मूल्य तो हैं ही (हिन्दी में प्रायः सब मूल्य स्त्रीलिंग ही हैं), किन्तु इन सारे के सारे मूल्यों का निवेशन सिर्फ स्त्री में हो, क्योंकि स्त्री संस्कृति की प्रहरी है, संस्कृति जो कि संप्रभुओं की क्रीतदासी है...यह तर्क कहीं से भी न्यायोचित नहीं दीखता! दुनिया की सारी उच्चाशयता का ठीका स्त्रियाँ ले भी लें अगर तो वे प्रेम करने लायक (अपनी नैतिक कद-काठी का) पुरुष कहाँ से पाएँगी? अपने से कमतर पुरुष से स्नेह तो किया जा सकता है, उस पर ममता तो लुटाई जा सकती है, किन्तु प्रेम सुलगाने लायक जो प्यारी-सी चुनौती सामने वाले के व्यक्तित्व में चाहिए–उसके बिना प्रेम तो असम्भव है!

तालिबान की वह प्यारी-सी मासूम बच्ची हो, तहमीना दुर्रानी के 'कुफ्र' की नायिका, नासिरा शर्मा के 'संगसार' की या फिर उन अनेक फिल्मों की जो 'स्वात'

क्षेत्र की कबीलाई मनोवृत्ति का भास्वर प्रतिरोध कर रही हैं...उन्हें बृहत्तर दुनिया की उन सब स्त्रियों का उद्‌धुर तेज गोद में लेता है, दुलराता है, असीसता है जो अपने छोटे-छोटे मोर्चों पर छोटे-छोटे तालिबानियों के सामने सत्याग्रह ठाने बैठी हैं। दुनिया का इकलौता पूर्णतः अहिंसक आन्दोलन है स्त्रीवाद : एक मनोवैज्ञानिक लड़ाई जिसने मकाम भी हासिल किए हैं तो बहनापे के जोर से और युद्ध, दंगे, निःशस्त्रीकरण, रंगभेद की नीति, पर्यावरण और विश्वायन—सब बृहत्तर प्रश्नों से उन अपने भाइयों, बेटों और दोस्तों के साथ लगातार जूझ रही हैं जो उनकी तरह ही सर्वहारा और आदि-विस्थापित, हाशिए के लोग हैं।

ये ही हाशिए के लोग एक दिन स्त्री-काया, स्त्री-मन और स्त्री-दृष्टि की तालिबानी समझ दूर करने में हमारी मदद करेंगे क्योंकि प्रतिकार का और सत्याग्रह का नैतिक तेज कहीं बचा है तो इनमें ही। भाव का अभाव से नाता बहुत गहरा होता है।

शरीर चूँकि स्त्री का दुखता हुआ घाव होता है, उसके शोषण की प्राइम साइट, वह इसे लेकर हमेशा सशंक रहती है। सर्वेक्षण बताते हैं कि दस लाख में से एक सम्बन्ध ही ऐसा होता है जहाँ किसी मजबूरी में शरीर चारे की तरह बिछाने की या प्रयोजनसिद्धिमूलक कोई सम्बन्ध बनाने की या 'आ बैल मुझे मार' कहने की पहल कोई स्त्री करती है। देह का इस्तेमाल रिश्वत के रूप में वह करे जिसमें प्रतिभा कम हो या जो मेहनत से डरे, चूँकि स्त्रियाँ मेहनत से नहीं डरतीं, दस हाथों से दस दिशाओं में फैले दस काम लगातार ही साधती चलती हैं—वह भी सेवा-भाव से, इन्हें आँकी-बाँकी राह चलके विकास के मामूली अवसर 'वरदान' रूप में किसी से वसूलने की जरूरत ही क्या?

लाखों में कोई एक लड़की दूसरे पुरुष की बाँहों का तृषित आमंत्रण स्वीकार भी करती है तो काफी हील-हुज्जत और गहरे अन्तर्द्वंद्व के बाद और इस बारे में आश्वस्त होकर कि वह किसी और की राह का काँटा तो नहीं बन रही। अक्सर ऐसे सम्बन्ध बनते तभी हैं जब मानसिक तौर पर दोनों अकेले हों। SWCA के एक अद्यतन सर्वेक्षण के अनुसार 'स्त्रियाँ' विवाहेतर सम्बन्धों की ओर (जाने-अनजाने) तभी बढ़ती हैं जब दाम्पत्य का अनुभव कड़वा होता है। घरेलू हिंसा की शिकार ऐसी स्त्रियाँ जिनका जीवन उनके नीरस या और क्रूर पति ने पहले से ही हराम कर रखा है, कभी-कभी हमदर्दी पाकर पिघल जाती हैं। शुरू-शुरू में यह रिश्ता उदात्त दोस्ती का ही होता है, बाद में पुरुष की पहल पर इसमें (कभी-कभी) दैहिक अन्तरंगता की लालिमा आ जाती है। सबसे तकलीफदेह और विडम्बनामूलक तथ्य तो यह है कि हमदर्द भी 'पुरुष' या 'पति' या 'यौन-साथी' बनते ही वे ही क्रूरताएँ करने लगता है, जो उसे पितरसत्ता ने घुट्टी में पिला रखे हैं और स्त्रियाँ 'ताड़ से गिरे खजूर पे

अटके' वाली स्थिति में पहुँच जाती हैं। घर के भीतर तो जो तांडव होना है, होता ही है, बाहर का तालिबानी विश्व भी संगसार करता है तो सिर्फ उसको ही।

'चिड़िया जाल में फँसी
क्योंकि वह भूखी थी।'

एक उत्तर यह भी हो सकता है, लेकिन इससे ज्यादा पैना उत्तर है यह कि :

'चिड़िया जाल में फँसी
क्योंकि वह चिड़िया थी।'

अब बात बनेगी तभी जब 'हितोपदेश' के चित्रग्रीव और उसके शावक-दल की तरह जाल-समेत उड़ जाएँगी चिड़ियाँ : एक स्वशासित स्पेस की ओर जहाँ उन्हें साथी के रूप में तीक्ष्ण दाँत वाले लघुपतनक मिलेंगे (यानी कि हाशिए के अन्य वंचित जन)–जीर्ण-शीर्ण जाल काट देने को तैयार।

मैं बार-बार यह कहना चाहूँगी कि हमारे हिंसाविह्वल आतंकातुर समय की सबसे बड़ी त्रासदी यह है कि स्त्रियाँ तो 'ध्रुवस्वामिनी' वाली कद-काठी पा गईं किन्तु पुरुष अभी रामगुप्त की मनोदशा में ही हैं, चंद्रगुप्त नहीं हुए! नई स्त्री बेतरह अकेली है क्योंकि उसको अपने पराए का धीरोदात्त, धीरललित, धीरप्रशान्त नायक आस-पास कहीं दीखता ही नहीं! गाली बकते, ओछी बातें करते, हल्ला मचाते, मार-पीट, खून-खराबा करते आतंकवादी या टुच्चे पुरुष से प्रेम कर पाना या उसे अपने साथी होने के लायक समझना किसी के लिए भी असम्भव है। स्त्रियों का जितना बौद्धिक और नैतिक विकास पिछले तीन दशकों में हुआ है, पुरुषों का नहीं हुआ। इसलिए ज्यादातर स्त्रियों की दशा विद्यापति की उस नायिका वाली है जो तकलीफ की इन्तेहा पर हँस देती है : 'पिया मोर बालक हम तरुनी/पिया लेली गोदी चलनी बजार।' बराबर का यह साथ तभी हो सकेगा जब पुरुष अतिपुरुष न रहे और स्त्रियाँ अतिस्त्री! एकध्रुवीय विश्व न मैक्रो स्तर पर अच्छा है न माइक्रो स्तर पर। सन्तुलन ही सुध का मूलमंत्र तो है ही!

अनुक्रम

अँगना तो पर्वत भयो

उन्नीसवीं शताब्दी में होने को तो बहुतेरे वैज्ञानिक अनुसंधान हुए, बहुतेरी नई चीजें खोज निकाली गईं, पर इन सब खोजों से बड़ी खोज थी स्त्रियों का आत्म-संधान! स्त्रियों ने खुद को खोज निकाला–कोयला-टाल और आटे की बोरियों के बीच से। अपनी खुदी वैसे चाबियों का गुच्छा नहीं होती कि घर बदलते समय या झाड़-पोंछ के वक्त चीजें हटाते हुए अचानक मिले। बस एक चीज से इसकी तुलना मुझे तर्कसंगत लगती है। बीजों की पोटली से। बीजों में प्राण हैं तो कहीं-न-कहीं कभी-न-कभी वह अपना पानी, अपनी मिट्‌टी ढूँढ़ ही लेती है। हिन्दी में इसको ही ब्रह्म जग जाना कहते हैं, पर ब्रह्म यहाँ किसी भी तरह के तेज का प्रतीक है, जो अचानक सर उठाकर बोले, 'कि नहीं, अब और नहीं! अबलौ नसानी अब न नसैहों'!

सब आध्यात्मिक घटनाओं की तरह यह 'खोज' भी कुछ भौतिक अनुकूलनों की मुखापेक्षी है। भीतरी यात्राएँ सेल्यूलर जेल में भी हुई हैं। असूर्यपश्याएँ भी भीतरी रोशनी की टिमक से सर्वथा अनजान नहीं रहीं, तभी तो रवींद्रनाथ टैगोर की मृणालिनी ने परदेसी पति को 'स्त्री-पत्र' में वसंत के आगमन की महीन सूचना आँगन की नाली पर सेवाल के बदलते रंग के आश्रय दे डाली, पर अधिकांश संधानों के पीछे कुछ तो मनोसामाजिक फिजाँ और भौतिक अनुसंधानों का योग रहता ही है।

स्त्रीवादी चेतना के विकास की कथा भी इससे सर्वथा अछूती नहीं है। किचन-गजेट्स से लेकर यात्रा की सुविधाओं के इंतजाम तक भौतिक अवलंबों का चेतना के विकास में खासा गहरा योगदान रहा है।

राहुल सांकृत्यायन ने सत्रहवीं-अठारहवीं शताब्दी के स्त्री घुमक्कड़ों की विस्तृत चर्चा अपनी प्रसिद्ध पुस्तक 'घुमक्कड़ शास्त्र' में की है, जिसमें अलग से स्त्री-घुमक्कड़ों में कुछ व्यावहारिक निर्देश भी दिए हैं। वैदिक काल में भी घूम-घूमकर ब्रह्मचर्चा करनेवाली ऋषियों की चर्चा पर्याप्त मिलती है। इसके अलावा बौद्ध थेरियों और घूम-घूमकर धम्म का प्रचार करनेवाली जैन-भिक्षुणियों के

धम्म-पाठ में स्त्री देह से जुड़ी कई वैयक्तिक यातनाओं और अनुभूतियों के संकेत ढूँढ़े-पिरोए जा सकते हैं।

स्त्री के आत्म-सन्धान का प्रश्न रेल और जहाज की अपेक्षया सुरक्षित यात्राओं की सुविधा के प्रश्न से भी जुड़ा है। ये सुविधाएँ उन्नीसवीं शताब्दी में ही सम्भव हुईं। 1869 में स्वेज कनाल जो खुला तो इंग्लैंड से साहबों के देश से 'वंडर दैट वाज इंडिया' की पाँच-सात महीनों की यात्रा चौदह दिनों की यात्रा में ही सिमट आई और बड़े पैमाने पर स्त्रियाँ कूपमंडूकता से उबरने की कोशिश में छटपटा गईं, छटपटा गईं अंगना तो पर्वत भयो देहरी भई बिदेस की विषम फँसान से उबरने में! हालाँकि पिंजड़े की अपनी सुविधाएँ भी होती हैं। हजरते दाग जहाँ बैठ गए, बैठ गए की जड़ता स्त्रियाँ को भी घेरती ही है, अपने परिवेश से उनका लगाव भी खासा होता है, पर देखा ऐसा गया कि निकल पड़ी तो बस निकल ही पड़ीं! बेघर की मनःस्थिति में 'गेट-आउट', 'भागो यहाँ से' वगैरह-वगैरह लगातार झेलती हुई स्त्रियाँ वैकल्पिक अभाव के कारण अभाव स्पेस के परिवेश से और भगानेवाले से अपने संस्कारगत लगाव के कारण घर-गृहस्थी में ही सिमटी रहने को मजबूर भी थीं। उनमें एक सुगबुगाहट छा गई। 'ऑल रोड्स लीड टु रोम डू इन रोम वाट रोमन्स डू' में रोम एक रूपक है और वास्तविक रोम भी! तो इसी रोम की स्त्री-घुमक्कड़ फैनी लिवेंड उन्नीसवीं शताब्दी के आरम्भ में जो अपनी मनःस्थिति के बारे में लिखती हैं, उसे सारी स्त्रियों की कशमकश के रूप में समझा जा सकता है :

"खूब पहचानती हूँ मैं कि रोम में कुछ है, जो वितृष्णाकारी है! चारों तरफ ठनठनाते मकान मुझे जरा भी नहीं सुहाते, पर स्टोव और सीढ़ियाँ साफ किए बिना भी मुझे चैन नहीं...मैं यह भी नहीं जानती कि रोम के बगैर मेरा काम कैसे चलेगा और इस बारे में भी मैं निश्चित हूँ कि यात्रा पर मेरा एक भी दिन ऐसा नहीं गुजरेगा, जब मैं अपने इस खुरदुरे, पुरातन, अनूठे से देश के बारे में सोच-सोचकर पुलकित न होऊं।"

(फैनी लिवॉल्ड, हडॉल्फ स्टार और फैनी लिवेरन्ड के 'विंटर इन रोम' से उद्धृत)

घोरे-बाइरे के बीच का यह द्वैत स्त्री-जीवन का केन्द्रीय रूपक आज तलक है, उस समय की तो बात ही क्या! खासकर भारत से इंग्लैंड गईं पंडिता रमाबाई आदि विदुषी स्त्रियों का अक्स उपर्युक्त उक्ति में ढूँढ़ा जा सकता है।

इंग्लैंड से भारत आईं स्त्री पर्यटकों को अपने देश में ऐसा कुछ वितृष्णाकारी तो बिलकुल नहीं दीखता होगा, क्योंकि वह इंग्लैंड के चतुर्दिक विकास का समय था ऐसा समय जब ब्रितानी सरकार का औपनिवेशिक फैलाव इतना ज्यादा बढ़ गया था कि कहते हैं, इसकी सरहदों पर सूरज कभी डूबता ही नहीं था, यानी प्रकट

सूर्यास्त के समय भी कहीं-न-कहीं इसके नृशंस दायरे में सूर्योदय हो ही रहा होता था। मातहतों के जीवन में चाहे जितना अँधेरा हो, रानी विक्टोरिया के ताज में जड़ा कोहिनूर चमचम चमकता ही रहता था।

पर तंग दायरे से बाहर निकलकर अपना मानसिक विस्तार बढ़ाने की ललक मेमसाहिबों में भी खासी थी। चार तरह की मेमसाहिबें स्वेज कनाल के खुलने पर धड़ल्ले से भारत आने लगीं–1. बड़े साहबों की बहनें और बीवियाँ–आह-वाह के ओरिंटल अतिरेकों में फँसी हुई, 2. फैनी पावर्स जैसी मस्त-मलंग पर्यटक जो आई तो घूमने, पर भारत की होकर यहीं बस गई। नेविटों के संग पान-कसैली खाती, ऋतुओं का मजा लेती, 3. एमिली ईडेन जैसी जरूरत से ज्यादा सतर्क और बुद्धिमती, शाहाना स्त्रियाँ, जो राजसी ठाठ से कारवाँ में देश भर घूमीं, पर कभी भूलकर भी राजनीतिक मुद्दों पर अपनी राय नहीं जाहिर की और 4. विश्व-सेवा के 'एवेन्जेलिस्ट' आदर्शों से अनुप्रमाणित-स्पंदित मेरी कारपेंटर, एलिजा की आदि महादेवियाँ, जिनकी यात्रा का उदात्त प्रयोजन कम-से-कम यूरो मर्दों के चंगुल से अपनी 'नेटिव' बहनों को आजाद कराना था।

क्या 'फीमेल गेज' जैसी कोई चीज होती है? सार्वभौम भगिनीवाद के दावे के बावजूद जाति-नस्ल वर्गगत विभेद स्त्री-सरोकारों को अपने रंग तो रंग लेता ही है। गोरी स्त्रियाँ भूरी-काली स्त्रियों को क्या ज्यादा ही रंगीन नहीं समझतीं? क्या भूरी या काली औरत गोरी बहनों को उसी दृष्टि से देखती हैं, जिस दृष्टि से गोरी स्त्री काली/भूरी बहनों को? पंडिता रमाबाई पश्चिमी स्त्रियों से जो मिलीं तो क्या उन्हें वही एकात्मकता महसूस हुई, जो मेरी कारपेंटर आदि को भारतीय स्त्रियों से मिलकर महसूस हुई थी?

कुछ उक्तियाँ मैंने इनके यात्रा-वृत्तांतों से छाँट निकाली हैं, जिनसे यह सिद्ध होता है कि ऐसा नहीं था और यह भी कि लिंग एक स्वायत्त श्रेणी नहीं है। मेमसाहिबों ने 'जनाना', 'रनिवास', 'हरम' आदि की धनाढ्‍य स्त्रियों के रूप-वर्णन में कई पन्ने खर्च किए हैं। फैनी पावर्स का एक उद्धरण फातिमा बेगम के बारे में है–"I had heard of Malkas beauty much before I beheld her. Her eyes, which are very long, large, and dark, are remarkably fine, and appeared still longer from being darkened on the eyelids with soorma! Natives compare the shape of a fine eye to a mango when cut in different stices."

कुछ विद्वान इसे फीमेल गेज़ मानते हैं किन्तु यह तो दूरस्थ और विभिन्न के प्रति मन की सहन उत्सुकता ही है। स्त्री के शोषण का प्राइमरी साइट उसकी 'देह' रही है–इसमें तो कोई शक नहीं, पर मनोसामाजिक संरचनाएँ जो 'परिवेश' बनाती हैं–यह अलग-अलग देश-काल में अलग-अलग ढंग से इस शोषण के

सिलसिले गढ़ती हैं। कोढ़ में खाज की तरह है गरीब/दलित/भूरा स्त्री शरीर/वर्ग, नस्ल, जातिगत पूर्वग्रह छूटते-छूटते ही छूटते हैं, स्त्रीवादी आग्रहों के उषाकाल में उभरे निम्नांकित आकलनों का मिलान तीसरी दुनिया की स्त्रियों पर जर्मेन ग्रीयर, एंड्रीन रिच आदि के वक्तव्यों से करें तो इंटेसिटी का फर्क निश्चित नजर आएगा और यदि इनका मिलान समकालीन रमाबाई की गोरी स्त्रियों पर दिए गए वक्तव्यों से करने बैठे तो 'अदरिंग' का एक और मजेदार संस्करण सामने उभरेगा!

समय और स्थान कम लगे, इसकी खातिर उक्तियों की एक सरणी-सी मैंने बना ली है, जो आपके विचारार्थ सामने रख रही हूँ।

पहली स्थापना : ज्यादातर मेमों को भारतीय स्त्रियों से डर लगता था, वे इनको रंग-रंगीली मायाविनियाँ लगती थीं, जो उनके पतियों और प्रेमियों को कुछ देर की खातिर ही सही; लेकर उड़ भी सकती थीं। दलित और आदिवासी स्त्रियों को लेकर यही भय कुलीन स्त्रियों के मन में आज तक नजर आता है—सामंती युग में तो था ही! ऐसा नहीं है कि इन परेशानहाल बहनों से उन्हें सहानुभूति नहीं होती, कभी-कभी होती भी है, पर समस्या का निदान जड़ से नहीं करके वे उनका तात्कालिक 'उद्धार' चाहती हैं—ठीक उसी तरह जैसे मेम साहिब अपनी साँवली बहनों का चाहती थीं। और कहीं हल्का-सा रश्क भी होता होगा कि अपने शरीर और अपनी यौनिकता पर इनका नियंत्रण अधिक है, ये अधिक स्वतंत्र और उन्मुक्त हैं—प्रायः उतनी स्वतंत्र और उन्मुक्त जितना जानवर होता है।

जचगी के वक्त धड़ल्ले से काली स्त्रियाँ मरती थीं, सिर्फ इसलिए कि उन्हें कच्ची-पक्की 'दाई' के भरोसे छोड़ दिया था : 'मर्द डॉक्टर' पर्दानशीन बहू को बेपर्द देख ही कैसे सकता था भला! इस बात पर या मृत पतियों के साथ औरतों के जिंदा जलाए जाने पर यानी सती प्रसंग पर मेम साहबों ने यात्रा-वृत्तांतों के कई पन्ने रंग दिए हैं—करुणाविगलित भाव से।

प्रमाण (क) एमिली इडेन राजा रणजीत सिंह की 'बेचारी प्यारी-प्यारी रानियों' के राजा के मृत शरीर के साथ जल मरने के प्रश्न पर लिखती हैं, 'दे वुड हैव गिवेन इट अप इफ दे हैड एनी होप ऑफ काइंड ट्रीटमैंट।' (अच्छे व्यवहार की उम्मीद होने पर शायद वे जलकर न मरतीं।)

(ख) I cannot avoid smiling when I hear some gentlemen being forward the conduct of the Hindu woman as a test of superior character. I am well aware that so much are we the slaves of habit that were it necessary for a woman's reputation to burn herself in England, many of us who had accepted a husband merely for the sake of an establishment...in would yet mount the funeral fire with all the unimaginable decency and die with a heroic display of partitude. (Oriental Letters Rool India, 1779-1819).

देवदासी प्रथा और अशिक्षा के प्रश्न पर भी वे मदद को प्रस्तुत नजर आती हैं। फैनी पावर्स ने तो स्त्रियों की खातिर कई स्त्री-पाठशालाएँ चलाई भी थीं। एक तरह से देखा जाए तो भारत का ही स्त्रीकरण हो गया था–'बेबी वुमन' या फिट-फाट नौकरानी के रूप में, हालाँकि मेरी कारपेंटर आदि कुछ समाज सेविकाओं को इस पर आपत्ति थी कि भारत के संपन्न घरों में सिलाई-धुलाई आदि महीन घरेलू काम नौकरों से कराए जाते हैं और घरेलू आयोजनों पर अंग्रेज बहनों की तरह प्रशंसा पाने का अवसर उन्हें नहीं मिलता। लड़कियों के एक स्कूल से घूमकर आई तो संतोष की साँस भरकर उन्होंने लिखा–

"Attention is however, paid to needlework and some is even taken in for customers. The singing was sweet, and in other aspects this school gave me satisfactory proof that, under good female instruction, Hindu girls are quite equal to their English sisters. (1:1067-7)"

पंडिता रमाबाई, पैर में पंख बाँधे ही पैदा हुई थीं। पत्नी और बच्चियों को संस्कृत पढ़ाने के 'अपराध' में उनके पिता, महापंडित अनंतशास्त्री डांगे, जातिबहिष्कृत हुए और कुछ दिन तो आंध्रप्रदेश के गंगामूल तट पर उन्होंने अपना एक आश्रम चलाया। वहाँ के दलित बच्चों को प्यार और मान से आर्ष ग्रंथों की शिक्षा देते थे। बाद में स्थानीय राजनीति और अत्यधिक उदारता की सजा उनको ऐसी मिली कि वह तट भी छोड़ना पड़ा। बाकी जिन्दगी उन्होंने पत्नी और बच्चों के साथ देशाटन करते हुए ही बिताई। घूम-घूमकर वे मंदिरों में और चौराहों पर पौराणिक कथाओं का ऐसा सरस वाचन करते कि श्रद्धालुओं की भीड़ जमा हो जाती–अपनी मर्जी से जो कोई कुछ देता, उसमें ही परिवार का गुजारा होता। भयानक दुर्भिक्ष में एक-एक कर जब माता-पिता गुजरे, रमाबाई और उनके भाई भी पौराणिक कथाओं की सर्वथा मौलिक, सार्वभौम और प्रासंगिक व्याख्याएँ करते और भूख-प्यास से लड़ते-भिड़ते देश के एक कोने से दूसरे कोने तक घूमते रहे। संकल्प यह था कि भीख नहीं माँगेंगे! कलकत्ता में केशवचंद्र सेन और दूसरे अभिजनों ने उनकी विद्वत्ता की कद्र की और स्टेट्समैन बिल्डिंग में उन्हें 'पंडिता' की उपाधि से विभूषित किया गया। वहीं उन्हें वेदों के अध्ययन का मौका मिला। एक विद्वान दलित का वरण करके जब सिलहट में अपनी छोटी गृहस्थी बसाई, सावित्रीबाई फुले और ज्योतिबा फुले से संपर्क हुआ। हैजे में पति की मृत्यु के बाद दो साल की मनोरमा के साथ फुले के पास ही पुणे आईं। इस बीच हिन्दू विधवाओं की दुर्गति के प्रश्न पर ईसाई मिशनरियों से भी विमर्श हुआ, बाइबिल का अनुवाद पढ़

ही चुकी थीं, एक नए धर्म की तलाश और नई दुनिया देखने की आस में मेरी रमाबाई बनकर ये इंग्लैंड गईं–पारामेडिक का प्रशिक्षण तब वहीं मिलता था। वॉटेज हाउस की सख्त सिस्टर्स के बीच रहते हुए उन्हें यह भी महसूस हुआ कि हर जगह धर्म और स्त्री दुर्गति और दुर्गिंजन में फंसे हुए हैं। इस तरह की कोई उक्ति उन्होंने दी तो नहीं, लेकिन गोरी बहनों की स्थिति भी उन्हें सुखिया बहनों की तो नहीं लगी–धर्म, राष्ट्र और संस्कृति–तीनों उनके प्रति भी पूर्वग्रहग्रस्त लगे। कुछ मामलों में तो भारत की दुखिया बहनें उन्हें ज्यादा स्वतंत्र लगीं–कम-से-कम वे धार्मिक और बौद्धिक विमर्शों में हिस्सा तो ले सकती थीं–खुद रमाबाई का जीवन इसका प्रमाण था :

"God loves men and women equally...from older times, the religious heads of different dominations have followed the tradition of shaking religion in the name of reading a ball of wax and moulding it into shapes which appeal to them (even here in England), it is felt that only an unwomanly woman could try to become learned, and she should try in vain, as she has not the mental ability of a man...when it comes to religious and charitable works, the task of collecting money for them falls to the womens lot... But then, how to disburse this money is decided upon my men. All these secretarial and slow, tiresome work are bound to be women's. This is the fairness of christianity—how beautiful it looks in the clear sunlight of the 19th century reform!"

मजे की बात यह है कि रमाबाई का यह कटाक्ष भूमंडलीकरण के बाद के वर्षों में तीसरी दुनिया के काम-बाजार में स्त्रियों की स्थिति का भी पूर्वाभास देता है। परिचारिका, लिपिक आदि ऐसे सारे छोटे पदों पर स्त्रियों की धड़ाधड़ नियुक्ति हुई है, जिसमें पदोन्नति की कोई सम्भावना नहीं है। कारपोरेट सेक्टर और प्रशासनिक वैभव की दुनिया में भी महत्त्वपूर्ण पद स्त्रियाँ शायद ही पाती हैं।

आगे रमाबाई स्पष्ट लिखती हैं–

"The orthodox Christian societies still do not ordain women as clergy, women lack the freedom to lead the church, the only reason being that they are women. In the Epistle to the Corinthians, Paul syas, at one place, 'Let you women keep silent in the churches."

मगर हर जगह रमाबाई आलोचक-भाव में ही नहीं बैठीं। सार-सार को गहि लियो थोथा देई उड़ाय' की मुद्रा में वे विदेश गई थीं और खुले दिमाग से उन्होंने पश्चिमी स्त्रियों की बेहतरी की ओर उठे कदमों की भी सराहना की–

"Learning was a dangerous thing for women, it would drawn them from domestic duties, and therefore, it would be very persecious for the state and the society....It was then that some farsighted, Sonpartion, and perceptive men and women embarked upon the great adventure of floating a small boat of their opinion in the great river of public opinion and roaring against the current."

यहाँ भी उन्होंने शैक्षिक प्रगति की यात्रा के ही बिम्ब में व्यंजित किया है और मेरी सोमरवील और एलिजाबेथ बैरेट ब्राउनिंग की उपलब्धियों की चर्चा की है। एक और बड़ा रोचक बिम्ब इन्होंने दिया है–'Great China wall of opposition' का, पर अन्ततः तो यह चीन की दीवार फांद ही गईं कोशिशें। लाख विरोध के बावजूद इस रूप में पल्लवित-पुष्पित हुई कि अमेरिका के 270000 शिक्षकों में 154, 374 स्त्रियाँ थीं–ये जब अमेरिका गईं एक सौ सत्ताईस स्त्री जरनलों और पाँच सौ पचास स्त्री-सगठनों का भी हवाला इन्होंने अपने इस यात्रा-वृत्तांत में किया है। इंग्लैंड से ज्यादा अमेरिका उन्हें कई सम्भावनाओं की जगह लगी–पुणे के अपने विश्व-प्रसिद्ध स्त्री संगठन 'शारदा सदन' के अनुदान भी इन्होंने अमेरिका से ही लिए। इस चुनाव में थोड़ा-सा योगदान इनकी देशभक्ति का जरूर होगा और थोड़ा-सा होगा प्रजातांत्रिक वैभव के प्रति इनके अदम्य उत्साह का। आपस की खुली बातचीत को वे कितना महत्त्व देती थीं, घर में और घर के बाहर भी–इसकी एक झलक इनकी इस उक्ति में भी मिलती है–

"In respectable families no one ever uses bad language. After evening meals the parents chat with their children in the parlour enjoying the warmth of the heater...in our country there is no such thing as the family having pleasant times together."

भारतीय संयुक्त परिवारों में होली-दशहरे या शादी-विवाह के अवसर पर भी स्त्रियों की टोली अलग बैठती थी, पुरुषों, बच्चों की अलग और रोज-रोज तो खैर पति-पत्नी भी गपशप नहीं करते थे। बड़ों के सामने कोई अपने बच्चे को भी गोद में उठाता नहीं था और रात में सबके सोने के बाद छुपकर पुरुष सोने के कमरे में जाते तो आज भी गाँवों में लोग दिखाई दे जाते हैं।

रमाबाई की दूरस्थ रिश्तेदार आनंदीबाई जोशी अमेरिका में पढ़ी-लिखी पहली भारतीय महिला डॉक्टर थीं। उन्हें उनके पति ने पढ़ने भेजा था, जो उनके पिता की उम्र के थे। चितपावन ब्राह्मण सभा और पूरे भारतीय समाज में एक नई महिला का बिम्ब यह उभर रहा था कि वह पढ़े-लिखे भी और सात हाथ की साड़ी बाँधकर पति के पीछे भी चले। एक तस्वीर में आनंदीबाई जोशी ने अमेरिकी स्टूडियो में साड़ी का पल्लू सिर से उतार लिया और मराठी ढंग से साड़ी नहीं बाँधकर बंगाली ढंग से बाँधी तो उसी पति ने जिसने प्रगतिशील कहलाने की हसरत में सात समन्दर पार उन्हें डॉक्टरी पढ़ने भेजा था, डाँटकर उन्हें चिट्ठी लिख बैठा कि पढ़ने की सुविधा का नाजायज फायदा उठाने की जरूरत नहीं! तो ये होते हैं हाथी दाँत खाने

के और, दिखाने के और। रुक्माबाई वाले मुद्दे पर इन्होंने पत्नी को स्वतंत्र स्टैंड लेने के लिए खूब झाड़ पिलाई।

खैर, इसी आनंदीबाई जोशी के दीक्षांत समारोह में रमा मेरी अमेरिका बुलाई गईं–मुख्य भाषण के लिए और वहीं से वे भारत लौटीं। जिन सपनों की गठरी बाँधकर लौटीं, उन्हें 'शारदा सदन' और 'मुक्ति-मिशन' में उन्होंने पल्लवित किया और एक बात तो आश्चर्य में डालती ही है कि बलात्कार, यौन-शोषण आदि के प्रश्न इस 'उच्चवर्णीय हिन्दू स्त्री' ने बिलकुल ही नहीं उठाए। शिक्षा-दीक्षा, स्वाभिमान, आर्थिक स्वावलम्बन पर अपना ध्यान केन्द्रित किए रही, लेकिन दैहिक शोषण के चक्र भी तो विधवाओं, देवदासियों, दलितों और दूसरी स्त्रियों को कैसे झेलने पड़ते थे–इस पर वे चुप ही रहीं–हालाँकि 'अच्छी बच्ची प्यारी बच्ची' का या 'मैं चुप रहूँगी' वाला सिंड्रोम इनके जीवन-प्रसंगों में कहीं और झलकता नहीं।

सारांशतः हम कह सकते हैं कि पश्चिमी महिला पर्यटकों की तुलना में रमाबाई ज्यादा खुली हुई हैं। पश्चिम से भी कुछ सीख लेने को प्रस्तुत बहनापा उनके यहाँ नस्ली अन्यीकरण का शिकार नहीं होता। उनकी किताब का नाम ही है : 'उच्चवर्णीय हिन्दू विधवा'। हालाँकि सावित्री फुले से इनका सम्पर्क था और शादी भी उन्होंने उच्चवर्णीय हिन्दू पुरुष से नहीं की थी। 'शारदा सदन' में अब्राह्मण कन्याएँ भी देश भर से आकर सहकारिता का जीवन जीती थीं, फिर भी उन्होंने समस्याएँ ज्यादातर उच्चवर्गीय हिन्दू विधवाओं की जाँची-परखी हैं। नस्ल का तो नहीं, मगर वर्ण का चश्मा उनकी आँखों पर है। प्रत्यक्ष अनुभव के साक्ष्य से ही उन्होंने ज्यादातर बातें सामने रखीं–विवेकानन्द और तिलक से भी उच्चवर्गीय हिन्दू विधवाओं के सम्पत्ति-कानून पर उलझीं। मुसलमान और दलित महिलाओं की दुर्गति पर अलग से नहीं लिखा तो शायद इसलिए कि वे सबका प्रतिनिधि बनने का दावा नहीं कर रही थीं–प्रतिनिधित्व का प्रश्न, वैसे भी उलझा हुआ प्रश्न है।

हिन्दू संस्कृति की बेवजह आलोचना जब वान्टेन सिस्टर्स होम में होती थी, वे डटकर उसका विरोध करती थीं–ईसाई हो जाने के बाद भी। कभी उन्होंने किसी के साथ ओछी हरकत नहीं की और जहाँ तक हुआ–एक पर्यटक-दृष्टि की निस्संगता से उन्होंने दोनों ध्रुवांतों का विश्लेषण किया और फॉर्स्टर का यह मूल मंत्र सच्चे अर्थों में साधा कि 'पुल बनो' (Dly connect) जिस समय किपलिंग 'ईस्ट इज ईस्ट एंड वेस्ट इज वेस्ट' के दावे ठोक रहे थे, 'बेस्ट ऑफ बोथ द वर्ल्ड' की दिशा में लगातार वे काम कर रही थीं। उनकी आँखें भोली एलिस की आँखें थीं–स्वाभिमान उनमें था, लेकिन अहंकार बिलकुल नहीं। तभी WCTU की भूमिका में फ्रांसिस विलर्ड उनके बारे में लिखते हैं कि "उनके जीवन-दर्शन में स्त्री प्रेम पुरुष-घृणा का पर्याय नहीं थीं। "She is too great natured as to love all humanity with a equal motherheartedness.'' एलिजाबेथ पीपाडी और विवनसी शॉ आदि स्त्री-शिक्षाविदों से उन्होंने काफी कुछ सीखा, पर मूल फर्क उनमें और पश्चिमी स्त्री पर्यटकों में यह था कि वे पश्चिमी स्त्री-पर्यटक तो लगातार मसीहा-भाव में रहीं या सखी-भाव में (फैनी पावर्स की तरह), एक सजग सांस्कृतिक अध्येता के रूप में नहीं। 'घर' की अवधारणा दोनों तरह के स्त्री-पर्यटकों ने बदली, दोनों ने घर की सरहद बड़ी की लेकिन 'फैमिली ऑफ फ्रेंड्स' का जो स्वरूप शारदा-सदन के रूप में रमाबाई ने खड़ा किया 'वांटेज होम' से वह बिलकुल काफी अलग था, क्योंकि सब धर्मों, जातियों और नस्लों की स्त्रियाँ सचमुच शारदा-सदन में सखी भाव में रहती थीं।

त्रिया चरित्रं : उत्तर-कांड

एंड्रीन रिच की एक लम्बी कविता है : 'स्नेपशॉट्स ऑफ अ डॉटर-इन-लॉ'। इसमें एक विवाहित स्त्री के क्रमिक, आत्मिक विकास के कई अन्तरंग चित्र हैं। विवाह के तुरन्त बाद का दिमाग एक सजा-धजा, लथपथ-सा केक कहा गया है–चाकू की नोक-तले समारोहपूर्वक टुकड़ों में बँटता हुआ केक। चौथे खंड में यही केक 'भरी हुई बन्दूक' हो जाता है और अन्तिम खंड में शालीन उड़ान भरता हेलिकॉप्टर। (मंद-मंथर चाल...हवा को धकेलते बढ़े जाते/उसके वे डैने महीन : 'Poised, still coming, her fine blades pushing the air apart'.)

मेरी समझ में विकास के तीन चरण ये ही होते हैं। हीगेल और मार्क्स की तरह इसे थीसिस, ऐंटी-थीसिस और सिंथेसिस करें, न्यूटन की तरह क्रिया-प्रतिक्रिया और समतोल या फिर परा-मनोवैज्ञानिकों की तरह डी-पर्सनैलिटी, ए-पर्सनैलिटी और ट्रांस-पर्सनैलिटी की अवस्थाएँ–होता यही है कि कोई भी भीतरी या बाहरी आन्दोलन जब परवान चढ़ता है, उसका क्रूर प्रतिक्रियावाद और कच्चा आवेग पूँछ की तरह झड़ जाता है, उसके भीतर यह बात ठहर जाती है कि एक दमनचक्र का जवाब दूसरा दमनचक्र हो, यह जरूरी नहीं है। यह दमनचक्र यदि सिलसिला बना तब तो धरती फिर से आग का गोला बनकर नाचेगी, भीतर-का, बाहर का सारा जलतत्त्व ही तिरोहित हो जाएगा, भीतर की, बाहर की सारी हरियाली तिरोहित हो जाएगी। एक परिपक्व, सर्वसमावेशी और सम्यक् दृष्टि स्त्री की सदा से रही है। स्त्री-आन्दोलन के तीन चरण उसे और अधिक हँसमुख और आत्मविश्वास से महमह बना गए हैं। पर्यवेक्षण और आत्मान्वेषण की लम्बी प्रक्रिया का प्रक्षालन स्त्री-व्यक्तित्व को एक अनुभवविदग्ध ठहराव दे गया है और आन्दोलन को उसकी सार्थक दिशा।

स्त्रीवाद की एक पंक्ति में कहें तो उत्तर-स्त्रीवाद उपलब्धियों का महोत्सव है, एक तरह की Shree fulmy एक खुशदिल अभियान जो सिर्फ स्त्री-पुरुष के बीच की विसंगतियों का प्रश्न नहीं उठाता बल्कि 'यथार्थ' का सामाजिक गढ़न्त समझने में हमारी मदद करता है। सुसन फालूदी का 'Baiklash : the Undeclared War

Aganist American Women' (1992), कैमिला पैगलिया का 'Vamps and tramps' (1994), जुडिथ बटलर का 'Jender trouble : Feminism and the Subuersion of Identity' (1990) और उसके बाद नवस्वतंत्र देशों का जातीय स्मृतियों से महमह साहित्य इको-फेमिनिज्म, कॉरपोरेट फेमिनिज्म, साइबर-फेमिनिज्म मिल-जुलकर जो भी खिचड़ी पका रहे हैं, एक नई खिचड़ी-भाषा में, वह एक पौष्टिक और स्वादिष्ट खिचड़ी है। अनुवादकर्मियों का उसमें एक बड़ा अवदान है। चाणक्य की साम्राज्यवादी खिचड़ी और बीरबल की उस असम्भव-खिचड़ी से उसका कोई लेना-देना नहीं है–'पॉलिटिक्स ऑफ द पॉसिबल' का ही हिस्सा इसे मानें, मस्त रहें, यह खिचड़ी किन्हीं साजिशों के तहत नहीं पक रही, पक रही है दुनिया के सारे वंचितों की बेहतरी के लिए। बेहतरी यों कि यह कोई पदानुक्रम नहीं मानती, केयर-एंथिक्स में इसकी आस्था मिटी नहीं, संकीर्ण घेरों में इसका विश्वास नहीं है और इसकी भाषा मलंग है।

जिस तरह की स्त्री का चरित्र यह प्रस्तावित करता है, उसके सूत्र हम अपने यहाँ की उन रचनाओं में ढूँढ़ सकते हैं जो जातीय स्मृतियों से महमह हैं। दो उदाहरण ही समीचीन होंगे–पहला उदाहरण तो पंजाबी कविता से ही लेती हूँ जो चंडीगढ़ में मुझको कुरुक्षेत्र के एक प्रोफेसर ने गेस्ट हाउस के कमरे में आकर सुनाई थी। कविता सुनाते हुए वे ऐसे विभोर हुए कि नाम ही नहीं बताया और मैं तो, खैर, हूँ ही भुलक्कड़, पूछना भी भूल गई, पर इतनी अच्छी कविता के लिए मैं उनके आगे नतमस्तक हूँ। उत्तर-स्त्रीवादी दौर की, आत्मविश्वास से दिपदिप स्त्री का ध्यान किया तो सबसे पहले मुझको उनकी कविता की स्त्री याद आई। कविता कुछ यों है :

मेरे मत्थे विच इक औरत बस्दी
जो चढ़दे सूरज दे नित मत्थे लगके
उस दियाँ किरण दा जल पीके
कहदी बाँह उलार–
तेरे निज़ाम दे वहशी पंजे
नई सकदे मैनु मार,
मेरे नूर दी, मेरे इशक दी
नवयो नवीं बहार!

इस दौर की दूसरी औरत ऋग्वेद के नवें मंडल से अन्तरपाठीय संवाद करते हुए मेरे सामने प्रकट हुई। पर्यावरण से इसका तादात्म्य और इसका उच्छल आवेग वही है जिसे इरेगिरी 'push and joy of Language' में प्रतीकित मानती हैं। ऋग्वेद

की भाषा साध पाना मेरे तो वश का नहीं था, फिर भी कोशिश की है ताकि उत्तर-स्त्रीवादी दौर की नई स्त्रियाँ उसी तरह उसमें अपना मॉडल ढूँढ़ सकें जिस तरह अफ्रीकी स्त्रियाँ अपनी दादियों-नानियों की 'टॉक-स्टोरीज' में ढूँढ़ रही हैं या बायोमाइथोग्राफिक विवरणों में–

जन्म-मृत्यु के घात-प्रतिघात से
रोग-शोक की मर्मभेदी पीड़ा से
चंचलता के घोर आवर्तन से छिन्न-मर्म तुम–
तुम्हारे लिए मैंने अपना विशाल वक्षस्थल
अनावृत किया है, हजार बाँहें फैलाए
तुम्हारे लिए ही खड़ी हूँ–तुम मेरी सन्तान हो,
आओ, मेरे पास, आओ–मातृगोद की अमृतमयी, संजीवनी धरा का
अवगाहन करो...सत्य ही मेरा स्तन्य है–
कैसी भीति? कैसी आशंका? मधुमय यह व्योम
मातृमुख से मुखरित है–देखो देखे इस ओर।

यह दूध साधारण दूध नहीं है–सत्य के स्तन्य से निकला milk of human kindness है यह जो उन स्त्रियों में भी होता है जो किसी कारण माँ नहीं बनीं और उन पुरुष स्त्रीवादियों में भी। क्लासिकल धीरोदात्त नायकों में उनका भी मॉडल हम ढूँढ़ सकते हैं, किन्तु गौर से देखिए तो इन मॉडलों से वे आगे हैं क्योंकि स्त्री के स्वतंत्र व्यक्तित्व, उसकी स्वतंत्र आभा भी उनको ग्राह्य है–जो पहले के पुरुषों को वैसी ग्राह्य नहीं थी : शिव-शक्ति वाला ही एक अपवाद है।

पश्चिम से भी एक उदाहरण उठाएँ : आंद्रे लॉर्ड की एक कविता से बात शुरू करें :

चुन लिया है हमने एक-दूसरे को,
एक-दूसरे के संग्रामों का उत्कर्ष,
महासमर तो एक है
अगर हम कभी हारे
औरत का खून जमेगा
निष्प्राण धरती पर
और अगर हम जीते
तब की तो बात ही क्या
इतिहास के पार जाकर हमें ढूँढ़ रही हैं
एक नई और अधिक सम्भव मुलाकात

इस कविता का बीजशब्द है 'मुलाकात'! एक अच्छी-सी मुलाकात की यही तैयारी है यह पूरा स्त्रीवाद! अलगाववादी नहीं स्त्री-दृष्टि! हो ही नहीं सकती! अपनी डफली, अपना राग 'लेडीज संगीत' में नहीं चलता! यह मिलकर गाता-बजाता है। एक नए, सुकाम्य पुरुष, एक धीरोदात्त नायक का सपना लेकर खड़ा है यह–एक ऐसा पुरुष जो पर्यावरण पर संकट न ढाए, सामंती ताव न दिखाए, चिड़चिड़ा, लम्पट न हो यानी क्रोध और सामना के अतिरेक से पीड़ित, सुबह-सुबह जिसका मुँह देखकर मन से हाय न निकले कि ईश्वर, कैसे जिन्दगी कटेगी? हिटलर का वंशज न हो जो, युद्ध और दंगे और भीषण मार-काट-सी मचाता वहशी दरिन्दा या हुलुकबन्दर औरत का दिल जीत पाने में काबिल नहीं होता। औरत जिसने अपनी कद-काठी काफी बढ़ा ली है, पढ़-लिखकर और बड़े मुद्दों पर सोचकर, पारम्परिक भूमिकाएँ छोड़े बिना कुछ नई भूमिकाएँ निभाती, अपने परिवार के बाहर एक बृहत्तर बंधु-परिवार गढ़ती, रक्त और यौन-सम्बन्धों के पार जाती है जिसकी सरहद, जाति-वर्ग-नस्ल-सम्प्रदाय आदि किसी तंग घेरे के पार जो अपनी ई.क्यू. या करुणा सम्बलित न्यायदृष्टि से दुनिया की सब क्लिष्टताओं और विडम्बनाओं का जायजा लेती है। पारिवारिकता और यौनिकता की नई परिभाषा सम्भव करती है। ऊँच-नीच, गोरे-काले, सवर्ण-अवर्ण, पर्सनल–पोलिटिकल, कॉस्मिक-कॉमनप्लेस, गँवई और शहराती, आपबीती और जगबीती, पूरब और पच्छिम, प्रकृति और सभ्यता के बीच का पदानुक्रम नहीं मानती। स्वभाव से और प्रशिक्षण से संवादधर्मी और प्रजातांत्रिक है जो भाषणधर्मी और अधिनायकवादी नहीं, कंधे पर हाथ रख उच्छल भाषा में जो सबसे सहज भाव में अपना दुख-सुख बतियाती है, सिर्फ कहती ही नहीं, समुत्सुक हो सुनती भी है। बाजार-दर्शन के पार, नृशंस खरीद-बिक्री के पार, एकध्रुवीय दुनिया के परे जाता है जिसका दर्शन? जो दोहन का प्रकृति और पर्यावरण के हृदयहीन दोहन से स्पष्ट तादात्म्य जताती हुई कहती है :

The rape of a woman is
The rape of the earth,
The rape of a child is
The rape of the uninerse.

स्त्री है तब तक इस धरती की हरियाली कायम है। स्त्री निष्प्राण तो धरती भी निष्प्राण। स्त्री उदास, धरती भी उदास : 'औरत का खून जमेगा निष्प्राण धरती पर!

सबसे बड़ी बात यह है कि स्त्रियाँ सबको अपने रंग रँगना नहीं चाहतीं! जो मेरे जैसा है, वही स्तरीय है–बाकी सब वाहियात–इस फासीवादी अहमन्यता को चुनौती देती वे कहती हैं कि अलग तरह के लोग भी उसी सम्मान के अधिकारी

हैं–हेटरोसेक्सुअल ही नहीं, होमोसेक्सुअल भी। सफेद चमड़ी वाले ही नहीं, रंगीन चमड़ी वाले भी। बहुसंख्यक ही नहीं, अल्पसंख्यक भी। सवर्ण ही नहीं, दलित-अधिकारी भी...बल्कि और अधिक सम्मान के अधिकारी क्योंकि समाज उनके प्रति अधिक असहिष्णु रहा है। क्षतिपूर्ति-सिद्धान्त के तहत कुछ वर्ष तो उन्हें अधिक सम्मान मिले, लोग उनके प्रति क्षमाप्रार्थी रहें, फिर समानता, भाईचारा या बहनापा। पहले स्वाधीनता-राजनीतिक स्वायत्तता ही नहीं, पूर्वग्रहों से मुक्ति, भूख और अपमान से मुक्ति, भूख और अपमान–दुनिया के दो मूल दुःख–भूख और अपमान!

साधनों का, अवसरों का भी समतुल्य वितरण जरूरी है, किन्तु उसके पहले जरूरी है एहसास 'डिफरेंस' का जिस पर उत्तरवाद की पूरी प्रपत्ति कायम है, उत्तरवाद जो मनोवैज्ञानिक महायुद्ध में, इस अस्मितायुद्ध में अहम् भूमिका भाषा की मानता है। भाषा जिसमें सारे युद्ध परावर्तित हैं। भाषा जो आयुध है, अहिंसक आयुध! 'महासमर' एक है : साधनों का, अवसरों का सम्यक् बँटवारा, किन्तु मिनी-नैरेटिव्स की छोटी लड़ाइयाँ, वजूद की लड़ाई, अस्मि-तत्त्व की मुखता का संघर्ष भी कम महत्त्वपूर्ण नहीं।

अन्तरपाठीय संवादों का यह युग है, यह युग है पुनर्भाष्य का! एक बड़ी छन्नी है! एक बड़ा सूप है जिससे सब पहले की मान्यताएँ और सारे दत्त प्रमेय फटके-बीने जा रहे हैं, जैसे चावल से कंकड़ और छिलकोइए बीन-फटक लिए जाते हैं! बीनने-फटकने में स्त्रियाँ हरदम ही माहिर रही हैं। पहले अनाज बीने-फटके, अब दार्शनिक प्रमेय बीन-फटक रही हैं! पहले बरतन माँजे, अब मन माँजने निकली हैं! पूर्वग्रहों की जो कीच है, धो देंगी ये औरतें और एक साफ–सुथरा सा समाज सामने आएगा जिसका सपना तीसरी दुनिया के उन सारे नवस्वतंत्र देशों ने देखा था जहाँ स्त्रीवाद का उत्तर-पक्ष स्वावलम्बन और सहकारिता मिशन के तहत फूल-फल रहा है, फूल-फल रहा है कोलोनियल और कैनोनिकल–दोनों के बरअक्स घरेलू चिट्ठी-पत्री और डायरियों को भी शोध के प्राथमिक स्रोत्रों के रूप में मान्यता देकर, लोकगीतों और मिथकों से एक नए ढंग का प्रत्याख्यान मूलक संवाद कायम करके! अस्मिता की लड़ाई में, एकध्रुवीय इस दुनिया के मैकडोनलीकरण के खिलाफ, सारी दुनिया को अमरीकी रंग में रंग देने के खिलाफ, एकतरफा, अंधे वर्चस्व के खिलाफ। स्त्रीवाद अब लड़ रहा है तो जातीय स्मृतियाँ और पर्यावरण-सैद्धान्तिकी ही उसका औजार है।

पश्चिम में विश्वयुद्ध के आसपास और तीसरी दुनिया के हम जैसे देशों में स्वाधीनता आन्दोलनों के सब-सेट/उपांग के रूप में स्त्री-जीवन से जुड़ी दुर्गतियाँ और स्त्री-अस्मिता के विकास के प्रश्न चर्चा में आए! मातृभाषा, मातृभूमि,

मातृसंस्कृति, मातृशक्ति आदि स्त्रीमूलक बिम्ब उपनिवेशों की लोकचेतना में धधकने लगे—खासकर तब जब हिटलर जैसे तानाशाह 'डैडी' के रूप लगे सलाम दगवाने और सिल्विया प्लाथ ने हिटलर के चेहरे पर जैविक पिता का चेहरा चस्पां करके लिखा, "Daddy I have had to kill you." पितृत्व में जैसे आस्था ही खत्म होने लगी। हमारे यहाँ भी 'बापू' को लगा कि स्त्री-चेतना से जुड़े बिना बात नहीं बनने वाली! देखते-देखते राष्ट्र का चेहरा स्त्री का चेहरा हो गया।

आज वही राष्ट्र बाजार की गिरफ्त में आकर औरतों की नाक में दम किए है। पूरी दक्षिणेशिया औरत की देह और उसका श्रम बेचकर अपना GNP बढ़ाए जा रही है! (2000 का यह डाटा है, सिर्फ थाइलैंड और फिलीपींस एड्समीत देशों में 20 लाख स्त्रियाँ बेचीं गईं जिनमें 8,00,000 छोटी बच्चियाँ थीं।) घरेलू नौकर के रूप में या यौन-दासी के रूप में ये बच्चियाँ जो वहाँ झेलती हैं, उनकी कविताएँ और कहानियाँ आती हैं, आ भी रही हैं। राज्य के कल्याणकारी मॉडल में विश्वास इतना ज्यादा गिर गया है कि आपसी सद्‌भाव मिशन पर आधारित और अन्तर्राष्ट्रीय बहनापे से आंदोलित छोटी-छोटी इकाइयाँ पनप रही हैं और एक नई तरह की भाषा में नई तरह के भाष्य लिखे जा रहे हैं—लगातार!

नए भाष्य पश्चिम में भी हुए थे—उत्तरसंरचना की नींव ही डाली पुनरावलोकनों ने—लेवी स्त्रास ने आदिवासी जीवन की पुनर्व्याख्या की, अल्थ्यूसर ने मार्क्स की, लाकां ने फ्रॉयड की, फूको ने पागलपन की, बार्थ ने पाठीय अन्तर्विरोधों की। केन्द्र और अपकेन्द्र के बीच म्यूजिकल चेयर-सा कोई खेल आयोजित करता है काल—ऐसा देरिदा ने भी कहा और संरचनावादी प्रमेयों का दत्त प्रमेय सार्वभौम 'मनुष्य' अपनी स्थानिकता, भाषिक, यौनिक, धार्मिक और राष्ट्रीय अस्मिताओं के समग्र पुंज के रूप में पहचाना गया—एक अचल, ठस्स इकाई न होकर छोटी-छोटी कई तैरती हुई-सी इकाइयों का वह समुच्चय जिसके विषय में आप कोई अन्तिम निर्णय दे नहीं सकते! स्त्रीवादी प्रज्ञा पहले से भी यह पहचानती थी, लेकिन अब के इस उत्तरवादी दौर ने उस पर प्रायोगिक विज्ञान और मनोविज्ञान की ओर से भी एक हँसमुख-सी स्वस्ति दी और फिर तो ये हुआ कि मेल गेज का जवाब फीमेल गेज, देह अंगूठे की तरह दिखाने की तरंग 'मस्त-मलंग' मेलाघुमनी-वृत्ति, खुल-खुल-खिल-खिल, 'बेचारी, दुख की मारी' का ताबड़तोड़ जवाब कि बेचारगी उतार फेंको, अपने ढंग से रहो, अपनी भाषा बोलो किसी को सताओ नहीं, लेकिन मस्त रहो : प्राकृतिक ढंग से 'जीयो और जीने दो!'

एक पंक्ति में कहूँ तो कम-से-कम भारतीय संदर्भ में आरंभिक स्त्रीवाद, स्त्री-अधिकारवाद—सविनय अवज्ञा की भाषा बोलता था, उत्तर-स्त्रीवादी दौर में

यह 'जीयो और जीने दो' की भाषा बोलता है। दोनों लोकप्रिय प्रपत्तियों में गांधी की गंध है, किन्तु गंध उत्तर-स्त्रीवाद की एकलौती गंध नहीं है–बुद्ध और अम्बेडकर, बिरसा मुंडा-जैसे स्थानीय देव-देवियाँ, वनदेवियाँ, पेड़-पौधे, पशु-पक्षी और अन्तर्राष्ट्रीय क्षितिज के मीडिया-आइकॉन्स भी इस अन्तश्चेतना पर प्रभाव डालते हैं।

निचले पदों पर ही सही, इंटरटेंमेंट उद्योग और हॉस्पिटैलिटी–सेक्टर में ही सही, स्त्रियाँ हर जगह हँसती हुई दीख तो रही ही हैं! यह ठीक है कि हँसी नए जमाने का घूँघट है। घर से पिटकर भी निकली हो तो टीवी स्क्रीन पर मुस्कुराना है, फिर भी नेटवर्किंग का स्कोप तो है न–एस.एम.एस. इंटरनेट, फेसबुक, ब्लॉग आदि की स्त्री-भाषा पर गौर कीजिए–यह भाषा बदल रही है! रेडियो म्याउं की भाषा पर गौर कीजिए–यह एक पुरमजाक भाषा है जो कि पदानुक्रम नहीं मानती, बार-बार स्मृतियों में लौटती है, पर केवल स्मृतियों की होकर रह नहीं जाती, परम्परा को वह मोबाइल की बैटरी समझती है–रिचार्ज हो जानेवाली शय! रोज उसे रीचार्ज होना है–आपस की, हँसमुख-सी गपशप में–अनौपचारिक और सिमिऑटिक गंध से मताई स्त्री-भाषा है यह जिसकी आन्तरिक लय में कोरा की लय शामिल है–स्तन पकड़ाने-छुड़ाने की लय, बत्ती जलाने-बुझाने की लय, प्रसवकालीन क्रमण-संकुचन की आदिम लय भी! सेंसरशिप का हव्वा यहाँ नहीं! अपने कुरूपतम रूप में भी यह उल्टी की बाल्टी या हाइड-पार्क की भूमिका तो निभा ही जाती है! बीमार आदमी की खातिर उल्टी की बाल्टी भी एक राहत तो है ही, और जो बीमार नहीं, स्वस्थ है, उसके लिए तो यह वर्चुअल स्पेस सचमुच पैगामे मुहब्बत है, जहाँ तक पहुँचे। सबसे सुखद बात यह है कि वृद्धाएँ और प्रौढ़ाएँ, स्त्री एकिडीमिया और नवशिक्षिताएँ–सब बिना दरोदीवार के मुक्त संसार की मुक्त नागरिकाएँ हैं–सबको कुछ कहना है और कुछ करना है : काम-धाम निबटाकर, बच्चे बड़े कर, रोज चार-पाँच बार मर-खपकर ये अपना एक नया स्वप्नलोक रच तो रही हैं। चुनी हुई स्मृतियों से प्रतिसंसार गढ़ रही हैं, कैसा भी स्वप्नलोक हो, कैसा भी यूटोपिया हो–एक युद्धभूमि भी होता है और एक लीलाभूमि भी! साहित्य को दोनों से ही मतलब है, इसलिए वह भी युद्धभूमि है और लीलाभूमि भी। दूसरे दौर और तीसरे दौर के स्त्रीवाद में मुख्य अन्तर तो यही है कि दूसरे को तकनीकी बारीकियों का उपयोग आ गया है।

इसी *पोस्ट-फेमिनिज्म* की एक प्रस्तावना यह है कि औरतों में आत्मरक्षा की प्रवृत्ति नैसर्गिक होती है। वे कभी ऐसी जगह नहीं जातीं जहाँ बसना मुश्किल हो। उनका जेनेटिक कोड ही ऐसा होता है कि वे खतरे और बदमगजियाँ दूर से सूँघ लेती हैं। खरहों जैसे रोएँ होते हैं उनके–थोड़ी भी असंगति भाँपकर राडार जैसे खड़े

हो जानेवाले। यदि घरों के बरामदों की अलगनी पर औरतों के कपड़े टंगे दीखें तो नई से नई (द्वारिका और ग्रेटर नोएडा जैसी) कॉलोनियाँ भी बसी हुई घोषित कर दी जाती हैं। साहित्य का भविष्य लेकर चिंतित रहनेवाले आश्वस्त रहें–साहित्य का कुछ नहीं बिगड़ने वाला। हजारों की तादाद में स्त्रियाँ वहाँ बसने आ गई हैं। खिलखिला उठेगी अब वह बस्ती। बस जाएगा अब यह उजड़ा दयार। रहने लायक होगा यह स्पेस, तभी यहाँ स्त्रियाँ आई हैं। स्त्रियाँ न रहने लायक जगहों में कभी नहीं रहतीं या यों कहें कि न रहने लायक जगहें भी उनके दम से रहने लायक हो जाती हैं। फुटपाथ पर ईंट जोड़कर चूल्हा बना लेने वाली, चूल्हे पर चावल का हंडा चढ़ाकर लाख थकान के बावजूद कुछ गुनगुना देने वाली, गाती-गुनगुनाती हुई दो पेड़ों के बीच फटी साड़ी का पालना डाल लेने वाली मजदूर माँओं से पूछिए–कैसे करती हैं वे ये सब।

इन्हीं मस्त मजदूरों के चूल्हे की आग हमारी समकालीन स्त्री-रचनाओं में है। मजदूर औरत की सूखी हुई आँखों की थिर टकटकी है यहाँ, जो 'मार खा रोई नहीं।' निराला की मजूरन ने जैसे रास्ते के लिए पत्थर तोड़े थे, इन्होंने भी पूर्वग्रहों के पत्थर तोड़े हैं और भाषा की नई राह बनाई है। एक दमदार कन्धे से झाड़-झाड़कर मिथकों की उलझी जटाओं की चोटी गूँथी है, गाँठें निकाली हैं उलझी जटाओं की।

पहले जब स्त्रियाँ कलम उठाती भी थीं, उनमें वह होता था जिसे मनोवैज्ञानिक 'पुअर लिजा कांप्लेक्स' कहते हैं–'बेचारी दुःख की मारी' वाला भाव। आधुनिक स्त्री-लेखन आत्मविश्लेषणपरक है, और उसके 'मैं' का विस्तार इतना बढ़ गया है कि 'सारी दुनिया' समा गई है उसमें। जब भी स्त्रियाँ कलम उठाती हैं, खुद से अकेले में रूबरू होकर पूछती तो हैं–'प्रेम गली' की तरह मेरी अस्मिता कहीं इतनी 'सांकरी' तो नहीं हुई जाती 'जामैं दुइ न समाहिं।'

सचमुच यह बड़ी रोचक घटना घटी है इधर के उत्तर-स्त्रीवादी दौर में कि जो भी क्षेत्र अनुर्वर और उजड़ा हुआ बगीचा मानकर पुरुष छोड़ चले हैं–स्त्रियाँ उनमें नई हरियाली भर रही हैं। कविता का क्षेत्र, पूरे साहित्य की भूमि, स्कूल, कॉलेज, विश्वविद्यालय के शिक्षण-असाइनमेंट–गजब तौर पर इन क्षेत्रों का स्त्रीकरण हुआ है और स्त्रियाँ इनमें नए रंग, नए तेवर भर भी रही हैं।

उत्तर-स्त्रीवादी दौर में एक चौथी दुनिया भी उभरी है–ऑस्ट्रेलिया की 'एबोरिजिन्स', न्यूजीलैंड की माओरी स्त्रियाँ, भारत की आदिवासी और दलित स्त्रियाँ इनमें हैं। और भी बहत सारे उपविभेश राजनीतिक विस्थान की शिकार औरतों, युद्ध और दंगों की सताई औरतों, वेश्यावृत्ति के लिए मजबूर औरतों के बनते हैं। सबकी विशिष्ट समस्याएँ हैं और सबको एक लाठी से हाँका नहीं जा सकता, पर कुछ तो इनमें साझा है ही जो इनकी आपसदारी मजबूत करता है और

जिसकी झलक माओरी लोकगीत की एक पंक्ति में मुझे मिली! उससे अपना अन्तरजातीय संवाद शामिल रखती हूँ :

'ईसा मसीह
औरत नहीं थे,
वरना मासिक धर्म
बारह बरस की उमर से
पैंतालिस बरस की उम्र तक
उनको मंदिर के बाहर रखता,
बेथलेहेम और येरुशलम के बीच के
कठिन सफर में उनके
हो जाते कई तो बलात्कार...
और उनके दुधमुँहे बच्चे
चालीस दिन और चालीस रातें
भूख से बिलबिलाकर
मरते हुए काटते जब–
उनको तो फुर्सत मिलती ही नहीं
सूली पर चढ़ जाने की भी।'

एक बात और अब अन्त में मैं बताना जरूरी समझती हूँ कि उत्तर स्त्रीवाद गैर-जिम्मेदार नहीं है। एक नॉन-सेक्टोरियन, कांस नेशनल पब्लिक स्फियर का जो यह प्रस्ताव सामने रखती है, उन्मुक्त सिविल सोसायटी में इसकी जड़ें हैं, यह एक ऐसा सामाजिक स्पेस है जो न बाजार से शासित होता है, न ही राष्ट्रीय सरकार से–आत्म का विस्तार करता हुआ यह अज्ञात, अपरिचित non-kin नागरिकों तक जाता है। यह है शुद्ध इंसानियत का रिश्ता या कहिए बहनापे का सदाशय रिश्ता! निःस्वार्थ। यह एक नई तरह का अध्यात्म है जो प्रकृति और पर्यावरण को अन्तःसम्बद्ध जाल मानता है। यह एक नए तरह का अध्यात्म, एक नए तरह का ट्रांसेंडेंस, एक नई तरह का सेक्रेड, संकीर्ण धार्मिकता से ऊपर, प्रकृति-पूजक एक नया पैगनिज्म, एक सूफी मलंगपन जो कोई पदानुक्रम नहीं मानता और हर तरह की घुड़दौड़ का विरोध करता है–एक फकीर हँसी के साथ; जाको कछु न चाहिए, सोई शाहंशाह!

डासत ही गई बीत निसा सब

'वाक्' इस बार लम्बे वॉक पर ले गया!

सीता से मिलने चली तो मन हुआ, रत्ना से भी मिलती चलूँ! 'धन-घमंड' वाली चौपाई के अर्थ खुले और 'विनय पत्रिका' की इस महान पंक्ति का मर्म भी ठीक से समझने में मदद मिली–

''डासत ही गई बीत निसा सब,
कबहूँ न नाथ, नींद भर सोयो।''

(मेरी तो रात बिस्तर बिछाने में बीत गई। नाथ, कभी नींद भर सो मैं कहाँ पाया? यानी कि जिन्दगी बीत गई जीने की तैयारी में। चादर मिली तो चटाई नहीं, चटाई जुटी तो ज्यों-की-त्यों धर दीनी चदरिया के आत्मतोष को ही नहीं पाया! कभी इधर का सिरा धोया, कभी उधर का! कभी तुरपई लगाई, कभी चिप्पी! बिछी भी तो भृकुटि ताने रही चादर! सलवटें ठीक करने में ही रात गई! कभी पैताने सर, कभी सिरहाने–इस करवट तो कभी उस करवट।)...क्या यह वियोग बस राम को निवेदित था?...राम खुद कितने आराम में रहे होंगे! नौकर-चाकर बिस्तर बिछा भी जाते होंगे तो ठंडा बिस्तर और गहरा अपराध-बोध एक फक्का नींद को भी तरसा तो जाते होंगे! तो जिस 'नाथ' से 'अनाथ' तुलसी बाबा अपनी व्यथा बाँचने बैठे हैं, उनका हाल तुलसी के हाल से बेहतर थोड़े ही रहा होगा!

क्या सम्बन्ध का यह समीकरण सीता और रत्ना की परेशानियों पर घटित करना सम्भव है? परित्यक्ताएँ दोनों हैं! निर्दोष! तेजोमय! स्वाभिमान से लहालोट! समर्पित होने का अर्थ स्वाभिमान का काढ़ा बनाकर पी जाना नहीं है–दोनों के चरित्र इस ओर स्पष्ट इंगित करते हैं।

अनन्त के जंगल में रत्ना की कुटिया पहले पड़ी। (सीता से मिलने तो धरती के अन्तःस्थल में जाना होता।) धरती की छाती फटी थी सीता की तकलीफ से और सीता धरती की गोद में समाई थी जैसे नैहर आई बेटी माँ की गोद में। यह सोचकर भी मैंने रत्ना की कुटिया का दरवाजा पहले खटखटाया। और रत्ना से जो भी बातें

हुईं, कबीर की चदरी की तरह 'ज्यों की त्यों' रखे देती हूँ : रत्ना मुखातिब थीं मुझसे पर बातें जैसे अपने तुलसी से ही कर रही थीं–

मैं, रत्ना–कहते थे मुझको 'रतन' तुलसी–
रतन–मगर गूदड़ से सिला हुआ!
किसी-किसी तरह साँस लेती रही अपने गूदड़ में
उजबुजाती-अकबआती हुई!
सदियों तक मैंने किया इन्तजार–
आएगा कोई, तोड़ेगा टाँके गूदड़ के,
ले जाएगा मुझको आके!

पर तुमने तो पा लिया था अब राम-रतन!
इस रत्ना की याद आती क्यों?
'घन घमंड' वाली ही थी रात वह भी
जब मैं तुमसे झगड़ी थी।
कोई जाने या नहीं जाने, मैं जानती हूँ क्यों तुमने
'घमंड' की पटरी 'घन' से बिठाई।

नैहर बस घर ही नहीं होता,
होता है नैहर अगरधत्त अंगड़ाई,
एक निश्चिन्त उबासी, नन्हीं फुर्सत!
तुमने उस इत्ती सी फुर्सत पर बोल दिया धावा
तो मेरे ऐ रामबोला, बमभोला–मैंने तुम्हें डाँटा!
डाँटा तो सुन लेते
जैसे सुना करती थी मैं तुम्हारी।
पर तुमने तो दिशा ही बदल दी।
थोड़ी-सी फुर्सत चाही थी,
तुमने तो सारा समुन्दर ही फुर्सत का सर पर पटक डाला!
फुर्सत नमक ही है, चाहिए हर किसी को थोड़ी-सी!

रोज फींचती हूँ मैं साड़ी!
कितने पटके, कितनी रगड़-झगड़–
तार-तार होकर भी

वह मुझसे रहती है सटी हुई!
अलगनी से किसी आँधी में
उड़ तो नहीं जाती!

कुछ देर को रूठ सकते थे,
ये क्या कि छोड़ चले।
क्या सिर्फ गलियों चौबारों में मिलते हैं राम तुम्हारे?
'आराम' में भी तो एक 'राम' है कि नहीं–
'आराम' जो तुमको मेरी गोदी में मिलता था?
मेरी गोदी भी अयोध्या थी, थी काशी!
तुमने कोशिश तो की होती इस काशी करवट की।

एक 'विनय पत्रिका' मेरी भी है तो
लिखी गई थी वो समानान्तर
लेकिन बाँची नहीं गई अब तलक!

जब कुछ सखियों ने बताया–
चित्रकूट में तुम लगाते बैठे हो तिलक
हर आने-जानेवाले को–
मैंने सोचा मैं भी हो आऊँ,
चौंका दूँ एकदम से सामने आकर।

पर एक नन्हा-सा डर भी
पल रहा था गर्भ में मेरे–
क्या होगा जो तुम पहचान नहीं पाए
भक्तों की भीड़-भाड़ में?

आईना कहता है, बदल गया है मेरा चेहरा,
नमक से नमक धुल गया है
(आँखों से चेहरे का!)
और इन आँखों के नीचे
गहरी गुफा की हहाती हुई एक साँझ उतर आई है!

गर्दन के नीचे के दोनों कबूतर
चोंच अपनी गाड़कर पंख में बैठे
काँपते हैं लगातार–
आँसू की दो बड़ी बूँदें ही अब दीखते हैं वे!
सोचती हूँ–कैसे वे लगते–
दूध की दो बड़ी बूँदें जो होते–
आँचल में होता जो कोई रामबोला–
सीधा उसके होंठ में वे टपकते!

सोचती गई रास्ते भर–कैसे मिलोगे,
सौत तो नहीं न बनी होगी
वो तुम्हारी रामभक्ति?

एक बार नहीं, कुल सात बार
पास मैं तुम्हारे गई
सात बहाने लेकर!
देखा नहीं लेकिन एक बार भी तुमने
आँख उठाकर!
क्या मेरी आवाज भूल गए?
जिसकी हल्की-सी भी खुसुर-फुसुर पर
तुममें हहा उठता था समुन्दर

वो ही आवाज भीड़ में खो गई
जैसे आनी-जानी कोई लहर!
'तटस्थ'–इस शब्द की व्युत्पत्ति
खूब तुमने समझाई, प्रियवर!

एक बार मैंने कहा–
"बाबा, हम दूर से आई हैं घाट पर,
खाना बनाना है, मिल नहीं रही सूखी लकड़ी,
आपके झोले में होगी?
कहते हैं लोग, आपके झोले में
बसती है सृष्टि,

दुनिया में ढूँढ़-ढाँढ़कर
आ जाते हैं सारे बेआसरा
आपके पास।
जो चीज और कहीं नहीं मिली,
आपके झोले में तो रामजी ने
अवश्य ही डाली होगी!"

बात शायद पूरी सुनी भी नहीं,
एक हाथ से आप घिसते रहे चन्दन,
दूसरे से लकड़ी मुझको दी!

सचमुच कुछ लकड़ियाँ झोले में थीं–
जैसे थी लुटिया, आटा, बैंगन,
धनिया, नमक की डली।
एक-एक कर मैंने सब माँगी,
दी आपने सर उठाए बिना,
जैसे औरों को दी, मुझको भी!

लौट रही हूँ वापस...खुद में ही
जैसे कि अंशुमाली शाम तक
अपने झोले में वापस
रख लेता है अपनी किरणें वे बची-खुची,
कस लेता है खुद को ही
अपने झोले में,
मैं भी समेट रही हूँ खुद को
अपने झोले में ही!
अब निकलूँगी मैं भी
अपने संधान में अकेली!
आपका झोला हो आपको मुबारक!
अच्छा बाबा, राम-राम!

रत्नावली का यह नाटकीय एकालाप इस भाव से मैंने सुना जैसे मैं वहाँ हूँ नहीं। और देर तक उनकी फटी चटाई देखकर मन ही मन गुनती रही–'डासत ही गई बीत निसा' का असल मर्म!

आगे की यात्रा विकट थी। एक खरगोश ने इसमें मेरी मदद की! खुद से अपना बिल खोदता-खोदता वह किसी तरह मुझे सीता के पास धरती के उस एपिसेन्टर तक लिये गया जहाँ आग और पानी गले-गले मिलते थे, सारे आसन्न भूचाल शेषनाग के फन पर मुन्नी मारे, कछनी काछे पड़े थे यानी कि तन्द्रालस! दूर पर सीता मैया दीखीं–आग और पानी, निद्रा-अनिद्रा, शेष-अशेष के ठीक बीचो-बीच खड़ी मिट्टी का वही घड़ा साफ कर रही थीं जिसमें सदियों पहले, बकौल, 'चन्द्रवती रामायण'[1] मंदोदरी ने अपने गर्भ का 'सत्' भरकर समुद्र में इस प्रण के साथ तैराया था कि हे सागर, यह मुझ अकेली स्त्री के आहत तेज का 'सत्' है जिसके पति का आधा समय आत्मरक्षा को निवेदित पूजा-पाठ में जाता है, आधा मार-पीट (जगत हिंसा + घरेलू हिंसा) और परस्त्रीगमन में। तुम अपने थपेड़ों से घट में भरा मेरा 'सत्' जरा पुष्ट करो और लहरों की गोद में बिठाकर किसी ऐसे उर्वर तट को सुपुर्द कर आओ जहाँ यह मुझ अकेली स्त्री की बेटी के रूप में अवतरित हो सके। अपना सम्पूर्ण तेज इस अपने 'सत्' को निवेदित करती हूँ और धरती से भी प्रार्थना करती हूँ कि यह अपना गर्भ इसे दे और ऐसा घटनाक्रम रचे मेरी बेटी कि इसके ही बहाने मेरे अन्यायी पति का वध सम्भव हो!

मैंने जब पहली दफा 'चन्द्रवती रामायण' का यह प्रसंग सुना, मुझे पसीना आ गया! तो धरती माँ वैदेही भी 'सरोगेट मदर' थीं, असल माँ थी मंदोदरी! पाँच महासतियों में मंदोदरी की गिनती होती है और बावजूद इस प्रसंग के कि उन्होंने सीता को आत्मबल से 'कंसीव' किया था तो बस इस संकल्प के साथ कि वह उनके अत्याचारी पति के वध का कारण बने। कुन्ती की तरह उन्होंने किसी 'अन्य' के तेज की भी मदद नहीं ली थी! अपने ही तेज से गढ़ी थी यह सन्तान! 'सिंगल मदर' की यह मानस-पुत्री थी। जीजस क्राइस्ट की तरह ही किसी भौतिक समागम के परे ही पैदा हुई थी। घर एक तरह का टेस्ट-ट्यूब था और विलासी महाबली की उपेक्षित पत्नी का आहत तेज ही बना था इसका औरस! ठीक से देखा जाए तो हर उपेक्षित-अनादृत के गर्भ में विद्रोह की यह दबी-ढकी चिनगारी पूर्ण लपट बनकर लहराने की गुप्त तैयारी करती ही रहती है। तो क्या मंदोदरी का कुंभ एक तरह का रूपक नहीं?

'जल में कुंभ, कुंभ में जल है। बाहर-भीतर पानी/फूटा कुंभ/जल-जलहिं समाना/यह तथ कथै गियानी।' अहंकार का घट तो फूटना ही होता है। पाप का घड़ा फूटना ही होता है! पर सोहनी-महीवाल के घड़े वाला पुख्तापन उस घट में था जो मंदोदरी का सत् बंगाल की खाड़ी तक लाया तभी सीता का चरित्र इतना लहरिल, इतना पुख्ता बना! वाल्मीकि रामायण की सीता का यथार्थ-बोध तो महाभारत के चरित्रों के गझिन यथार्थ-बोध से मेल खाता है! कहीं उनमें वैसी

रोंदू-सी रूमानियत नहीं दीखती जिससे लोक अवगत है। सीता की इस आरोपित रूमानियत का दिलचस्प-सा हवाला अर्चना वर्मा ने अपनी कहानी 'त्योहार'[2] में दिया है जहाँ रामलीला में सीता की भूमिका मिलने पर 'लड़की' भाइयों और दोस्तों से जिरह करती है कि वह सीता नहीं बनने वाली, वह तो हनुमान बनेगी। सीता की भूमिका ही क्या है : पेड़ के नीचे बैठकर रोना ही तो है दिन भर!

'त्योहार' की उस नन्हीं-सी नायिका और उस जैसी हजार तेजस्वी लड़कियों को मेरा यह लेख निवेदित है! उन्हीं के लिए मैंने ये उद्धरण मेहनत से बीने-फटके हैं कि वे खुद देखें, पितृसत्ता क्या करती है! दूध में इतना पानी मिलाती है, इतना मिलाती है कि वह चाय के दूध जितना पतला पनीला-सा हो जाता है! उससे भी मन नहीं भरता तो उसमें चाय-पत्ती डालकर भरपूर औंट भी देती है। रंग ही बदल जाता है सच का, स्वाद ही बदल जाता है स्त्री के पक्ष में खड़े सच का–सच जो सफेद और दुग्धधवल था और उतना ही प्रगाढ़ जितना नेह–देखते-देखते 'पनछुच्छुर' हो जाता है और फिर उसका मूल स्वरूप किसी को भी याद नहीं रहता। सबाल्टर्न इतिहासकार साहित्य में अफवाहों की भूमिका पर लगातार जो शोध करा रहे हैं–उसका एक अपना औचित्य है–यह आपको सीता से सम्बद्ध निम्नांकित उद्धरणों पर एक दृष्टि डालते ही साफ समझ में आएगा।[3]

रामजी वन जाने को तैयार हैं! माँ से विदा लेकर पत्नी से मिलने आते हैं और रीति-नीति की बातें लगते हैं समझाने–

''इस समय मैं निर्जन वन में जाने के लिए प्रस्थान कर चुका हूँ और तुमसे मिलने यहाँ आया हूँ! तुम भरत के समीप कभी मेरी प्रशंसा न करना क्योंकि समृद्धिशाली पुरुष दूसरे की स्तुति नहीं सहन कर पाते...अपनी सखियों के साथ भी बारम्बार मेरी चर्चा तुम्हें नहीं करनी चाहिए क्योंकि उनके मन के अनुकूल बर्ताव करके ही तुम उनके निकट रह सकती हो...राजा ने उन्हें सदा के लिए युवराज पद दे दिया है, इसलिए तुम्हें विशेष प्रयत्नपूर्वक उन्हें प्रसन्न रखना चाहिए...'' (छंद 24-27 तक)

लोगोसेन्ट्रिक पुरुष-भाषा का यह उत्कृष्ट नमूना है : सपाट, ठंडी, आदेशमूलक, हितू भाषा। दुनियादारी की समझ है, हित-चिन्ता भी है ही–लेकिन अन्तर्व्यवस्थागत चिन्ता ज्यादा, भावगत उद्वेलन न के बराबर; भीतर होगा भी तो सतह पर छलकना नहीं चाहिए–इसमें पौरुष की हेठी है, मर्यादा का हनन है! लकां ऐसी ही भाषा को 'सिम्बालिक ऑर्डर' की भाषा कहते हैं! नैन्सी शोदोरोव अपने विशद प्रयोगों के बाद इस निष्कर्ष पर पहुँचती हैं कि पुरुष ऐसी नो-नॉनसेंस-सी भाषा आत्मरक्षात्मक कवच-रूप में गढ़ लेते हैं। एक-डेढ़ साल की उम्र से ही भाषिक पल्लवन अलग-अलग रूपों में होने लगता है! यही वह अवस्था है जब वे पहली बार खुद को माँ

से 'अलग' पहचानते हैं। उन्हें एक झटका-सा लगता है यह जानकर कि जिसे वे अभिन्न समझते थे, उस जैसा लगने या उस जैसी भावप्रवण भाषा बोलने में उनकी हेठी है–उन्हें तो 'पिता' 'जैसा दीखना/बोलना चाहिए! यह झटका उन्हें जरूरत से ज्यादा ही कठोर और सपाट बना देता है–'मर्यादा' के नाम पर वे लगातार आत्मदमन किए जाते हैं और धीरे-धीरे उच्छल अभिव्यक्ति सपना हो जाती है। लड़कियों को 'माँ' से अलग दीखने/बोलने का कोई भी उपक्रम नहीं करना पड़ता–इसलिए वे ज्यादा सहज होती हैं और अकुंठ होती है उनकी अभिव्यक्ति जैसी सीता की है–

"निष्पाप रघुनन्दन! आप मुझे जिसके अनुकूल चलने की शिक्षा दे रहे हैं और जिसके लिए आपका राज्याभिषेक रोक दिया गया है, उस भरत के सदा ही वशवर्ती और आज्ञापालक बनकर आप ही रहिए, मैं नहीं रहूँगी!" (त्रिंशः सर्गः, 9)

यह एक मानिनी पत्नी की तरंगायित भाषा है जिसमें जिद है, इसरार है, रोष है, मीठा-सा विद्रोह है। सत्ताइसवें सर्ग का कवित्वमय तर्क ही नदी की मस्त चाल से आगे बढ़ता-बढ़ता इस मुकाम तक पहुँचा है–

"मुझे किसके साथ कैसा बर्ताव करना चाहिए, इस विषय में मेरे माता-पिता ने मुझे भरपूर शिक्षा दे रखी है। इस समय इस विषय में मुझे उपदेश देने की कोई जरूरत नहीं!" (छंद 9)

कांतासम्मित उपदेश तो सुनने लायक भी होता है क्योंकि रहीम आदि के दोहों की तरह एक खास तरह का मनोहर लालित्य वहाँ होता है (स्त्री-भाषा का सहज लोच बड़े कवि लेखक तो अपनी भाषा में पैदा कर ही लेते हैं जैसे वाल्मीकि या टॉल्स्टॉय ने किया, कालिदास और शेक्सपियर ने भी।) पर पुरुषों के सपाट उपदेश (आदेश?) कौन सुने! इसलिए बच्चे भी तो पिता की नहीं सुनते, माँ की ही सुनते हैं! स्त्री-भाषा के कवित्व का एक नमूना आठवें छन्द में है–

"अतः वीर! आप ईर्ष्या[4] और रोष[5] दूर करके पीने से बचे हुए जल की भाँति मुझे निःशंक होकर साथ ले चलिए! मुझमें ऐसा कोई पाप-अपराध नहीं है जिसके कारण आप मुझे यहाँ त्याग दें!" (छंद 9)

इस उक्ति में अन्तर्भुक्त नाटकीय विडम्बना (ड्रैमेटिक आयरनी) आनेवाले दिनों का संकेत देती है। मगर यहाँ सहज ध्यान 'पीने से बचे हुए जल की भाँति' के कवित्व पर जाता है। इस 'जूठे जल' में भी नाटकीय विडम्बना छुपी है! जैसे नदी का पानी जूठा नहीं होता (बहता पानी निर्मला) वैसे स्त्री का शरीर भी क्योंकि वह भी नदी है : उच्छल, निर्मल और सहज तरंगायित! धोबी-समाज यह मूल बात नहीं समझता जिसका पूरा जीवन ही जल पर निर्भर है और रामजी उसके ही आरोपों की फोर ग्राउंडिंग करने पर तुल जाते हैं, युद्ध के बाद! जिन पतियों को अपनी पत्नी

के प्रेम पर विश्वास होता है वे भी समाज के भय से कभी-कभी ऐसी ही निष्ठुर भाषा बोलने लगते हैं और कहलाना चाहते हैं वीर, महावीर। डरा हुआ व्यक्ति 'वीर' भला कैसे हुआ—

"रावण तुम्हें अपनी गोद में उठाकर ले गया और तुम पर अपनी दूषित दृष्टि डाली—ऐसी दशा में अपने महान कुल का वासी मैं तुम्हें कैसे ग्रहण करूँ?"

बात बढ़ाने से तो ज्यादा ही बढ़ जाएगी! और भी कई प्रसंग और उक्तियाँ सीता की तेजस्विता, करुणा, स्वाभिमान और सहज स्नेहीवृत्ति के प्रमाण के रूप जुटाई जा सकती हैं! बेचारे तुलसी को तो अपने आराध्य के इन सब कमजोर प्रसंगों पर इतनी लज्जा आई कि सारे के सारे प्रसंग वे महावीर हनुमान की तरह एक छलांग में लाँघ गए। पर कभी-कभी चुप्पी भाषा से ज्यादा वाचाल और व्यंजक हो जाती है।

तो सीता को मैंने घड़ा माँजते दूर से देखा : धरती के एपिसेन्टर पर! बोल मैं कुछ नहीं पाई! हम जिसकी बहुत इज्जत करते हैं, कई बार उसके आगे गला बकोर सा लग जाता है! समझ में नहीं आता, बात कहाँ से शुरू करें! मन ही मन इतने काल्पनिक संवाद घटित हो चुके होते हैं कि सामने पड़ने पर शब्दों का हाल उस रुआँसे बच्चे-सा हो जाता है जिसने रिहर्सल तो काफी की हो पर स्पेस पर आते ही 'ब्लैक आउट' सा घट गया हो जिसके भीतर!

अभी-अभी तो मैं मुम्बई के 'स्पैरो-महोत्सव' से लौटी थी! वहाँ तमिल की सिद्ध-प्रसिद्ध कथाकार, सी. एस. लख्मी (अम्बई) के मुँह से उत्तर-पूर्व में प्रचलित सीतायण का एक प्रसंग सुना था जिसे कल्पित संवादों के माध्यम से सामने रखने की कोशिश करती हूँ। प्रसंग है कि वन में रहती-रहती सीता चालीस-पैंतालीस की हो चुकी हैं। लव-कुश को राम ले गए हैं—सीता कन्द मूल खाती पशु-पक्षियों से बतियाती अपना जीवन संगीत-साधना में काट रही हैं! रावण-वध तो माया का खेल था! खेल खत्म होने के बाद रावण भी वैरागी होकर उसी जंगल में आ गया। रुद्रवीणा का गम्भीर निनाद उसे सीता की कुटिया तक ले जाता है। सीता ही रुद्रवीणा बजा रही हैं—दीवार की ओर मुँह फेरे! रावण मंत्रमुग्ध-सा खड़ा रहता है। उनका ध्यान खींचने का कोई यत्न नहीं करता। इन्तजार करता है कि सीता की कब उस पर दृष्टि पड़े। अन्ततः जब पड़ती है तो सीता अवाक्।

"तुम? तुम यहाँ कैसे?"

"देवि! आपकी तलाश में भटकता-भटकता यहाँ आया! यह तो मुझे पता था कि राम को राजधर्म दाम्पत्य के धर्म से ज्यादा प्रभावपूर्ण दीखेगा और प्रजा के एक

मूर्ख प्रतिनिधि का मन रखने की खातिर वे आपको हिंस्र पशुओं से भरे जंगल में नितान्त अकेला छुड़वा देंगे!...लंका-विजय के तुरन्त बाद भी तो उन्होंने यही कहा था कि यह युद्ध मैंने तुम्हारे लिए नहीं अपने कुल गौरव की रक्षा के लिए लड़ा था...तुम अब स्वतंत्र हो, चाहो तो विभीषण के पास रह जाओ, चाहो तो मेरे अन्य तीन भाइयों में किसी के पास[6]...मेरी आत्मा तभी से चौकन्नी होकर आपके पीछे-पीछे घूमती फिरी!

जब आपकी अग्नि परीक्षा हुई और अग्निदेवता आपको गोद में लिए बाहर आए, पिता के विदग्ध गौरव से आपको कैरेक्टर सर्टिफिकेट इशू किया–मेरी भी आत्मा में अग्निबीज पड़ गए! एक अलग ताप में मैं तो धू-धू कर जला–पछतावे का ताप–आग से बेदाग निकल आने के ताप से ज्यादा बड़ा होता है, यह समझती हैं न, देवि?

आपके स्वयंवर में मेरे शिव भी मेरे विपक्षी हुए! शिव का धनुष मैं हिला भी नहीं पाया! लज्जा से गड़ा हुआ लौट रहा था कि आपके दैदीप्यमान चेहरे पर मेरी दृष्टि अनायास पड़ी! राम को जयमाला डाल देने के पश्चात् उनके ही पार्श्व में लजाई खड़ी आप ऐसी लग रही थीं जैसे रात के अँधेरे में पूर्णिमा का पूर्णाभ चन्द्रमा!...मेरी आँखों में शिव की गंगा ने करवट बदली! शिवप्रिया होने के नाते गंगा मेरी माता ही हुईं, मैंने माता से चन्द्रखिलौने की जिद तो नहीं की, पर मन ही मन तब ही संकल्प लिया–इस चन्द्रमा पर जब ग्रहण लगेगा, या इसके 'कलंक' की कल्पित कहानियाँ इधर-उधर तैरेंगी, इसकी प्रतिरक्षा में मैं ही खड़ा होऊँगा, मैं ही बनूँगा इस चाँद के ग्रहण का साथी!"

"लेकिन इस ग्रहण के कारक भी तुम ही हुए, रावण! प्रेम ही किया था तो छल-बल क्यों दिखलाया! जोगी का भेस धर क्यों आए भिक्षा माँगने? माया-मृग वाला भी जोग-टोना क्यों किया?"

"नाटक में नाटक, माया में माया की रचना पूर्व नियोजित न भी मानी जाए तो जरा सोचो, मैं भला क्या करता! एक ही मेरी बहन थी! नाबालिग! आज का जमाना होता तो मैट्रिक का इम्तिहान दे रही होती! इतनी बड़ी लड़की को होश ही कितना होता है! इस उमर में मोहांधता कोई बड़ी घटना भी नहीं! जंगल जैसी रहस्यमय जगह में एक सुदर्शन पुरुष इधर-उधर वीरभाव में टहलता दीखे और एक सोलह साल की लड़की उससे मोहाविष्ट हो जाए तो समझा-बुझाकर उसे घर भेजा जा सकता है! सीधा नाक-कान काट लेना कहाँ की वीरता है भला? क्या आपको नहीं लगता कि दरअसल लक्ष्मण पुरुष प्रधान समाज के उस बेबुनियाद तर्क का संवहन करते दीखते हैं कि स्त्री की अपनी यौन संवेदनाएँ होती ही नहीं और वह निर्लज्ज (?) बनकर अपनी ओर से प्रणय निवेदन करती है तो दाल में जरूर कुछ

काला होता है–विषकन्या आदि का कोई राजनीतिक षड्यंत्र, जिसका निराकरण होना ही चाहिए?"

"लक्ष्मण को मैंने इस कृत्य के लिए दुत्कारा था पर मैं उनकी माँ तो नहीं थी! उनके नैतिक विकास का जिम्मा पूरी तरह तो मेरा नहीं था–मुझको क्यों बीच में घसीटा? वह भी छल-बल से? सीधा आक्रमण क्यों नहीं किया लक्ष्मण पर?"

"हो सकता है, मेरे विफल प्रेम का मोह ही मुझे तुम्हारा भिखारी बनाकर एक बार फिर तुम्हारे द्वारा आने को बाध्य कर गया हो...खैर, अब वे बातें तो अतीत हुईं! अब तो हम दोनों ही उम्र के उस मोड़ पर हैं जहाँ प्रेम देह की कछार छोड़कर एक गम्भीर अनुराग, एक समर्पित आपसदारी में परिणत हो जाता है! इस मोड़ पर तुम्हें राम ने छोड़ दिया, बच्चे भी ले गए...कितना भटककर एक बार फिर तुम्हारे द्वार आया हूँ! क्या तुम मुझे रुद्रवीणा सिखाओगी?"

"देखो, भाई रावण, जितना भटककर तुम मेरे द्वार आए हो, प्रायः उतना ही भटककर मैंने अपना वजूद पाया है!...यह रुद्रवीणा ही दरअसल मेरा वजूद है! कोई किसी और की रुद्रवीणा कैसे बजाए भला?...इतने बड़े साधक हो तुम खुद! खुद अपनी लकड़ियाँ काटो! खुद रुद्रवीणा गढ़ो! जो लय-ताल सिखानी होगी, प्रकृति खुद ही सिखा देगी। जाओ, महावीर, लौटने...फिर एक बार तुम्हें लौटा रही हूँ कि खुद अपने तट पर पहुँच पाओ! आघात ही मुक्ति का मार्ग है, बन्धु? आघात ही रुद्रवीणा में राग जगाते हैं...! खुद अपनी रागिनी सुनो और लौटो।"

उधर रावण लौटा, इधर यह नाट्य अपनी इन्हीं आँखों के ऐन सामने घटित देखकर मैं भी उल्टे पाँव लौटी! सीता की एकान्त साधना भंग करने का साहस ही मुझे न हुआ पर मैंने मन ही मन उनको मौन प्रणाम जरूर किया और जो-जो सोचती हुई घर लौटी, आपसे साझा करके एक गहरी नींद सो जाना चाहती हूँ! पता नहीं क्यों आज तुलसी से ये शब्द मैं भी उधार लेना चाहती हूँ–डासत ही गई बीत निसा सब कबहूँ न नाथ नींद भर सोयो! मैं तो कभी सो भी जाऊँ लेकिन ये प्रश्न नहीं सोएँगे और हर युग इनके उत्तर अपने ही ढंग से टटोलेगा! क्या आपको ऐसा नहीं लगता कि सीता के बारे में सबसे बड़ा मिथ निःशब्द समर्पण (डोसिलिटी) का है? सीता अपने समय की पहली महिला थी जिसने पति के साथ ही सही, घर की चौखट लाँघकर अपनी आँखों से दुनिया देखी! (वैसे, कैकेई भी रणभूमि तक दशरथ के साथ हो आई थी, पर यह सिर्फ कुछ दिनों का चक्कर था)!

सीता के सामाजिक सरोकार इतने अच्छे थे कि वन-प्रदेश का एक-एक व्यक्ति (ग्राम-बंधुओं से लेकर केवट तक)–उनसे पूरा ममत्व पाता रहा! रावण की वाटिका जैसी विकट जगह में भी उन्होंने त्रिजटा-जैसी सखी पा ली! उनका व्यक्ति-नियोजन कितना अच्छा था, इसका सबसे बड़ा प्रमाण है कि वे रावण जैसे जटिल व्यक्ति

को भी एक दूरी से लगातार साधे रहीं! ठीक है कि रावण के भी अपने सिद्धान्त थे, पर बिना व्यावहारिक खपच्चियों के छूछे सिद्धान्त किस तरह भहरा गिरते हैं, यह कौन नहीं जानता?

बीहड़ वन में, प्रायः अकेले उन्होंने बच्चे जने-पाले! एकल अभिभावक भी कितने तेजस्वी और कितने अकुंठ बच्चे समाज को दे सकता है।

फिर सीता को मूक आज्ञाकारिता के कटघरे में जकड़ने वाले यह क्यों भूल जाते हैं कि सीता का सबसे बड़ा सच है लक्ष्मण-रेखा लाँघ जाना यानी आपात् स्थिति में अपने विवेक के हिसाब से नियमावलियों में परिवर्तन का साहस! निर्णय गलत भी हो जाएँ तो क्या, निर्णय लिए गए, यही बड़ी बात है! दस में एक निर्णय किसका गलत नहीं होता? अपने हिसाब से सीता ने ठीक ही निर्णय लिया–किसी को भिक्षा दी, भूखे को भोजन दिया...और इस तथाकथित गलत निर्णय का तेज ही था जो बाद में रावण के वध का निमित्त बना! न होता इस निर्णय का तेज तो रावण का वध कैसे होता? सीता कठपुतली होतीं तो रावण कैसे मारा जाता? जीवन में दो-चार निर्णय गलत भी होते हों तो हो जाएँ–अक्सर वे किसी बड़े प्रयोजन का द्वार सिद्ध होते हैं।

इन निर्णयों तक पहुँचने में वाल्मीकि के अलावा लोकश्रुति[7] और भवभूति[8] की जिन पंक्तियों/प्रसंगों ने मेरी मदद की–अन्त में मैं उनकी तालिका सामने रखकर अपनी आँखें मूँदती हूँ क्योंकि सचमुच ही, डासत ही गई बीत निसा सब!

सन्दर्भ

1. 1910 के लगभग बंगाली कथावाचिका, चन्द्रवती की रची और डी. सी. सेन द्वारा सम्पादित मैमानसिंह गीतिका भाग-चार 1921 में प्रकाशित एक अधूरी रामायण में सीता के जन्म की यह अद्भुत कथा दर्ज है! पूरी रामायण एक तरह से सीतायण ही है–सीता की ओर से द्वापर की जो कथा सामने आती है, इस दृष्टि से भी महत्त्वपूर्ण कही जाएगी कि इसमें युद्धादि हिंसक प्रसंग बहुत झटके से चित्रित हैं, फोकस है, अन्तर्वैयक्तिक सम्बन्धों पर जिन्हें स्त्री-विमर्श आज तक दुनिया का सर्वाधिक 'प्रांजल स्पेस' मानता है तभी तो उनके बाँकपन और मूल्य-संबलन की ओर विशेष रूप से प्रतिबद्ध है। हाँ तो, चन्द्रवती रामायण में जो प्रसंग विशेष विस्तार के साथ चित्रित हैं वे सब के सब अन्तर्वैयक्तिक प्रसंगों के दुखद क्षण हैं–पुष्पवाटिका प्रसंग, दाम्पत्य के क्षण, सीता-निष्कासन और लव-कुश प्रसंग। अशोक-वाटिका वाला सीता-रावण संवाद भी अलग बांकपन के साथ चित्रित है। महाकाव्य की संरचना ऐसी है कि अलग-अलग मंडलियों को सीता आपबीती सुना रही हैं और इसी के हिसाब से खंडों के नाम हैं– शुनो सखिजन, शुनो शभाजन, शुनो शर्वजन।
2. अर्चना वर्मा, त्योहार, हंस, रामकथा विशेषांक, 1987।

3. पहला प्रसंग जिसमें सीता का तर्कबल साक्षात् प्रकट होता है—अयोध्याकांड का सत्ताईसवां सर्ग खूबसूरती से दर्ज किए बैठा है।
4. स्त्री होकर यह वन में जाने का साहस कैसे करती है इस विचार से पुरुष के मन में ईर्ष्या होती है।
5. 'यह मेरी बात नहीं मान रही'—यह 'सोचकर रोष होता है।'
6. 'कः पुंमास्तु कुले जातः स्त्रियः परगृहोषिताम्...निवेशयः मनः सीते वा सुखात्मना। युद्धकांडे, षोडशाधिकशततमः (छन्द 20-23) (कोई ऐसा कुलीन पुरुष होगा जो दूसरे के घर में रही हुई स्त्री को केवल इस लोभ से ग्रहण कर लेगा कि यह मेरे साथ बहुत दिनों तक रहकर सौहार्द स्थापित कर चुकी है...जहाँ तुम्हें सुख मिले वहीं अपना मन लगाओ।)
7. वाल्मीकि रामायण में इसका संकेत है और शायद उसी पर आधारित यह लोकश्रुति मैंने मिथिलांचल की अपनी एक चाची के मुँह से सुनी थी कि जनक और दशरथ में बनती नहीं थी, यज्ञ के समय वशिष्ठ आमंत्रित होने वाले जिन राजाओं की सूची वाल्मीकि रामायण में जारी करते हैं, उसमें सचमुच जनक का नाम नहीं है!...खुद सोचकर देखिए कि इस बात पर सीता का मन कितना अशान्त रहता होगा! औरतों का ज्यादा समय तो आज तक पितृकुल के सामने पतिकुल का, पतिकुल के सामने पितृकुल का पक्ष रखते हुए बीत जाता है! इतने उपक्रम के बावजूद वे दोनों परिवारों के बीच एक रोशनी का पुल शायद ही कायम कर पाती हैं! पता नहीं क्यों, पर मुझे यह भी अटपटा लगा कि लक्ष्मण जब सीता को हिंस्र पशुओं से भरे अकेले वन में छोड़ गए, सीता के मायके से भी कोई उन्हें 'घर' लिवा जाने नहीं आया! लव-कुश कांड में सीता लक्ष्मण के रथ से उतरकर एक बार तो मूर्च्छित होती हैं! उस मूर्च्छा से जागकर जब चारों ओर देखती हैं और उन्हें दूर-दूर तक कहीं रथ, घोड़े और लक्ष्मण जी दिखाई नहीं देते, एक ख़ास तरह की स्टोइसिज्म (स्थितप्रज्ञता) के साथ कहती हैं वे—

    ''सहि दुख प्रथम रहे हैं प्राना। पुनि सोई चहत न करत पयाना॥''

    (मेरे प्राणों ने पहले भी इतने दुख सहे हैं कि अब उन पर किसी आघात का कोई असर ही नहीं होता; जहाँ हैं वहाँ अर्द्धप्राण होकर पड़े हैं बस—जरा कहीं निकलना भी नहीं चाहते) (रामचरितमानस, सोलहवीं चौपाई)

    'सहि दुख प्रथम रहे हैं प्राना'—इन दुःखों की सूची में एक दुःख यह भी तो होगा कि मायके से भी कोई नहीं आया और आधुनिक स्त्रियों के आत्मबल से ही उन्होंने वाल्मीकि आश्रम को अपना नया घर, नया कम्यून बनाया, आज की भाषा में हम जिसे लॉज-बेस्ड 'फेमिली ऑफ फ्रेंड्स' कह सकते हैं।'
8. स्नेहं दयां च सौख्यं च यदि वा जानकीमपि।
    लोकस्याराधनाय मुञ्चतो नास्ति मे व्यथा॥

    (उत्तररामचरित, प्रथम अंक)

महादेवी का विरह : विरह यूटोपिया का

हमारे इस मास-कल्चर समाज में जब हमारे सब आध्यात्मिक सोते सूख चुके हैं, शॉपिंग एकमात्र धर्म रह गया है, टेस्को सबसे बड़ा मन्दिर, कॉस्मेटिक्स सबसे बड़ा विचार, स्कूल-कॉलेज तकनीकी शिक्षा और कामचलाऊ ज्ञान की दुकान भर रह गए हैं, विद्या और शान्ति भी खरीदे जानेवाले पण्य, मुस्कान सिर्फ टेलीविजन पर दिखाई देती है, उत्साह सिर्फ दारू पार्टियों में, काट सिर्फ डिजाइनर कपड़ों में, खनक सिर्फ सिक्कों में, धर्म 'मुँह में राम बगल में छुरी' का साक्षात् मंचन हो गया है, स्वतंत्रता दो सुपरमार्केटों या दो ब्रांडों के बीच के चुनाव का प्रश्न रह गई है, खुशी सिर्फ मजा बन गई है, नागरिक केवल उपभोक्ता रह गया है—हम मानकर चलने लगे हैं कि कला-साहित्य भी मॉर्फिन या एनेस्थेसिया का इंजेक्शन भर है और वजूद के प्रश्न कठपुतली के नाच से ज्यादा अहमियत नहीं रखते। ऐसे में महादेवी वर्मा के साहित्य से गुजरना एक नए तरह का अनुभव है। पिछले एक महीने से हर रात थोड़ा-थोड़ा इनको ही पढ़ती हुई सोती थी और प्रायः रोज इन्हें पढ़ते-पढ़ते मेरे सिरहाने एक दीपक 'मधुर-मधुर-सा' जला, इस अहसास का दीपक कि रहस्यवाद के नाम पर मुस्करा देने की जरूरत नहीं; दुनिया के कुछ रहस्य अब भी जीवित हैं! अब जैसे यह क्या कम बड़ा रहस्य है कि कैसे इतने विचलनों के बावजूद मानवीय अर्थवत्ता और हृदय-परिवर्तन का धर्म साहित्य निभा रहा है। एक तरह से साहित्य ही धर्म का स्थानापन्न है। एकात्मता की प्यास हममें अब भी जिन्दा है, एकात्मता साथियों से और सच्चाई से, बृहत्तर संकल्पों से, पूर्णता और समुच्चय से। मानें न मानें, हम अब भी आध्यात्मिक जानवर हैं—कुछ प्रकृति में, कुछ उसके बाहर, समझदारी, आपसदारी, जुड़ाव, प्रेम और पहचान के प्यासे! अब जबकि देश-काल की सीमा रही नहीं, दूसरी तरह की सीमाएँ अधिक सबब उजागर हैं!

महादेवी वर्मा को नए सिरे से पढ़ते हुए याद आई वॉन गॉग की चिट्ठी, जो उन्होंने दमकते रंगों के प्रतीक रूप की चर्चा करते हुए अपने भाई को लिखी थी : एक अभावुक से अध्यात्म की चर्चा वहाँ है जो उत्तर-आधुनिक पर्यावरणविदों की इस प्रस्तावना से मिलती-जुलती है कि सब धर्मों का विदैवीकरण करते हुए उन्हें

प्रकृति के संरक्षण में पलने वाले मानव-मूल्यों का सन्दर्भ-कोश माना जाए! 1888 में वॉन गॉग ने एक बौद्ध भिक्षु के रूप में अपना चित्र बनाया था और भाई को चिट्ठी लिखी थी एक विदेवीकृत अध्यात्म के बारे में—"A new religion which will have the same effect of consoling, of making life possible."

सामान्य ससीम चीजों के भीतर भी आँसू की एक बूँद झिलमिल करती है–इसका रहस्य पकड़ना इतना आसान भी नहीं। दीपक, अरुण बाण, पावस घन, झीना दुकूल, मलयज बयार, तिमिर पारावार, टूटा दर्पण, विरह का जलजात, अश्रु झंकार, शिथिल श्वास, क्षितिज आदि दोना-भर सामान्य शब्दों के माध्यम से भी कच्चे और खुदुर-बुदुर जीवन में गहराई और गम्भीर अनुगूँजें कैसे पैदा की जा सकती हैं–और संसार को इलेक्ट्रॉनिक बुलबुला भर समझने से कैसे बचा जा सकता है–महादेवी वर्मा को पढ़ते हुए थोड़ा-सा मेरी समझ में ये आया।

भारत में ही नहीं, भारत के बाहर भी कविता को चूँकि वैयक्तिक अनुभूतियों की ऐन्द्रिक प्रस्तुति और वाचिक विवृति मानते थे–दुख का स्पष्ट सन्दर्भन अश्लील माना जाता था। यह भी गौर करने की बात है कि विश्व-भर में महादेवी की समकालीन महिला कवियों की स्थिति औद्योगिक मजदूरों वाली थी। न उत्पादन के साधनों पर इनका नियंत्रण था न भावाभिव्यक्ति के आवृत्तिमूलक श्रम पर! पर आज हम इस श्रम का महत्त्व समझते हैं।

एक बात और महसूस हुई कि यदि 'ससीम' और 'असीम' को ध्रुवान्त मानें भी तो महादेवी वर्मा की यात्रा असीम से ससीम की ओर ज्यादा है। ऐसा मैं कृतियों के प्रकाशन-वर्ष के आधार पर कह रही हूँ। रामा, सबिया, घीसा, लछमा, भक्तिन, चीनी फेरे वाला, ठकुरी बाबा जैसे दलित-वंचित, समाज के ठुकराए हुए सब्ऑल्टर्न पात्रों की विलक्षण तेजस्विता जिन गद्यकृतियों में सामने आई और स्त्री के अर्थ स्वातन्त्र्य का प्रश्न आदि पूर्णतः इहलौकिक प्रश्न जिस 'शृंखला की कड़ियाँ' में एक लपट की तरह झिलमिलाया, वे महादेवी वर्मा की काल और स्थान बोध के परे जाती रचनाओं के बाद प्रकाशित हुईं : 'अतीत के चलचित्र' 1941 में, 'शृंखला की कड़ियाँ' 1942 में, स्मृति की रेखाएँ' 1943, 'पथ के साथी' 1950 में, 'क्षणदा' भी 1950 में ही, 'साहित्य की आस्था और अन्य निबन्ध' 1960 में, 'आलोचनात्मक संकल्पिता' 1969 में, बहुतेरे पर्यावरण प्रश्नों के आलोक में पढ़ा जा सकने वाला 'मेरा परिवार' 1971 में और 'चिन्तन के क्षण' 1986 में। काव्य कृतियाँ भी जो 1942 के बाद छपी हैं–'हिमालय', 'प्रथम आयाम' और 'अग्नि रेखा'–वे उस तरह असीममुखी नहीं, जैसी आरम्भिक काव्य कृतियाँ।

महादेवी वर्मा में एक बात विशेष रूप से महत्त्वपूर्ण है कि गद्य-कृतियों में तो पता नहीं किन-किन स्रोतों से उनके यहाँ शब्द आते हैं पर कविता में कुछ ही शब्द

ध्रुपद की आलापचारी में उभरें तोम-तनन, तोम-तोम तननन की तरह बार-बार घुमड़ते हैं, सुरों और अस्फुट शब्दों का यह आवृत्तिमूलक वितान एक इसरार-भरी पुकार की तरह उभरता है! ऐसा लगता है कि बीज राग अभी सीढ़ियाँ चढ़ रहा हो या रूठकर बैठा हो किसी कोने में, उसे बुलाया-मनाया जा रहा है। उनकी कविता थोड़े से बद्धमूल शब्दों में बृहत्तर संसार का आह्वान है! छोटा या कहिए बड़ा खयाल यदि गद्य है तो कविता है आलापचारी! इसलिए वहाँ कुछ संकेत और बीजाक्षर एक अनन्त व्योम में तैरते-से दिखाई देते हैं पर उतरना उन्हें भी धरती पर होता है, बड़े डैनों वाली चिड़िया की तरह।

मर्यादा के नाम पर इतना खून-खराबा हुआ है कि हमारी पीढ़ी के मन में इस शब्द का एक खौफ-सा बैठ गया है, पर दिक्‌काल की सीमा के पार हम तो महादेवी को रख नहीं सकते या अपने समकालीन की तरह उन्हें पढ़ नहीं सकते! यह हमें मानना ही पड़ेगा कि *महादेवी वर्मा की भाषा गांधी की भाषा में डिग्निफायड सफरिंग, सविनय अवज्ञा के आदर्शों की छाया में पली हुई स्त्री की मर्यादित और प्रतीक-कीलित भाषा है! महादेवी छायावादी कविता की एकलौती बेटी थी। सात भाइयों वाली चम्पा की तरह अकेली, गम्भीर और मातृमना! कुछ-कुछ वैसी ही जैसी हमारी दादी की पीढ़ी की ज्यादातर स्त्रियाँ होती थीं—किस्से-कहानियों, गीतों-मुकरियों का सागर, ज्ञान-विवेक की पूरी पिटारी। पर जब जीवन के निजी प्रसंगों की बारी आती, छत्तीस तोले की करधन की तरह वे प्रसंग तकिए की रूई के भीतर कहीं गायब हो जाते थे।* 'कुशल', 'सकुशल'—उन दिनों की चिट्ठी-पत्री शुरू ही होती थी डेटॉल से नहाए हुए कुशल-क्षेम से। घर में चाहे जितनी लानत-मलामत हुई हो चिट्ठी लिखी जाती थी तो ये ही कि यहाँ का समाचार अच्छा है। कोई बात तो होगी कि उन दिनों की एक हिट फिल्म थी—'मैं चुप रहूँगी!', 'बन्दिनी' फिल्म का वह दृश्य याद कीजिए जब जेल के प्रांगण में हर तरफ उथल-पुथल-सी मची है पर संतरी रह-रहकर गुहार लगाता है 'सब....ठीक...है!'

उड़ने को डैने खुले नहीं कि दूसरी सोच पर जैसे मुँद ही गए! छोड़ो क्या बोलें, दूसरे की रेखा छोटी करने से अच्छा है अपनी रेखा लम्बी करें!

'क्या पूजा क्या अर्चन रे' कहते हुए कर्मकांड को लाल कपड़े में लपेटकर ताख पर रख देने वाली महादेवी आजादी के बाद के अपने एक खिन्न गीत में कहती हैं :

''यह विरह की रात का कैसा सवेरा है,
पंक-सा रथचक्र में लिपटा अँधेरा है।''

सन्दर्भ से स्पष्ट है कि विरह स्वाधीनता का था, प्रतीक्षा उसी की थी! स्वाधीनता आई, विरह की रात कटी, सवेरा हुआ, मगर विभाजन और आत्मविभाजन की

त्रासदियों से विदीर्ण! विजयरथ का पहिया रक्तकीच से सना होने का कोई गैर-राजनीतिक भाष्य भला क्या होगा! जिस दाग-दाग अँधेरे की बात महादेवी जी यहाँ करती हैं उसे पढ़कर फैज की ये पंक्तियाँ एकदम से याद आ जाती हैं : 'ये दाग-दाग उजाला/वो शबगुजीदा सहर/कि इन्तजार था जिसका/ये वो सहर तो नहीं!'

अपनी छायावादी कविता में ही नहीं, समूची रोमैंटिक कविता में अँधेरा एक बड़ा प्रतीक है। दुनिया की हर घटना, हर शख्सियत, हर प्रयोजन की 'बौद्धिक व्याख्या का दावा' एनलाइटमेंट कर रहा था! 'एनलाइटमेंट' शब्द के ही भीतर 'लाइट' या 'प्रकाश' जरा ज्यादा ही अगरधत्त भाव से बैठा है। सोचने की बात यह है कि क्या दुनिया में किसी चीज का पूर्ण प्रकाशन सम्भव है? जीवन का अन्तिम सच जेब में लिये घूमने का दावा विकट दम्भ तो है ही। क्वान्टम भौतिकीविदों की तरह रहस्यवादियों में भी एक बहादुर विनय थी कि हर घटना की शुष्क बौद्धिक व्याख्या शायद सम्भव नहीं! मन या हृदय भी एक यथार्थ है। कुछ सत्य हृदय ही पहचानता है, बुद्धि की व्याख्या अन्तिम व्याख्या नहीं होती! आदमी मात्र गणना या सांख्यिकी नहीं है। दो और दो मिलकर हरदम चार नहीं होते! आँसू की दो बूँदें दो और बूँदों से मिलकर एक बड़ी बूँद भी बन सकती है।

हाँ, *कविताओं में अवश्य 'चेतन' से अधिक 'अवचेतन' का, यथार्थ से अधिक आदर्श का दबाव इन पर बना हुआ है, पर उस घटाटोप में भी बिजलियाँ चमकती तो हैं :*

'कीर का प्रिय, आज पिंजर खोल दो।' पूरे गीत का आवेग ध्यातव्य है। इसी तरह वे कहती हैं 'पंथ होने दो अपरिचित/प्राण रहने दो अकेला/चिरव्रती निर्माण उन्मद/ये अमरता नापते पद/बाँध लेंगे अंक-संसृति से तिमिर में स्वर्णवेला!' तो यहाँ अंक ही संसृति है। पग हैं कि अमरता नापकर रहेंगे। अमरता जो अनंत और असीम का ही दूसरा नाम है, लेकिन ये भी वामन-पग से नापी-तोली ही जाएगी! जैसे मीरा गोविन्द को मोल लेकर असीम को मजे-मजे में ससीम कर लेती हैं, महादेवी भी चिरव्रती, निर्माण-उन्मद क्षणों में हर असम्भव सम्भव कर लेना जानती हैं।

दाम्पत्य के क्लेशों का लम्बा-चौड़ा शिकायतनामा दर्ज करने की जगह महादेवी इक्कट्-दुक्कट में निष्णात बच्ची की तरह कड़वे यथार्थ का विषम वर्णन साफ फलाँग जाती हैं और कल्पित आदर्श के साथ-साथ खुद अपने से जो नया सम्बन्ध कायम करती हैं—वह पर्याप्त साहस का काम और अपने आप से एक नया संवाद कायम करने की एक महत्त्वपूर्ण पहल साफ दर्ज है। यूटोपिया इसी तरह से हरदम यथार्थ को ट्रान्सेंड करता है। एलियट कहते हैं 'Human kind cannot bear very much reality' इसी अर्थ में कि कल्पना एक तरह का सेविंग ग्रेस है। तरलता सेविंग ग्रेस है! किसी तरह की कट्टरता जड़ता है! एक साँस बाहर जाती है तो दूसरी दूसरे

ही क्षण अन्दर आ जाती है। ये आवाजाही ही सच है। टिका न ससीम पर जाता है, न असीम पर! न कल्पना पर, न यथार्थ पर।

यथार्थ और कल्पना, ससीम और असीम लगातार लुका-छिपी, डेंगा-पानी ही खेलते रह जाते हैं, शायद ही गले-गले मिलकर सो पाते हैं। इसलिए विरह इनका केन्द्रीय भाव है। आदर्श होती ही है इतनी बड़ी चीज कि कभी पकड़ में नहीं आती। इसी आदर्श के चक्कर में पड़कर तो रूमानी कविता एक उदास-सी कविता बन जाती है। 'जुही की कली' आदि कुछ अपवादों को छोड़ दें तो ज्यादातर प्रेमगीत एलिजी बन जाते हैं।...महादेवी के यहाँ भी विरह केन्द्रीय भाव है। पर मुझे नहीं लगता कि हर कविता में यह किसी ग्रैंड अदर, अन्य पुरुष या कि अनन्य पुरुष या किसी परम पुरुष को ही समर्पित है, विरह है तो एक आदर्शलोक, एक यूटोपिया का!

महादेवी के आवर्ती प्रतीक हैं—दामिनी, दीपक, चाँदनी, नीहार, सन्ध्या और दीपशिखा। इनमें से कोई प्रकाश बुद्धि के एकछत्र साम्राज्य की बात नहीं करता। यह एनलाइटमेंट या बुद्धिवाद के दावे पर एक महत्त्वपूर्ण प्रश्नचिह्न है। अवचेतन और बृहत्तर सृष्टि के भी कुछ रहस्यों पर एक शाश्वत गोधूलि-सी छाई रहती है।

किसी तरह की अनम्यता और अतिरेक एक तरह की जकड़न है। बुद्ध का मध्यम मार्ग इसीलिए महादेवी को प्रिय होगा! ससीम और असीम के अतिशय प्रकाश और अतिशय अँधेरे के बीच टहलती उनकी दृष्टि एक तरह की गोधूलि का वितान है।

महादेवी-शताब्दी और स्त्री-विमर्श

नवजागरण से गांधी युग तक (पढ़े-लिखे) 'भद्रलोक' के मन में 'आदर्श-स्त्री' की छवि यही बनती है कि वह पोर्शिया और सावित्री का मणिकांचन संयोग हो, इतनी पढ़ी-लिखी हो कि ड्रॉइंग रूम की चर्चाओं में भाग ले सके, लेकिन निजी दुःखों का पिटारा लेकर बैठे नहीं और रहे किसी-न-किसी पुरुष या फिर परमपुरुष की छाया में ही!

पुरुष की छाया वाली रूढ़ि जीवन में तो महादेवी ने तोड़ी पर परमपुरुष वाली छतरी इनको आरामदेह लगती होगी तो इसमें बुरा भी क्या है (हालाँकि बाद की कुछ कविताएँ पढ़कर यह भी लगता है कि पुरुष या परमपुरुष के बखेड़े से दूर उनका विरह एक तरह का रूपक ही है, 'ठकुरी बाबा' की बटुली जिसमें कुछ भी बँधा हो सकता है, किसी भी तरह का समसामयिक अभाव! 'जो तुम आ जाते एक बार' का 'तुम' पति प्रेमी या दैवी सत्ता न होकर कोई भी प्रतीक्षित स्थिति हो सकती है! विरह या वियोग देश-काल की आदर्श स्थिति या स्वाधीनता का भी हो सकता है, स्वाधीनता जिसका इन्तजार किसको नहीं था, पर स्वाधीनता जब बँटवारे के रक्तबीज से लिपटी आई तो महादेवी ने लिखा–'यह विरह की रात का कैसा सवेरा है/कीच-सा रथचक्र में लिपटा अँधेरा है।')

जैसा कि पहले कहा, महादेवी छायावादी कविता की इकलौती बेटी थीं–सात भाइयों वाली चम्पा की तरह अकेली, गम्भीर और मातृमना : कुछ-कुछ वैसी ही जैसी हमारी दादी की पीढ़ी की ज्यादातर स्त्रियाँ होती थीं–किस्से-कहानियों-गीतों-मुकरियों का सागर, ज्ञान-विवेक की पिटारी, पर निजी प्रसंगों पर पद्मिनी नायिकाओं वाला महामौन धारे गुस्सा देने वाली मिस्टिक! घर में चाहे जितनी लानत-मलामत हुई हो, चिट्ठी लिखी जाती थी ये ही कि यहाँ का समाचार अच्छा है : 'कुशलता से हूँ और कुशल चाहती हूँ।' व्यवस्थागत विडम्बनाएँ समझने की प्रज्ञा इनमें होती ही थी, पर उस पीढ़ी की ज्यादातर स्त्रियाँ 'डीपर्सनैलिटीज' या 'ट्रांस्पर्सनैलिटीज' थी। असुविधाजनक स्थितियाँ बदलने के बदले या तो मौन घुटती थीं या उनसे ऊपर उठ जाती थीं क्योंकि 'डिग्निफायड सफरिंग' या उनका आदर्श! महादेवी का सबसे

बड़ा अवदान तो यही है कि इस 'डिग्निफायड सफरिंग' के विक्टोरियन आदर्श का उन्नयन उन्होंने 'सविनय अवज्ञा' में किया और बहुत शालीन रोब-दाब के साथ : 'वह हँसी बहुत कुछ कहती थी, फिर भी अपने में रहती थी' का सम्यक् सन्तुलन या बुद्ध के 'मध्यम मार्ग' का प्रभाव–कारण चाहे जो हो :

'अत्रा हि अवयो राथो को हि नाथो परो सिया
अलनाव सुदन्तेन, नाथं लथति दुल्लंभ'

(मनुष्य स्वयं अपना स्वामी है, दूसरा कोई उसका स्वामी नहीं है! जो अपने आप को अच्छी तरह संयमित करता है और सन्तुलित, वह दुर्लभ स्वामित्व को प्राप्त करता है।) इसी स्वामित्व से महादेवी का जीवन और साहित्य–दोनों अन्तर्दीप्त है! जीवन उन्होंने जिया स्वाभिमान से महमह और भरा-पूरा, एकदम से आधुनिक औरत की तरह पढ़ते-पढ़ाते, वंचितों का और पेड़-पौधों, पशु-पक्षियों का एक यह परिवार या कम्यून गठित करके, फिर भी स्त्रीय आलाप के बीजाक्षरों की तरह 'वियोग-व्यथा' उनकी कविता का बीजाक्षर है तो यह मानना ही पड़ेगा कि वियोग यहाँ प्रतीक है उन सारे अभावों का जो इस जीवन-जगत् में सम्भव हैं।

इतनी महत्त्वपूर्ण लेखिका का सम्यक् मूल्यांकन एक समधीत आलोचक ने खूब मन से किया है और जो भी गम्भीर स्थापनाएँ दी हैं, उनका एक फ्लोचार्ट-सा सामने रखना मैं जरूरी समझती हूँ : महादेवी का वर्तमान बीसवीं शताब्दी के तीसरे दशक का 'वर्तमान' है जिसमें 'अपराजेय संकल्प' और 'अपराजेय विवशता' का द्वंद्व युद्ध जारी है। छायावाद की हर कविता एक अर्थ में नैतिक है, दूसरे अर्थ में राजनीतिक... (महादेवी की भी)–'झंझा है दिग्भ्रान्त रात्रि की मूर्च्छा गहरी!'

अपने कवि-कर्म में अन्तर्मुखी महादेवी अपने गद्य-कर्म में बहिर्मुखी और निर्भय विद्रोही हैं।...विधवाओं-वेश्याओं और अवैध सन्तानों और उपेक्षितों पर बहुत गहरा इनका चिन्तन है। उनके रचना-बिम्ब की समग्रता और समझ (गद्य और पद्य)–दोनों को मिलाए बिना अधूरी है :

''युगबाला अब अभावों-अतृप्तियों से झेलकर प्रौढ़ हो गई है–अब मन का मौन भीतर ही भीतर घुलने में विश्वास खो चुका है, छायावाद में खमीर उठ रहा है और छायावाद की सत्रस्त शब्दावली सेनानी मुद्रण गेंक पर बँध गई हैं–दीपक, कलियाँ, शलम, मधुप, मलय, पलकें, अलकें, मधु, उच्छवास, बदली, मेघ, कलियाँ, भौंरे, आँसू, मोती, क्षितिज, स्वप्न, स्पर्श, पुलक, क्रंदन, लहर, सागर, मछली शब्द बार-बार दुहराए जाते हैं, पर अर्थ-व्यंजना हर बार नई होती जाती है।''

''महादेवी का नारी-मन न कामायनी की इड़ा-श्रद्धा है, न निराला की रत्नावली का मन, न वह 'गोदान' की मालती का मन है, न जैनेन्द्र की सुनीता या मृणाल

का मन, न आप उसमें अज्ञेय की रेखा और राशि को ही पा सकते हैं, वह नारी-मन अपने को छूने नहीं देता, पुरुष भी पकड़ में नहीं आता।''

''महादेवी ने काव्यानुभूति के विश्लेषण में कांट, हीगेल, क्रोंच और भारतीय अन्तींद्रियता का समन्वय किया है।...उनका साधारणीकरण व्यक्ति-संसर्गों और देश-काल आदि बन्धनों की मुक्ति से पूरा होता है।''

''फ्रायड उन्हें अधूरा लगता है, वे एडलर के साथ हैं जो मानते थे कि व्यक्ति की विशिष्ट पारिवारिक और सामाजिक परिस्थितियाँ ही उसकी विशिष्ट मानसिकता के निर्माण का कारण होती हैं। युग के सामूहिक अवचेतन का समर्थन वे बार-बार करती हैं, अनंत युगों के अनुभवजन्य संस्कारों की चर्चा।''

''प्रगतिवाद...छायावाद के शक्ति-संचार का अगला गतिशील चरण था। उत्तर छायावादी काव्य में महादेवी का अध्यात्मवाद दुबला हो जाता है और युग-चुनौतियों को झेलनेवाला भौतिकवादी चिन्तन बलिष्ठ।...भारतीय स्वच्छंदतावाद कालिदास-व्यास, भवभूति-वाल्मीकि की सौन्दर्य-सृजन-परम्परा, मध्ययुगीन संतों की अमृत-वाणी का जल, सूफी प्रेम-काव्यों की प्रेम-भावना, रीति मुक्त रचना की स्वच्छंद धारा आदि की लोक-जागरण परम्परा का ही अगला विकसित चरण था।''

''गांधी की निगाह 'सबसे पीछे खड़े आदमी' पर केन्द्रित थी! इस विचारधारा का दबाव-प्रभाव भी इस गद्य की शिराओं में जज्ब है।''

''स्मृति की रेखाएँ—इस चिन्तन में 'अन्य' या 'अदर' तो है ही वहीं, जो भी है, उनके 'आत्म' का प्रतिरूप है। इस 'आत्मीयता' में भारतीय चिन्तन का दार्शनिक तत्त्ववाद सक्रिय है। रेखाचित्रों में कहीं भी तनावग्रस्त, बोझिल, बौद्धिकतावादी, कुण-कढ़न वाली दुनिया नहीं है।...उन्होंने मार्क्स को खूब पढ़ा, किन्तु 42 में मार्क्सवादियों ने गांधी जी की 'स्मृति की रेखाएँ' हो या 'अतीत के चलचित्र'—इन सभी रेखाचित्रों का पाठ आज के स्त्री-विमर्श से जोड़कर किया जाना चाहिए।''

इतनी महत्त्वपूर्ण और सारगर्भित स्थापनाओं के बाद प्रो. कृष्णदत्त पालीवाल एक जोर का झटका पुस्तक में अन्तिम हिस्से में लगाते हैं और हम चौंक पड़ते हैं : 'यू टू ब्रुटे/देन फॉल्स सीज़र' : ''महादेवी वर्मा को यह उत्तर-आधुनिक सोच कैसे पता हो सकता है? उन्हें तो पुराना भारतीय नारी-सोच घेरे हुए था—छायावादी नवजागरण का सोच जिसमें देवी-माँ-सहचरी-प्राण का नया ढाँचा था! अब 'धर्म-अर्थ काम-मोक्ष' और नारी की 'पराशक्ति' का समय तो रहा नहीं। अब सामने है डिजिटल एज जिसमें 33 प्रतिशत आरक्षण का मुद्दा मर्दवाद के कंधों पर बैठकर ही किलकारी भर रहा है! औरत पर औरत के अत्याचारों का एक नया इतिहास!

विवाह न करनेवाली औरतों का अलग इतिहास जिसमें स्त्रियाँ स्वतंत्रता की 'खतरनाक सरहदें' पार कर रही हैं। आप किसी को 'दुश्चरित्रा' नहीं कह सकते। कहते हैं तो अपराध है–पागलपन-पिछड़ापन है, पति को छोड़कर प्रेमी के साथ सेवा 'विश्वासघात', 'पाप' या 'अपराध' नहीं है, जीवन जीने की स्वतंत्रता है। नश्वर देह का सार्थक उपयोग।

महादेवी के समय-समाज में नारी प्रेरणा, शक्ति, प्रकृति, पवित्रता, आत्मा, अर्चना का पर्याय भी–आज उत्तर-आधुनिक समय में नारी मात्र देह, सेक्स, चीज, प्रदर्शन, बाजार बनकर रह गई है।''

कोई चलन्त-फिरन्त मनचला ऐसी टिप्पणी करता तो समकालीन स्त्रियाँ फिर भी सबर करतीं, पर यह हृदय विदारक टिप्पणी की है विद्वान् प्रोफेसर कृष्णदत्त पालीवाल ने, क्या वर्ग-पूर्वग्रह और जातीय अहंकार की तरह लिंग-पूर्वग्रह चित्त का ऐसा जिद्दी चकत्ता है जो छुड़ाए नहीं छूटता? विद्वत्ता का निर्मल जल यों ही बहता जाता है–ऊपर-ऊपर–और कहनेवाला लाचार होकर कह देता है–

'न्याहे-धोए क्या भया जो मन मैल न जाए।
नीर सदा जल में रहे धोए बास न जाए!'

जिस स्त्री-शरीर पर इतना कटाक्ष किया है सर ने, उसके बारे में उनकी आधारभूत मान्यता यह जान पड़ती है कि स्त्रियाँ, सब की सब या ज्यादातर समकालीन स्त्रियाँ, भौतिक उपलब्धियों की अन्धी दौड़ में मर्दों के भी कान काट रही हैं, देह रिश्वत के रूप में इस्तेमाल करते उन्हें न शर्म आती है, न पछतावा होता है, और अगरधत्त भी वे इतनी हैं कि नग्न नृत्य करते हुए या जहाँ-तहाँ सोते हुए भी चाहती हैं सम्मान, दुश्चरित्र कहिए तो मुँह नोच लेंगी। 'मर्दवाद के कंधे पर किलकारियाँ करता हुआ आधुनिक स्त्री-विमर्श गाली सुनने के लायक ही है। क्यों भला? क्योंकि वह केवल श्रद्धा नहीं है, शक्ति, प्रकृति, पवित्रता, आत्मा और अर्चना तक सीमित रहना उसको स्वीकार्य नहीं है, 'देवी माँ सहचरी प्राण' के इतर एक 'इन्सान' भी है वह–यह मान्यता चाहती हैं।

स्त्रियों का शरीर कोमल जरूर होता है, लेकिन मेहनत वे ज्यादा करती हैं, कर सकती हैं, तकलीफें ज्यादा सहती हैं, सह सकती हैं। कला-साहित्य-मीडिया-नाटक-फिल्मादि कुछ क्षेत्र हैं जिनमें कार्यरत स्त्रियों के बारे में ऐसी टिप्पणी झट से कर दी जाती है कि कामयाबी पा रही है तो कुछ न कुछ गड़बड़ जरूर की होगी। कोई सम्बन्ध भुनाया होगा, किसी-न-किसी के कदमों में बिछी होंगी! कोई यह नहीं देखना चाहता कि मेहनत कितनी की है, सुबह-सुबह सबके जगने के पहले या रात को सबके सोने के बाद, घर के सारे काम निबटाकर कितना रियाज किया है! देह का इस्तेमाल

रिश्वत के रूप में तो वह करे जिसमें प्रतिभा कम हो या जो मेहनत से डरे, चूँकि स्त्रियाँ मेहनत से डरतीं, इन्हें आँकी-बाँकी राह चलके मामूली अवसर 'वरदान' रूप में किसी से वसूलने की जरूरत ही क्या? प्रयोजन सिद्धिमूलक अस्थायी सम्बन्ध बनाने में स्त्रियों की कोई रुचि शायद ही होती है।

'मर्दवाद के कंधे पर किलकारियाँ' कान पर हाथ रख लेने का जी चाहता है, सर! अभी मर्दवाद के कंधे इतने मजबूत नहीं हुए...स्त्रीवादी मर्द इतने हल्के जीवन हैं।

अब तो सर, ऐसा लगने लगा है कि विद्वानों के एक बेटी जरूर होनी चाहिए। बेटी शायद उनको समझा पाए कि 'पति' यानी 'स्वामी' तो यों भी किसी का कोई नहीं हो सकता, ऊपर से मार-पीट, गाली-गलौज करनेवाला पुरुष? सारी सप्तपदियाँ पहले थप्पड़, पहली गाली या पहली गलीज हरकत के साथ ही चूर-चूर हो जाती हैं! शादी तो वहीं टूट जाती है जहाँ दिल टूटता है। बाकी तो व्यावहारिक कारणों से पिंजरा टँगा रह जाता है, चिरैया उड़ जाती है!

औरत एक औरत के अत्याचार के किस्सों की चर्चा 'एक' के मन में घुमड़ती है तो इसका छोटा-सा उत्तर यह कि पितरसत्ता ने रूप और यौवन को स्त्री के जीवन का केन्द्रीय सच ऐसा बना दिया कि बुजुर्ग होती स्त्रियाँ मानसिक असुरक्षाओं का शिकार अक्सर हो जाती हैं! दाम्पत्य जीवन ज्यादातर स्त्रियों का नीरस होता है, ज्यादातर स्त्रियाँ बच्चों में ही अपना भावनात्मक निवेश करती हैं! वे बच्चे (खासकर बेटे) जब किसी युवा अजनबी (बहू) पर अपना सर्वस्व न्योछावर करते हुए जान पड़ते हैं—उनके दिल में हौल उठता है और जाने-अनजाने वे पितरसत्ता ही सारे हथकंडे, सारे कन्ट्रोल-मैकेनिक्स लगती हैं आजमाने! सुशिक्षित स्त्रियाँ ऐसा नहीं करतीं, उनका उन्नयन अधिक आसानी से हो लेता है, वे पढ़ती-लिखती या दूसरे महत्त्वपूर्ण कार्य करती हुई घर में और घर के बाहर भी एक शालीन उपस्थिति बनाए रहती हैं और उन्हें इज्जत ज्यादा मिलती है तो कई बार बहुओं को कुंठा हो जाती है! इस स्थिति से निबटने में सबसे सुगम उपाय यह है कि बाप-माँ का बुढ़ापा बेटियों के साथ ही बीते! भाइयों को आधी सम्पत्ति मिल जाए पर बाप-माँ की भावनात्मक साज-सँभाल में वे पूरी तरह नाकामयाब सिद्ध हो चुके हैं, इसलिए उनसे सेवा का अवसर छीन ही लिया जाए तो बेहतर! पुत्रत्व से जुड़ी व्यर्थ की शेखी झड़ जाएगी, इससे भी सबका भला होगा। महादेवी वर्मा ने इन सारे प्रश्नों पर विचार किया है और उन्हें पढ़ने का सही ढंग यह है कि 'शृंखला की कड़ियाँ' उनके रेखाचित्रों के समानान्तर पढ़ी जानी चाहिए।

कंकरीट की सड़कें और मीराबाई : मनचीते पुरुष का संधान

इस लेख के दो हिस्से हैं–पहला मीरा का स्त्री-पाठ प्रस्तुत करता है और दूसरा उसका रिसेप्शन!

मीरा का स्त्री-पाठ चार-पाँच स्तरों पर सम्भव है :

(क) भाषा और शिल्प के स्तर पर

(ख) घरेलू राजनीति के सन्दर्भ में

(ग) लोकलाज और लोकनिंदा के प्लेटफॉर्म पर

(घ) पुरुष सौन्दर्य और पुरुष-आचरण की मीमांसा के स्तर पर भी।

अन्तिम बात से ही शुरू करती हूँ। कैसा पुरुष किसी भरी-पूरी और संवेदनशील स्त्री का मनचीता हो सकता है : यह प्रश्न पिछले पचास बरस से अपने हिन्दी प्रदेश में भी रूई की बुइयों की तरह हवा में हिलोरें ले ही रहा है! आधुनिक स्त्री की मुख्य चिन्ताओं में एक चिन्ता यह भी है कि क्या खाकर वह एक मरखंड, गरियंडे, उद्धत-उद्दंड और हिंसक पुरुष से प्यार करने का जज्बा सीने में जगाए! धर्म भाव से किसी पर करुणा बरसाई जा सकती है, सेवा-उपचार और स्नेह उड़ेला जा सकता है। पर प्रेम एक जिद्दी एहसास है उस पर जबर्दस्ती चलने से रही। वह किसी की नहीं सुनता! समर्पण इतना विराट भाव है कि हर ऐरे-गैरे, नत्थू खैरे के आगे वह घटित नहीं होता।

साहचर्य-जन्य स्नेह तो सम्भव है! लगातार पीछे पड़े रहिए तो ऊबकर या दया-विगलित होकर स्त्री आपसे दो बोल बोल ले सकती है, पर बहुधा वे बोल प्रेम के नहीं, स्नेह और सद्‌भाव के होते हैं। 'याचना' का उत्तर 'दान' तो हो सकता है, 'समर्पण' नहीं! अपना समय, अपना साथ किसी को मानवीय धरातल पर भी दिया जा सकता है! उसको ही 'प्रेम' समझने की भूल पुरुषों से होती रही है। बौद्धिक या आत्मिक सत्संग के लिए सड़क पर आई स्त्री को 'प्रणय-निवेदन' के लिए स्वतंत्र घूमती स्त्री समझ लेने की भूल एक आम भूल है। मीरा उसका अच्छा

प्रत्युत्तर देती हैं–"अच्छा तो तुम भी पुरुष हो...!" पुरुष और स्त्री के एहसास से मुक्त करनेवाला ज्ञान पुरुषों के हिस्से बहुत कम आता है, क्योंकि उनके मन में युगों से बैठाया गया है कि स्त्री और जमीन कब्जा करने की चीज हैं! सत्संग के लिए बौद्धिक-आत्मिक विमर्श के लिए पास आई स्त्री भी उन्हें सिर्फ 'देह' दीखती है और स्त्री की स्थिति यह कि ताड़ से गिरे, खजूर में अटके! 'अभगलो गइलन बरियात, उहऊँ मट्ठा भात!'

पब्लिक स्फियर, लोकमंडल की बात तो, चलिए, बाद में करते हैं। युगों तक स्त्रियाँ 'मरती, क्या न करती', या 'जो मिल गया, उसी को मुकद्दर समझ लिया'–भाव से कुटिल-खल-कामी पतियों की भी सेवा करती गईं, लेकिन हाँ, सेवा ही, प्रेम नहीं! प्रेम के लिए पात्रता चाहिए! कोई तो बात हो जो अभिभूत कर दे, मसलन कि संयम, शालीनता जो पुरुषों में सबसे नायाब होती है! आप सोचकर देखिए कि स्त्रियाँ शंकर या बुद्ध जैसे जोगियों की ओर क्यों आकृष्ट होती हैं, इसीलिए कि वे उनके पीछे नहीं पड़ते, स्वयं को स्वयं में ही धारण करके धैर्यपूर्वक दूसरों का दुख दूर करने का धीरज उनमें होता है! काम-क्रोध-लोभ के अतिरेक से पीड़ित व्यक्ति से प्रेम कर पाना असम्भव है–खासकर मीरा जैसी संवेदनशील स्त्री के लिए जिसके मन में बृहत्तर संधान पक चुका है, कोई और ही धुन बज रही है!

प्रेम के लिए नैतिक परिष्कार पहली शर्त है! डाकू से भी प्रेम होता है, क्यों नहीं होता, लेकिन उस डाकू से जो दानी है, एक तरह का रॉबिन हुड; एक तरह का 'गॉडफादर'! प्रेम आदर्श से ही सम्भव है। समझा तो स्त्रियों ने पहले भी होगा, पर हब्बा खातून, अंडाल, लल्लदेह, अक्का महादेवी, जनाबाई, बहिनबाई, मीराबाई आदि भक्त कवयित्रियों ने डंके की चोट पर पहले-पहल यह कहने का साहस किया कि आस-पास जैसे अबंड पुरुष दीखते हैं, काम्य नहीं हो सकते, हमें तो कृष्ण या शिव जैसा कोई योगी चाहिए! एक यूटोपिया, एक विकल्प ही हैं देवता, और क्या है! दानवीर, कर्मवीर, स्थितप्रज्ञ, न्यायप्रिय हो कोई, सारे विकारों से मुक्त तो हम खुलकर उसका वरण करें : आत्मा स्वयं अपना स्वयंवर रचाए, एमिली डिकेन्सन के शब्दों में कहें तो

"The soul selects its own society"

सच पूछिए तो काम्य पुरुष और पुरुष-आचरण का एक खाँचा, एक ब्लू प्रिंट-सा देती है मीरा की कविता। थोड़ा-सा रूप वर्णन तो वह करती है लेकिन असल आकर्षण का स्रोत कृष्ण का लोकरंजक स्वरूप है : दीन-दुखियों के सहायक, लीलामय, पुरमजाक, संगीतपटु, अहिंसक, स्थितप्रज्ञ, रणछोड़ की लालित्यमय छवि ही क्यों मीरा को भाती है–समझने की बात यह है! मीरा का

समय हमारी तरह ही एक युद्धकातर समय था, हिंसाविह्वल समय; ऐसे में एक राजपूत कन्या से यह अपेक्षा की जाती थी कि वह हाड़ा रानी की तरह थाल में सर रखकर प्रस्तुत कर दे कि मोह से मताया पुरुष निश्चित युद्ध जीतने चला जाए, पर मीरा एक ऐसा गढन्त, एक ऐसे कन्सट्रक्ट का वरण करती हैं जो धर्मयुद्ध को अन्तिम उपाय मानता है और ऐन युद्धभूमि में लगता है गीता बाँचने यानी साहित्य-कला-दर्शन का आश्रय वहाँ भी नहीं छोड़ता; और खुद के लिए जिसका प्रण है कि वह हथियार नहीं उठाएगा, मनोवैज्ञानिक युद्ध लड़ेगा, भाषा ही जहाँ हथियार बनती है।

यहीं हम उठाते हैं भाषा-शैली का प्रश्न! मीरा का युद्ध भी एक मनोवैज्ञानिक युद्ध है जहाँ भाषा हथियार बनती है। एक स्त्री के पास भाषिक हथियारों के सिवा कौन हथियार होते हैं भला! और किसी भी मनोवैज्ञानिक युद्ध में वे ही हथियार काम भी आते हैं : अभिधा, लक्षणा, व्यंजना—तीनों की ताकत अलग-अलग टोनल वैविध्य या स्वर-भंग के साथ सामने आती है। इसी के सहारे सड़क पर अपनी बचाव-वृत्ति साधनहीन स्त्रियाँ भी दिग्दर्शित कर लेती हैं। कुएँ पर, पानी के नलके पर, राशन की क्यू में, सरकारी अस्पताल के क्यू में, जंगल-पहाड़ पर, मिल में, फुटपाथ पर समोसा-वमोसा बेचती हुई स्त्रियों की भाषा के कई जानदार मुहावरे तो खुद मैंने नोट किए हैं, कोई भी कर सकता है यदि उनसे अन्तरंग बातचीत गाँठें, उनसे दोस्ती करे।

अक्का महादेवी और मीराबाई के साथ मुश्किल यह थी कि सड़क पर आने के पहले सड़क का जीवन उन्होंने देखा नहीं था। वे महलों से सीधी सड़क पर चली आईं! महलों में या किसी भी सामन्ती बन्दिश में रहनेवाली स्त्रियाँ कैसे वाक्य बोलने की अभ्यासी होंगी, जरा ठहरकर सोचें : आदेशात्मक वाक्य जिसे अँगरेजी में इम्परेटिव मूड का वाक्य कहते हैं या फिर कोई अच्छा दृश्य देखा या कोई कथा सुनी तो विस्मयादिबोधक वाक्य!

फिर भी मीरा की भाषा किसी पद्मिनी नायिका की वैभवस्निग्ध, व्यंजनाबोधक भाषा नहीं है। ज्यादातर पद अभिधा की ताकत का खास बेधक प्रयोग लेकर सामने आते हैं। सामान्य स्त्री की द्वंद्वतीत, खरी-खरी बातों का जायजा वहाँ मिलेगा। कोई लाग-लपेट नहीं, कोई कताई-बुनाई नहीं, कहीं-कहीं ही रूपक और बिम्ब का तबोताब है, पर उसकी बात बाद में करेंगे, पहले इन धड़ से सुना दी गई बातों का मर्म समझें—

नहिं भावै थारो देसलड़ो रंगरूड़ो।
थारे देसां में राणा साध नहीं छैं,
लोग बसै सब कूड़ो!

गहना-गाठी राणा हम सब त्यागा,
त्याग्योकर से चूड़ी।
काजलटीकी हम सब त्यागा, त्याग्यो छै बंधन जूड़ो।
मीरा के प्रभु गिरधर नागर, बरपायोछै पूरौ!

× × ×

सिंगार-पटार और स्त्रीसम्मत विशिष्ट अनुभूतियों की चर्चा पग-पग पर है; पर लगातार यह एहसास बना हुआ है कि मनमोहन का मन सामान्य गहने-कपड़ों से थोड़े जीता जाना है, वह सामान्य पुरुष नहीं, कोई सामन्त नहीं, उसको तो भाएगा—

ओडया लज्जाचीर, धीरज को घाघरौ
छिमता कांकण हाथ, सुगमत को मूंदड़ो'
दिल दुलड़ी दरियाव साँच को दोवड़ौ
उबटन गुरु को ज्ञान, ध्यान को धोवणौ
साँवलिया सूँ प्रीत, औरां सूँ आखड़ी!

विशिष्ट अनुभूति के क्षण रूपकों की तो नहीं, लेकिन उपमानों की एक झड़ी-सी लग गई है! वहाँ कल्पना दो धरातलों पर लगातार काम कर रही है : आकाश और धरती के बीच जैसे लगातार सुधियों की बारिश हुई हो! (बारिश के नाम से याद आया कि रेगिस्तान में जन्मी यह स्त्री, अपने 'घनश्याम' की चर्चा, उसके मोरपंख की चर्चा, पपीहे की चर्चा में विशेष सुख पाती होगी।) भावनाओं का एक सुखाड़ ही है, जिसके प्रत्युत्तर में मीरा की कविता 'सावन के घन' की आतुरता से स्त्री-जगत् के प्रत्यक्ष अनुभवजगत् (कोडा) के आकाश में उमड़ी! चरखा, मटका, चूल्हे की आग वगैरह की चर्चा भी पग-पग पर है। नाच-गान की अलग मुद्राएँ और स्वरलिपियाँ भी हैं ही! 'लियो जी तराजू तोल' आदि पदों में खोमचा-कबाड़ी आदि से घरेलू क्रय-विक्रय के जीवन्त प्रसंग हैं और स्त्री भाषा का वह आनन्दातिरेक भी जिसे न कोई उपदेश झाड़ना है, न ज्ञान बघारना है! एक प्रतिकूल परिवेश में अनुभव से अर्जित आत्मज्ञान डंके की चोट पर, बिना किसी कुहेलिका के, मीरा सामने रख देती हैं :

'बादल देख झरी हो, स्याम में बादल देख झरी!
काली-पीली घटा उमंगी, बरस्यो एक घरी,
जित जाऊँ तित पानिहिं पानी, हुई सब भोम हरी।
जा का पिव परदेस बसत है, भीजै वर खरी।
मीरा के प्रभु गिरधर नागर, कीज्यो प्रीत खरी।

मीरा ने खरी प्रीत की थी। वे हर जगह बरस जानेवाली बदली नहीं थीं। एक के बहाने सारी सृष्टि अच्छी-अच्छी लगने लगे–यह बात अपने-आप में दुरुस्त है, पर 'अच्छी-अच्छी' लगने का मतलब स्नेह-सद्भावपूरित होना है, सर्वस्व समर्पण नहीं। सर्वस्व समर्पण की जिद तो कभी करनी ही नहीं चाहिए। होना होगा तो वह स्वयं घटित होगा। सर्वस्व समर्पण दाल-भात का कौर नहीं है! जो ओस चाटकर अलग-अलग जगह बिखरी बूँदें चाटकर प्यास बुझा लेने की एषणा रखते हैं, उनको मीरा जैसी बागी संत कवियों की एक ही सलाह है कि 'धीरज' का 'घाघरा' धारें और 'लज्जा का चीर'। ओस चाटने से प्यास नहीं बुझती। अजात न हों, इन्तजार करें! धीरज का घाघरा चुन्नटदार है, उसका घेरा अनंत है, पर उसको धारे बिना, यूटोपिया नहीं मिलता, कोई आदर्श नहीं मिलता। जो चट से मिल जाए, वह माया है। सत्य वह है जो अर्जित किया जाए। क्षमता का कंगन और सुमति की अँगूठी धारण करके ही 'सत्य' से मिला जा सकता है, पर सत्य-संधान पर निकलने के पहले छोटे लोभों का मैल ज्ञान के 'उबटन' से छुड़ाना होगा और दिल को 'दरिया' करना पड़ेगा! नेकी कर और दरिया में डाल! बहता पानी निर्मला। किसी भी यूटोपिया, किसी भी सत्य का संधान एक तपस्या है!

सत्य कब मिलेगा, यह तो तय नहीं है। पर सच्चे संधान की प्रक्रिया में हैं आप तो हो सकता है वह आर्किमिडीज की तरह पानी के टब में अन्यमनस्क भाव से नहाते हुए अचानक कौंधे–एक आइडिया की तरह–एक आइडिया, एक विचार जो दुनिया बदल दे, आपके सारे प्रश्नों का हल ढूँढ़ने में आपकी मदद कर दे और आप मीरा की तरह, आर्किमिडीज की तरह, अक्का महादेवी की तरह एकदम से सड़क पर दौड़ जाएँ–'यूरेका-यूरेका' गाते हुए, जैसे मीरा गाती हैं!

मीरा की कविता 'यूरेका' की कविता है, सब भक्त कवियों की कविता 'यूरेका' की कविता है। लम्बे चिंतन-मनन के बाद, मन में लगातार मथानी चलाने के बाद जो अवक्षेपित होता है, उस नवनीत में जीवन का सार, जीवन की स्निग्धता तो होगी ही! उतनी ही भारहीनता भी होगी! बहुत फिंटी हुई बड़ी हल्की हो जाती है! फिंटे हुए बेसन, मन, मक्खन का हल्कापन क्लिष्ट विचारों से उद्भूत सरल प्रमेयों में होता है। भक्त कवि इस सरलता का अमृत चखकर ही बड़े होते हैं–इतने स्निग्ध और इतने सरल! सरल होना दुष्कर है, बहुत-बहुत दुष्कर! येट्स की कविता के तीन चरण इसका प्रमाण हैं! सरल रेखा या पूर्ण शून्य खींच पाना पिकासो जैसे बड़े चित्रकार के लिए ही सम्भव है। सरल रेखा दो बिन्दुओं के बीच की निकटतम दूरी है। वक्रता दूर करती है–अपने ही लक्ष्य से, अपने ही यूटोपिया से, अपने प्रियतम से–यह बात भी मीरा की कविता अपने पूरे बाँकपन में सामने रखती है–बाँकपन कहीं-कहीं हैं, भ्रू-भंग भी है ही–लेकिन है वह मध्यावधि

अवस्था ही, अन्तिम बात अकाट्य सरलता ही है। सत्य है तो सरल होगा ही, कम-से-कम आयतन घेरेगा, कम-से-कम शब्द कहेगा जैसे मीरा की कविता कहती है! बहुत लम्बे-चौड़े भाष्य का कोई स्कोप ही नहीं बनता–'मन मस्त हुआ तो क्या बोले!'

सरलता का उत्स एक मग्न किस्म की आपसदारी है और बृहत्तर दुनिया से अपना सुख साझा करने की उमंग भी! उमंग भी हमेशा सरल होती है–नंगे पाँव दौड़ा देने वाली–'आवत ही हरषें नहीं, नैनन नहीं सनेह/तुलसी वहाँ न जाइए, कंचन बरषें मेंह'! कहाँ नहीं जाना है, इस विवेक से परिचालित है स्वाधीनता! सच्ची स्वाधीनता हमेशा विवेक से, संयम से संचालित होती है! पर वह विश्लेषण करने नहीं बैठ जाती! अगर किसी को राह सुझाती भी है तो इशारों में–जिसमें पात्रता होगी, जो लाल बुझक्कड़ होगा, बूझेगा! लाल बुझक्कड़ होने की, 'जित देखौं तित लाल' की पात्रता भी चाहिए! पश्चिम की भक्त कवयित्रियों से लेकर अपने यहाँ तक की भक्त कवयित्रियों में यह विवेक है! इसलिए उनकी कविता ज्ञानबोझिल, दर्शनबोझिल नहीं है! उनमें सार-संक्षेप है, निष्कर्षों का गाम्भीर्य, विवेक का गाम्भीर्य! एमिली डिकिन्सन कहती हैं :

"This is my letter to the world
That never wrote to me."

यह संवाद की एकतरफा पहल है, एक तरह का एकालाप! जिसमें पात्रता होगी, इसका मर्म वो खुद ही समझ लेगा!

× × ×

अब आते हैं घरेलू राजनीति और लोक-लाज वाले पक्ष पर! मीरा के कई पद भाई, सास, देवर और ननद ऊदाबाई को सम्बोधित हैं :

"ऊदाबाई मन समझ जाओ अपने धाम
राजपाट भोगो तुम ही हमसे न तासूं काम।"

डॉ. पद्मावती शबनम मीरा की ननद, ऊदाबाई की तरफ से गाया हुआ एक पद गाती हैं :

"थाथो बरज-बरज मैं हारी,
भाभी मानो बात हमारी!"
राने रोस किया था पर साधो में मत नारी।
कुल को दाग लगै छै भाभी, निन्दा हो रही भारी।
साधो के संग वन-वन भटकी, लाज गँवाई सारी,
बड़ा घरा में जनम लिये छै नाचौ दे दे तारी!

इस जैसी समस्त सलाहों और डाँट-डपट के प्रतिकार में मीरा हँसकर अपनी बात रखती हैं, सहज भाव से रखती हैं–बहनापे के भाव से रखती हैं! उनका बहनापा द्रौपदी और भीलनी तक से जुड़ता है! सड़क पर हुए विकट अनुभव अपने कई पदों में वे साझा करती हैं : वे उन्हें बताती हैं कि सड़क का जीवन जीते हुए खल-कामियों से वे कैसे निबटीं :

'विषयी कुटिल एक भेषधारि साधु लियो।
कियो यों प्रसंग मोसों अंगसंग कीजिए।
आज्ञा मोको दई आप गिरधारीलाल।
अहोशीष यदि लई करि भोजन हूँ लीजिए।
असमनि समाज में बिछा लेजि बोलि लियो
सक अब कौन की निंदक रस भीजिए
खेत सुख भयौ, विषै भाव सब गयो,
तयो वाचन ते आप, मोनो भक्तिदान दीजिए।'

यह पद लक्षणा और व्यंजना की पराकाष्ठा है! जिसे 'indecent proposal' (अशोभन प्रस्ताव) कहते हैं–उससे स्त्रियाँ कैसे निबटें–इसके कुछ सूत्र आपको यहाँ मिल जाएँगे! मीरा से किसी ने कहा, "स्वयं गिरिधर के आदेश से मैं आपके पास आया हूँ, आप मेरे साथ रमण करें!" मीरा सुन्दर थीं। स्त्री थीं! सड़क पर थीं! पब्लिक स्फियर में थीं–राह चलते ऐसे शोहदे मिलते ही रहे होंगे। सिद्धहस्त भाव से उन्होंने कहा–"धन्य भाग मेरे, प्रभु का आदेश है तो यहीं सबके सामने आप सड़क पर सेज सजाएँ और रमण करें।" उसे पानी-पानी तो होना ही था! न मारा, न पीटा, न हाय-तौबा मचाई, बस एहसास कराया कि मैं तो तुम्हें जान ही गई हूँ, तुम भी मुझे जान लो, स्वयं में झाँको–"क्या तुम मेरे योग्य हो? राह चलते मोहा जानेवाला भोगी। लोभी क्या खाकर तेजस्वी स्त्री के योग्य हो पाएगा? फर्स्ट डिजर्व, देन डिज़ायर!"...ठीक है, आदमी हो, कामना जग ही गई तो कोई बात नहीं। उस पर काबू करो! अपना उन्नयन करो, योग्य बनो और करो इन्तजार कि कोई स्त्री तुम पर आसक्त हो, 'खुदा बंदे से खुद पूछे–बता तेरी रज़ा क्या है।' इस प्रसंग में पहल स्त्री को ही करनी चाहिए। पुरुष का काम है योग्य बनकर इन्तजार करना।

एक जगह अक्का महादेवी कहती हैं–मेरी देह ही मेरी गुरु है! औरत की देह ही उसका गुरु है! उसके अनुभव ही उसके गुरु हैं–अनुभव जो ज्यादातर खट्टे-कड़वे ही होते हैं! आप तो गईं सत्संग के लिए, इस भाव से गईं कि कुछ सीखने को मिलेगा, और 'गुरु' है कि उसे आपकी देह के आगे कुछ दीख ही नहीं

रहा! यदि गुरु ऐसा नहीं है तो जो लोग आपके गुरु के पास जाते, उससे मिलते-देखते हैं, वे ही घनचक्कर हैं :

'सन्तन ढिंगि बैठि-बैठि लोकलाज खोई!' वह तो खैर कहिए कि किसी शोहदे ने सीता का नाम वाल्मीकि से नहीं जोड़ा, वरना अटकलें लगाने को कोई कुछ भी लगा सकता है। दिमागी विकृति का कोई इजाल थोड़े ही है! जिन्हें आपने बरजा-डाँटा हो या जिसे ध्यान देने लायक नहीं जाना हो, वे तो आपको नीचा दिखाने की हर सम्भव कोशिश करेंगे ही। यह कोशिश कुछ देर की खातिर आपको दुःख देगी, पर फिर आप सोचेंगी—और कोई जाने न जाने, मैं स्वयं को जानती हूँ, सत्य अपना प्रमाण खुद है, जब मैंने कोई ओछा काम किया नहीं, क्यों चुप हो बैठूँ, क्यों इनकी बात का असर लूँ—हाथी चले बजार, कुत्ता भूँके हजार—

'कोई निन्दो कोई बिन्दो/मैं चलूँगी चाल अपूठी!'

मीरा का रिसेप्शन—खंड (क)

छायावाद : मलंग विद्रोह से बतियाती सविनय अवज्ञा

आधुनिक हिन्दी कविता की मीरा कही जानेवाली महादेवी अपने जीवन के अन्तिम दशक में मीरा का जो पाठ प्रस्तुत करती हैं, वह उनके अपने अवचेतन, अपने युग के अवगुंठनों पर भी उतना ही प्रकाश डालता है जितना मीरा के पाठीय अवचेतन और उनके देशकाल पर। निम्नांकित पंक्तियों के साक्ष्य से मैं यह कह पा रही हूँ :

- "कर्तव्य के लिए परम साहस के साथ सभी कष्टों को सहना ही यहाँ की नारी का धर्म रहा है!...अनबोले ही नारी उस युग में बलिदान देती है!...मीरा का काव्य इस यशस्वी वीर नारी के चरणों का 'रक्तचिह्न' है जिसमें गौरव है, सौन्दर्य है और 'पवित्रता' है।" (गौरवमय चुप्पी और 'डिग्निफायड सफरिंग' के छायावादी आदर्शों का, पत्रिता और बलिदान का महिमान्वयन)।
- "मीरा ने विष को अमृत बनाकर भक्तिगीतों में ढालकर अमृत-प्रसाद को जन-जन में बाँट दिया है।" (सर्जनात्मकता का उन्नयनकारी पक्ष, छायावादी सौन्दर्यशास्त्र के अनुकूल)।
- "आज श्रीकृष्ण का रास हो रहा है, मीरा का जन्म इसी रास पूर्णिमा के दिन होना चाहिए।...जन्म तो हम भावना से लेते हैं, शरीर का जन्म

आगे-पीछे भी हो सकता है! हमारा मन भावना में ही जन्म लेता है। जो क्षण हमें भावना में मिल जाता है...उस क्षण के लिए हम समग्र जीवन जीते हैं...मिट्टी हटाते-हटाते अचानक हमारे हाथ में एकाध हीरक कण उपलब्ध हो जाता है...हमारा तुच्छ अहम् उस विराट् समष्टि का अथवा उस समष्टिकर्ता निर्माता के साथ एकाकार अथवा अखंड बन जाता है।" (कल्पना में ही यथार्थ का अनुकूलन, पुनर्नियोजन)

- "राजनीतिक-सामाजिक पराजय का प्रभाव मुख्यतः तत्कालीन शासक वर्ग पर ही पड़ता है; ज्ञानियों, सन्तों और भावनाप्रधान संसार के 'झंझटों' से दूर रहनेवाले वर्ग पर इसका अधिक प्रभाव पड़ना कम सम्भव है, अतः भक्ति आन्दोलनकर्ताओं पर विदेशी आक्रमणकारियों के समक्ष हार का प्रभाव पड़ने की चर्चा अर्थहीन-सी लगती है। (भक्ति और सर्जना की दुनिया को स्वयंसमर्थ, सामाजिकता के आग्रहों से ऊपर मानने का छायावादी आग्रह)।
- "मनुष्य की चेतना से आप परिचित ही हैं। यह एक चेतना नहीं है, अपितु यहाँ चेतनाओं का संधान है...मनुष्य के साथ समस्त प्रकृति अधूरी है। कहीं सुषुप्त चेतना है, कहीं प्रसुप्त चेतना, कहीं अवचेतना है तो कहीं पराचेतना! मानव के चित्त में सारी चेतनाएँ हैं...आज का मनोविज्ञान पराचेतना की स्थिति स्वीकार नहीं करता...मानता है कि संसार अवचेतना में रहता है...यदा-कदा चेतना स्तर पर जाग पड़ता है। इस सिद्धान्त का भी धर्म पर प्रभाव पड़ा है। वृत्ति : किसी-न-किसी चेतना के हम सब अवतार हैं।" (मनुष्य और प्रकृति/ब्रह्मांड के अवयवों को अन्तःसम्बद्ध संज्ञान मानने वाला छायावादी दर्शन)।

अवतारवाद ने अर्द्धनारीश्वर के पुरुष-नारी को अलग कर दिया।...कबीर ने सबको फटकारा (अन्य भक्त-कवियों ने दैन्य दिखाया)–मीरा माधुर्य में रमी रही : सिद्ध-समाज की ज्ञानचर्चा में भावनाएँ नहीं बाँधीं (सारांश मेरा)।

- स्वयं मैंने विद्रोह के गीत लिखे थे, वे सब गीत अब खो गए हैं । विद्रोह चिरकाल तक ठहर नहीं सकता...जब विद्रोह समाप्त हो जाता है, विद्रोह के गीत प्रायः भुला दिए जाते हैं...मीरा का विद्रोह भी मधुर है, मीरा किसी के प्रति कोई राग-द्वेष नहीं रखतीं।...गांधी जी ने "भारत छोड़ो आन्दोलन में अँगरेज जाति को यहाँ से चले जाने का आग्रह किया था, मगर मीरा ने किसी को हट जाने का इशारा नहीं किया।...उसने प्रेम, करुणा, भक्ति, कर्तव्य, ब्रह्मचर्य, संयम और अपरिग्रह के उदात्त गुण जीवन में उतारे।" (शाश्वत, कालातीत होने का छायावादी आग्रह)।

- "मीरा के गीतों में भारतीय विधवा के चिह्नों का अभाव है। उसने तो कहा है–'मो भावे पचरंग चीर रँगाऊँ, पचरंग चोला पहनूँ–झुरमुट खेलन जाऊँ!' (आशय : भारतीय विधवा कामनातीत होती है)। मीरा के गीतों में न केवल विरह है, न केवल विद्रोह...उनके गीतों में सभी मनोभावों का मधुरतम चित्रण पाया जाता है : संयोग-शृंगार, ज्ञान चर्चा...जो कुछ मीरा कहती है, उसमें मधुर भाव है, कहीं भी द्वेष, क्रोध या चिढ़ की हिंसा नहीं है। अन्य भक्त कवियों के काव्य में तो यदा-कदा नाराजगी की आंशिक हिंसा भी झलक जाती है, जैसे गोपियाँ कहती हैं कि पपीहा की चोंच मरोड़ दी जाए, कोयल के पंख नोच डाले जाएँ, क्योंकि वे श्रीकृष्ण के बिना भी बोल पड़े...मीरा के विरह गीत में इतनी अहिंसक और 'आत्मपरक' हैं कि इनकी तुलना किया जाना भी कठिन है।" (गांधीवादी आग्रह)।

जिस बादल में पानी नहीं होता, उससे बिजली पैदा नहीं हो सकती, पानी भरा बादल ही बिजली का दाह सँभाल सकता है! अकेला शौर्य मंगलमय नहीं होता।...मीरा के हृदय हार ही भारतीय हृदय का विकास हुआ है।" (सुप्ता रैशनल तत्त्व की स्थापना)।

ध्यान से पढ़ने पर स्पष्ट है कि महादेवी ने 'सविनय अवज्ञा' के युगीन आदर्श के रूप में मीरा का एक पाठ प्रस्तुत किया, समकालीन स्त्रियाँ अपनी परेशानियों के आलोक में पाठीय अवचेतन अलग ढंग से टटोलकर बहनापे की शृंखला आगे बढ़ा सकती हैं।

पर इन दोनों विखंडनों के पहले, भूमिका के रूप में, थोड़ी-सी चर्चा मीरा के अपने देश-काल, उनके अपने नैतिक भूगोल की जिसने उन्हें रचा!

मीरा के जन्म के समय बाबर ने समरकन्द फतह किया था। दो विफल आक्रमणों के बाद भारत में अन्ततः उसने पैर जमा लिए थे! मीरा के मेवाड़ से मेड़ता जाने के ठीक दो वर्ष बाद (1531 में) हुमायूँ राजगद्दी पर आया और लगातार शेरशाह सूरी के आक्रमण झेलते हुए अन्ततः उससे हार भी गया। शेरशाह के राजकाल में ही मीरा ने शरीर छोड़ा!...इस बीच राजस्थान के राजपूत घराने न सिर्फ मुगलों से बल्कि आपस में भी लगातार लड़-भिड़ रहे थे।

बाहर की दुनिया से हार-थककर, चिढ़कर घर लौटा आदमी औरतों की क्या गत करता है–सबको पता है। एक तरफ कुल-मर्यादा, कुल गौरव के नाम पर बालिका-वध, सती, विधवा-विद्वेष, दूसरी तरफ मैट्रिमोनियल अलायंस के रूप में भेड़-बकरियों के खूँटे के रूप में रनिवासों का विकास! वीर प्रसविनी बनना ही तब स्त्रियों का मूल धर्म था। ऐसे में स्वाभाविक है कि पति की अंकशायिनी बनने से

साफ इनकार करनेवाली स्त्री या तो 'बावरी' (पागल) करार कर दी जाएगी या पुंश्चली! सुहाग चिह्नों और अनुरागोन्माद के कई लक्षणों की मीरा के काव्य में एक दमकती हुई-सी उपस्थिति है! इसीलिए महादेवी वर्मा का 'संस्कारी' मन यह मानने के लिए राजी नहीं होता कि मीरा वैधव्य-शापित थीं, जबकि प्रोफेसर विश्वनाथ त्रिपाठी जैसे कई उद्‌भट आचार्य मीरा-काव्य को विधवा-विमर्श की तरह ही पढ़ते हैं, उन्हें यह मानना मर्यादासम्मत दिखता है कि पति की तो वे आदर्श पत्नी थीं, उनका दाम्पत्य जीवन भरा-पूरा था, किसी कारण सती नहीं हो पाईं और परिवार के अन्य जन निष्ठुर हुए तब उन्होंने भगवद्‌भक्ति में मन रमा लिया यानी यह दुनिया पूरी तरह ही 'ट्रांसेंड' कर गई; पर लोग हैं कि बात बनाते रहे क्योंकि विधवाओं और वेश्याओं का एक ही सम्बोधन था–'राँड'!

आधुनिक पाठक के लिए वैधव्य के दुर्गिंजनों से मुक्ति पाने को छटपटाती स्त्री के फ्रेम में 'सूली ऊपर सेज पिया' के विराट् अर्थ-गौरव का संकोचन खासा कठिन है! 'मजबूरी का नाम महात्मा गांधी' वाली बात! सती न हो पाने का दाह कविता को ही मीठी आँच वाली सेज बना गया, मीरा जैसे विराट् व्यक्तित्व की महिमा से यह स्थापना मेल नहीं खाती! निर्णय की स्वाधीनता का तेज जिसमें ऐसा प्रखर हो, वह भला धुआँएगा क्योंकर! जो करना होगा, कर गुजरेगा–(प्रतिकारवश) पार्वती की तरह अग्निकुंड में कूदकर या सीता की तरह धरती में धँसकर!

महादेवी जी की इस स्थापना में बल है कि मीरा भी कविता में कभी एक क्षण भी किसी दैन्य, किसी अपराध बोध, किसी डाँट-फटकार की आहट नहीं है! न वे कबीर की तरह की अक्खड़ उपदेशमयता से कीलित है, न सूर-तुलसी की तरह के दग्ध विनय से, विष को भी अमृत बना लेनेवाला माधुर्य ही है यहाँ। 'राणाजी ने भेजा विष का प्याला/पी गई मीरा हाँसी रे' में या ननद को संबोधित पदों में एक हल्का-सा तंज तो दिखाई देता है लेकिन देवर-भाभी या ननद-भाभी वाले सम्बन्ध का माधुर्य वहाँ भी झिलमिलाता-सा है! पदों की गीतात्मक विधा में आत्मकथा के प्रसंगों की कौंध स्त्री सुलभ मधुर हास्य के साथ छौंक देना मीरा के लिए ही सम्भव था!

मीरा और भी तरह से मीठे हास्यबोध का पता देती हैं : 'बदनामी लागे मीठी'! 'विंदो चाहे विंदो' का यह मस्तानापन हर्षातिरेक (ecstasy) की पराकाष्ठा है! 'गोविन्द लीनो मोल' के रूपक का विस्तार भी वे मेटाफिजिकल व्यंग्य-विनोद के साथ करती हैं–'कोई कहे महँगो, कोई कहे सुहलो लियो जी तराजू तोल'! लॉरेन्स 'A Captains Doll' में लिखते हैं कि स्त्रियों की यह मुसीबत है कि वे पुरुषों को गुड्डा बना लेना चाहती हैं! स्त्रियाँ भी पुरुषों पर यह अभियोग लगा सकती हैं कि पुरुष ही नहीं, घरवाले भी उन्हें गुड़िया समझते हैं! महादेवी वर्मा ने स्वयंवर वाले प्रसंग की चर्चा करते हुए इस पर सहज आपत्ति उठाई है कि वीरता के पुरस्कार

के रूप में कन्या का 'दान' स्वयंवर के नाम पर स्त्री का पण्यीकरण ही था! पर मीरा जिस खरीद की बात करती हैं, उसमें जॉन डन वाला मेटाफिजिकल विट चमक रहा है! मोल ली हुई चीज डंके की चोट पर 'अपनी' हो जाती है : उसे न कोई छीन सकता है, न उस पर कोई दावा ठोंक सकता है, फिर यह ऐसी-वैसी खरीद तो है नहीं, अपना 'वजूद' देकर यह 'अमौलिक वस्तु' खरीदी गई है, इसलिए यह और अनमोल और अविभाज्य है।

इस तरह के विटी प्रयोग एमिली डिकिन्सन के यहाँ भी बहुत मिलते हैं! कोर्ट-कचहरी से लिया गया 'एफिडेविट' जैसा शब्द भी उनके यहाँ एक विशिष्ट अर्थगौरव पा जाता है :

"Abyss ... has no Biographer...There was no Affidavit of Heaven"

स्त्रियाँ ऐसे प्रयोगों में निपुण होती हैं क्योंकि 'कॉस्मिक' और 'कॉमनप्लेस' के बीच भी कोई पदानुक्रम वे नहीं मानतीं, आत्मीयता का विस्तार उनकी भाषा को एक सहज प्रजातांत्रिक, संवादधर्मी गौरव देता है, पदानुक्रमकीलित नहीं होता उनका संसार! 'ऊँच'-'नीच'–सारे प्रसंगों को एक चटाई पर बिठाकर उनसे अपना सुख-दुख बतिया लेने की आत्मप्रवाही सहजता ही उन्हें 'लोक' और 'शास्त्र' के बीच का पदानुक्रम तोड़ने में भी मदद करती है।

'पग घुँघरू बाँध मीरा नाची रे' में भी एक हल्का-सा विनोद है! नागर जी का 'सुहाग के नूपुर' बताता है कि गणिकाओं के मन में 'सुहाग के नूपुर' की कितनी साध होती थी, क्योंकि 'घुँघरू' ही उनके हिस्से आए थे! घुँघरू की झंकार सघनतर होती है–लोक को निवेदित कि सुनो भाई लोगो, यह मैं हूँ! डंके की चोट पर अपने स्वतंत्र वैभव का उद्‌घोष करती हुई एक कॉस्मिक नृत्य मीरा जो नाची हैं, उसकी टंकार आज के स्त्री-साहित्य में भी जीवित है! जीवित है यह ठस्सा कि कुलवधू वाले नूपुर की मीठी-सी रुनझुन में नहीं, डंके की चोट पर मैं अपनी मुक्ति का जश्न मनाऊँगी! फ्रेंच मनोवैज्ञानिक सियू ने स्त्री-भाषा में जिस 'मिमिक्री' की आहट सुनी थी, सबको धता बताकर आगे निकल जानेवाली वह अद्‌भुत तरह की नटखट त्वरा यहाँ गुंजायमान है।

इसी तरह 'मेरे तो गिरधर गोपाल दूसरो न कोई'–यहाँ एक के स्वीकार में सारी दुनिया का निषेध–पितृसत्ता, राज्यसत्ता–सबका निषेध शामिल है जो उस समय के लिए बड़ी बात थी। यही नहीं, एक सामान्य गोपी के रूप में 'रानी' अपनी कल्पना करे–यह भी एक क्रांतिकारी घटना है! गोपियों का समाज पदानुक्रमग्रस्त समाज नहीं था! इससे भी बड़ी बात यह कि यहाँ स्त्री एक लदा हुआ गर्भ भर नहीं थी! उनकी कामना का विस्तार मातृत्व से इतर भी कहीं था! अपनी नॉन प्रोडक्टिव भूमिका में भी स्त्री का प्रेम वरेण्य है–इस तथ्य को स्वीकृति देती दीखती है मीरा!

और मुक्ति-पथ पर जो बाधा बनता है, उससे परिहासपूर्वक कहती है : 'अपने घर को पर्दा कर ले, मैं अबला बौरानी!'

पर्दा तो उससे किया जाता है जिससे लीला करनी हो, जो अपनी टक्कर का पुरुष लगे! बाकी तो सब बाल-बुतरू हैं—उनसे क्या पर्दा! उनको तो पाल-पोसकर बड़ा कर देने के यत्न कर देने हैं : 'पिया मोर बालक, हम तरुनी' वाले मारक एहसास के साथ, ज्यादातर स्त्रियाँ जिसकी भुक्तभोगी होती हैं क्योंकि नैतिक/आध्यात्मिक कद-काठी में बराबर पुरुष उनको जल्दी मिलता ही नहीं! इसी की ओर इशारा करती हुई महादेवी गुरु रविदास प्रसंग का जिक्र करती हैं!

छायावादी गांधीवादी मानदंडों पर और संग्रथित स्त्रीवाद के निकष पर खरी उतरनेवाली सबसे अनूठी प्रस्तावना अन्तिम है! मीरा वरेण्य हैं, अपनी अहिंसा की खातिर, विष पचाकर अमृत में बदल देने की अपनी क्षमता की खातिर, उनकी कविता में बिजली की त्वरा है क्योंकि उनमें जलतत्व का निषेध नहीं—जलपूरित बादलों में ही विद्युत का आवेग होता है : डॉ. किशोर से शब्द उधार लेकर कहें तो—

'आग-भरा पानी का मन है,
कौन करे सहसा विश्वास,
कैसे समझाऊँ दुनिया में
कितना महँगा है उल्लास!'

महादेवी का मीरा-पाठ : राजनीतिक पृष्ठभूमि : हर पाठ में एक गुत्थी होती है जिसे देरीदा अपोरिया कहते हैं! उस पर उँगली पड़ते ही सारे सूत्र पकड़ में आ जाते हैं और अर्थ खुल जाता है—पाठ को पाठ के विरुद्ध पढ़ना यानी सीवन उधेड़कर पाठीय अवचेतन तक पहुँचना आसान हो जाता है। महादेवी की पहली और अन्तिम स्थापनाएँ 'सविनय अवज्ञा' और अहिंसात्मक प्रतिकार का वो ही महाप्रमेय गाँठ में बाँधे बैठी हैं जिसके आलोक में 1930 के आस-पास का पूरा स्त्री-विमर्श समझा जा सकता है।

महादेवी के मीरा-विमर्श में आनेवाले युग की आहटें साफ सुनाई देती हैं—विद्रोह की मीठी धमक जैसे थोड़ा-सा कहना है, थोड़ा अव्यक्त रख लेना है, पर्दे के खिलाफ बोलना है पर सर से आँचल गिरने नहीं देना, कुल मिलाकर कहें तो महादेवी वर्मा की स्थापनाएँ विद्रोह की मर्यादित अभिव्यक्ति की प्रतीककीलित भाषा का भास्वर उदाहरण हैं। मीरा में भी वे विद्रोह का उन्नयन ही देखती हैं : प्रकट विद्रोह के अपने गीतों का साक्ष्य लेकर कहती हुई कि वे सामयिक संदर्भों में बँधे थे, इसलिए काल-कवलित हो गए! निजी संदर्भों के पार 'वियोग' का रूपायन ही असली कला है यानी वियोग किसी भी आदर्श स्थिति का अभाव है : घर में, सड़क पर, राजनीति में, सामाजिक संकायों में।

मीरा का रिसेप्शन–खंड (ख)

वैसे तो हेजियोग्राफी का अर्थ संतों की जीवनी होता है, पर इंग्लैंड में हेजियोग्राफी परम्परा के तहत ज्यादातर कथाएँ (अपनी खूबसूरती से तबाह) स्त्रियों के नन बनने या बना दिए जाने के कारुणिक प्रसंगों के इर्द-गिर्द बुनी गई हैं। इनके पन्ने पलटते हुए बुद्धकालीन थेरी गाथाएँ बरबस याद आती हैं, जहाँ धम्म का वरण मूलतः स्वैच्छिक है।

पर पूरे मध्य एशिया और भारत में भी कई बार महिला संत धर्म को, धार्मिक संरक्षण को एक खोह की तरह भी इस्तेमाल करती दीखती है। जैसे चिड़िया बाजों की क्रूर फड़फड़ाहट से परेशान होकर खोह में चली जाती हं बहुत सारी महिला संत धर्म की शरण में गईं, हालाँकि इस खोह में भी साँप कुंडली मारे पड़े थे। ताड़ से गिरे, खजूर पे अटके। चलो, अटके तो। धम्म से गिरे तो नहीं। हड्डी नहीं चटकी। एक आश्रय तो मिला। एक कद-काठी मिली। तात्कालिक मुक्ति का एहसास हुआ। एक वैकल्पिक स्पेस की नींव पड़ी, जो अपेक्षाकृत सुरक्षित और दुनियावी जंजालों से मुक्त एक प्रायः स्वतंत्र स्पेस था, आज भी है– आज भी पूरे घर में पूजाघर ही एक स्पेस होता है जहाँ स्त्रियाँ थोड़ी देर निश्चिन्त बैठ सकती हैं, हालाँकि 'दूध ले लो', 'टिफिन बना दो', 'अखबार लाओ' की अटर-पटर वहाँ भी मचती रहती है। एक तरह से देखा जाए तो ये पूजाघर ही स्त्रियों का बैंक, डाकघर, घरौंदा, तकिया, खेल का मैदान और टेलीफोन-एक्सचेंज हैं। हमको मालूम है जन्नत की हकीकत लेकिन दिल को खुश रखने को गालिब ये खयाल अच्छा है–

'अहा, मैं मुक्त हुई
अच्छी विमुक्त हुई।
तीन टेढ़ी चीजों से
ओखली से, मूसल से
अपने कुबड़े पति से
भली ही विमुक्त हुई।
गया, मेरा निर्लज्ज पति गया
जो मुझको उन छातों से भी,
तुच्छ समझता था
जिन्हें वह बनाता था
अपनी जीविका के लिए।

–सुत्तपिटक, थेरी गाथा (सुमंगला माता)

धर्म भी एक छतरी ही था। धर्माधिकारी भी निर्लज्ज पति की श्रेणी में आते थे। धर्म की छतरी मरोड़, भींचकर उसका एक डंडा भी बना लिया गया था। स्त्री की पीठ पर टूटने वाला विकट दंड! ग्रीस और रोम के प्राचीन वैभव और पुनर्जागरणकालीन (व्यक्ति-केन्द्रित) चतुर्दिक अभ्युदय के बीच काले नद-सा बहता यूरोपीय मध्यकाल कई नए परिवर्तनों का वाहक भी था। महारानी एलिजाबेथ का समय पुनर्जागरण कहलाता है, किन्तु उसके पहले की अवस्था घोर सुषुप्तावस्था नहीं थी। बहुत सारी नई संस्थाएँ जग-बन रही थीं, जो किसी-न-किसी रूप में अब तक हमारे बीच जीवित हैं। इनकी एक सूची बनाने चलूँ तो लम्बी हो जाएगी, पर कुछ महत्त्वपूर्ण अवधारणाएँ/संस्थाएँ गिनाना तो जरूरी ही है जिनका सूत्रपात मध्ययुग में हुआ : विश्वविद्यालय, कानून संहिताएँ, रूमानी प्रेम, आधुनिक भाषाएँ, राजनीतिक सीमाएँ, राष्ट्रराज्य, व्यापारी शहर, बैंक, चेक, गोली-बारूद, कम्पास, बुक-कीपिंग, चश्मे—सब मध्ययुग की देन ही हैं।

पर मध्यकाल की स्त्री-दृष्टि शोचनीय थी। उपदेशों, आचार-संहिताओं, कहावतों, पाठ्यपुस्तकों, औषधिविज्ञान के ग्रंथों, संत कथाओं और रोमांसों में भी धड़ल्ले से मध्ययुग स्त्रियों को कोंचता था। तीन तरह के अभियोग लगते थे स्त्री समाज पर जिनसे ऊबकर स्त्रियाँ धर्म की राह चल देती थीं—पहला तो यह कि स्त्रियाँ बेहद भौतिकतावादी, देहवादी, भोगप्रिय होती हैं। एक मुर्गा पन्द्रह मुर्गियों को यौन-तुष्टि देता है, पर पन्द्रह मर्द मिलकर एक स्त्री को यौन तृप्ति नहीं दे पाते। (ब्लैनर्स, विमेन डिफेम्ड, 8)

दूसरा अभियोग यह कि स्त्रियाँ भाषा का कचूमर निकाल देती हैं—झूठ बोलने, बक-बक करने, गप्प हाँकने, झगड़े और फरियाद करने में। 'सिटी ऑफ लेडीज' की शुरुआत में ही क्रिस्टीन लिखते हैं कि एक झगड़ालू चंठ बीवी की चाँय-चाँय गिरिजाघर के घंटे का निनाद भी ढक लेती है।

तीसरा अभियोग यह कि साज-सिंगार और दिखावे में स्त्रियों की गहरी रुचि होती है। उनका ज्यादातर समय इसमें ही बीत जाता है कि बाहरी आकर्षण कैसे बनाए रखें, आन्तरिक गुणों के विकास पर इनका ध्यान ही नहीं जाता।

इन तीनों अभियोगों का एक ही प्रतिकार था—संत बनकर दिखा देना। ईव का चोगा छोड़कर मदर मेरी, वर्जिन मेरी का झिलमिल आवरण डाल लेना। स्त्री काया पर, कामनाओं पर सिटकिनी-सी चढ़ा देना। घर में रहकर तो यह सम्भव नहीं था। घर से बाहर बस दो ही दरवाजे थे—एक गिरिजाघर का, दूसरा चकलाघर का। पहला विकल्प दूसरे से बेहतर था, पर मजेदार बात यह है कि 'ननरी' दोनों को कहते थे।

संेट ओड ने शादी की जहमत से बचने की खातिर अपनी नाक काट ली थी। एप्रिक एक मठ में रहने आई तो मर्द वेश में। क्रिस्टिना मार्गरेट की माँ ने तो प्रतिज्ञा

ली थी कि उनकी जिद्दी लड़की का कौमार्य-भंग किसी तरह कोई कर दे तो उसे वे मोतियों से तौलें। उनके पिता ने कहा था–'परम्परा से प्रयाण की उसकी हिम्मत ही कैसे हुई। अपनी इज्जत बचाकर बाप की इज्जज सड़कों पर नीलाम करती है। एक साधारण लड़की की यह मजाल कि वह वर्जिन मेरी बनना चाहे।'

एक साधारण लड़की की मजाल तब भी दुनिया देखती थी, अब भी दुनिया देखती है। साधारण की शक्ति हर दम असाधारण होती है–पूरब में, पश्चिम में, उत्तर में, दक्खिन में। परम्परा से प्रयाण करनेवाली स्त्रियाँ हर जगह, हर समय रही हैं, पर पहले इसका एहसास सर्वव्यापी नहीं था कि हाय राम, कुड़ियों का है जमाना। पहले जमाना कुड़ियों का नहीं था, गुड़ियों का था। इसलिए इक्का-दुक्का विशिष्ट संतों ने मुक्ति की चेतना पाई, अब मुक्ति का अर्थ और व्यापक हुआ है और साधारणीकरण हो गया है इसका–इस अर्थ में कि आँगन-चौबारे, गली-मुहल्ले, खेत-खलिहान, दफ्तर-कारखाने, देवालय, वेश्यालय–हर जगह की स्त्री मीरा के घुँघरुओं की तरह एक नई तरह के मुक्ति संगीत के तबोताब में ठनक उठी है।

सोलहवीं शताब्दी की राठौर राजकुमारी मीरा, मेवाड़ के सिसौदिया परिवार में ब्याही गई। बिन माँ की बच्ची जितना प्रतिरोध कर सकती है, उन्होंने किया। उनके बाल-मन में कृष्ण की छवि बसी थी, मरने से पहले माँ ने कभी खेल-खेल में समझा दिया होगा कि वह कृष्ण की परिणीता है तो अब वह यह मानने को तैयार नहीं थी कि बिना दोष के पहला पति छोड़े क्यों और दूसरा ब्याह क्यों रचाए? रचा भी ले तो उसके इशारों पर क्यों नाचे, उसकी कुलदेवी क्यों पूजे, अपने 'हरि' की तलाश में डगर-डगर क्यों नहीं घूमे, संतन ढिंग बैठ-बैठ हरि चर्चा में रस क्यों न पाए? मंडी हाउस, विश्वविद्यालय रिसर्च सेंटर्स, अखबार और टी.वी. के दफ्तरों-पुस्तकालयों के कैफे और चाय-ढाबों में आधुनिक स्त्रियाँ कला-साहित्य चर्चा में जो रस पाती हैं–दरअसल उसी रस का परिपाक है, जो मीरा को हरि चर्चा में मिलता होगा। 'संतन ढिंग बैठि-बैठि लोकलाज खोयी' का दंश अब भी स्त्रियों की जान खा जाता है–सीधे मुँह किसी से बात की नहीं कि लोग-कम्प्यूटर में शयन कक्ष और स्नान-गृह तक की अटकलें दर्ज हो गईं, ऐसे जैसे इतनी बड़ी व्याप्ति का कोई और लोकल न्यूज हो ही नहीं सकता कि कोई स्त्री किसी पुरुष से मुखातिब हुई, उसने उसके साथ अकेले में चाय पी ली।

आधुनिकतावादी वैयक्तियन अभी भी हमारे लिए दूर की कौड़ी है। हमारी विडम्बना ही यह है कि हम आधुनिक हुए बिना उत्तर-आधुनिक हो लिए। आज, इस इक्कीसवीं सदी में भी स्थिति यह है कि सिसौदिया खानदान के लोग यह मानने को तैयार नहीं कि मीरा नाम की कोई लड़की इनके खानदान की बहू थी। चित्तौड़गढ़ के करीब डागला का खेड़ा नामक जगह है। वहीं के करीब की मीरा थीं।

पड़ोस की औरतें बताती हैं कि कोई ऐसी लड़की उनके खानदान में जन्मी कि नहीं, ठीक-ठीक नहीं कहा जा सकता—पर इस नाम की दहशत इतनी है कि पिछली नौ पीढ़ियों में किसी राजपूत ने दूर-दूर तक अपनी बेटी का नाम मीरा नहीं रखा। ब्राह्मण और बनिए अपनी बेटी का नाम मीरा रख भी लें, राजपूत अभी भी मीरा नाम पर फख्र नहीं करते, उससे शर्मिंदा ही होते हैं। मीरा अब तक उनके दिमाग में एक कुलांगार का नाम है, जिसने कुल-मर्यादा को धता बताई और अपनी शर्तों पर जिन्दगी जी।

जिन्दगी-भर और जिन्दगी के पार भी मीरा की हस्ती मिटा देने के यत्न अनवरत हुए, फिर मीरा को बनाया किसने—उस स्पेस ने, जिसे भजन-गायकों की मंडली कहते हैं और जो हमेशा से रही है समाज के हाशिए पर ही। मजूरों की टोली दिन-भर के करमकुट श्रम के बाद मीरा के पद गाती-बजाती हुई अपनी थकान भुलाती थी। तथाकथित नीची जातियों से जुड़े इन कारीगरों-मजूरों को मीरा के समवेत गायन में एक अलग तरह की राजनीतिक तृप्ति भी मिलती थी, राज्यसत्ता और राजपूत-मंडली को अँगूठा दिखलाने की। उन्हें मीरा अपनी-अपनी-सी इसलिए भी लगती कि उसने एक चर्मकार, रैदास को अपना गुरु बनाया। बुनकर, चर्मकार, डांगी, पटेल, जाट, धारकर के समवेत गायन ने मीरा की स्मृति बचाए रखी। आजकल कुछ भजन तो वे ऐसे भी गाते हैं जो मीरा के रचे हुए नहीं हैं पर मीरा से इन परितप्त जातियों का संवाद दर्ज है उनमें :

'धूल उठ रही है मीराबाई, धूल उठ रही है।
उमड़ रही है भक्तों की टोली
हरि-नाम का दीया
हर घर के चौबारे
हर घर के चौबारे, मीराबाई।

कहानी चलती है कि विष का प्याला भेजने के पहले तरह-तरह की सौगातों से उनको रिझाना भी चाहा था राणा ने, जिसके जवाब में उन्होंने कहा कि 'ये सौगातें वे अपनी बांदियों में बँटवा दें।' सौगातें स्वीकार करने का अर्थ है गुलामी स्वीकार कर लेना, मीरा की यह बात बड़े पते की है। सौगातें स्वीकार उन्हीं से की जा सकती हैं जिनसे आपका नेह-बंध सच्चा हो, वरना वे आपकी गर्दन का पट्टा बन सकती हैं।

1822 में कर्नल जेम्स टॉड ने मीरा के नाम से जुड़ा एक रूमानी इतिहास संजोया—ऐनल एंड एंटिविटीज ऑफ राजस्थान का एक हिस्सा था यह, जिसमें उसकी रूप-माधुरी और दूसरे रूमानी आकर्षणों की चर्चा भरपूर थी। बाद में गांधी

जी ने औपनिवेशिक शक्तियों के विरुद्ध संघर्ष के दौरान जो भाषण नियोजित किए थे, उनमें भी मीरा का नाम बार-बार आता था। यह राष्ट्रीय ऐक्य के एक मोटिफ रूप में मीरा का पुनर्जन्म था–1956 के एम.एल.ए. चुनावों के क्षेत्र से लड़ने वाले लालसिंह शक्तावत ने राणाजी के उसी प्रांगण में कार्डबोर्ड की मीरा की तस्वीर बनवाई, जो कभी मीरा हमेशा-हमेशा के लिए पीछे छोड़ आई थीं–इतिहास के जोक-बुकलेट का यह एक मजेदार-सा चुटकुला है।

कालांतर में मीरा के नाम पर जो फिल्में, पटकथाएँ वगैरह बनीं उनमें उनके चेहरे पर एक अजब रूमानी-सी बेखुदी दर्ज दिखाई गई। जो कैलेंडर वगैरह भी बिकते हैं, मीरा के नाम पर–उनमें वे अपने इकतारे-समेत ऐसी दिखती हैं जैसे ट्रांस में हों, आस-पास का कुछ पता ही न हो उनको, जबकि तथ्य यह है कि परिवेश-सजग थीं मीरा और मैन-मैनेजमेंट उनका उतना ही अच्छा था जितना किसी बुद्धिमती स्त्री का होता है। सार्वजनिक अपमान के लिए पेड़ के सामने कुछ लड़कों को वात्सल्य भाव से उन्होंने टरका दिया, न घबराईं, न भागीं, न विचलित हुईं, एकदम सहज खड़ी देखती रहीं, वे ऐसे शर्मिंदा हुए कि पूछिए मत। सहज कौतुक भाव से! अपनी सास से उनका मीठा-सा रिश्ता वुमन-बांडिंग का अच्छा उदाहरण है। लवलीन होना एक बात है, पर लवलीन होने का अर्थ परिवेश या आस-पास के दैनन्दिन यथार्थ से कट जाना कभी नहीं होता। मीरा पर बनी फिल्में मीरा को धरती से कटी हुई ट्रांसपर्सनैलिटी दिखाती हैं–आकाश तत्त्व धरती से विच्छिन्न हो ही नहीं सकता–विशेषकर मीरा जैसी स्त्री में। अलौकिक चमत्कारों के घेरे में मीरा को देखने की साजिश या उन्हें एक हिस्टेरिक आकाशी जीव मान लेने का उपक्रम चौके-चूल्हे में फँसी साधारण-स्त्री से उनका तादात्म्य भंग करने की साजिश है, एक अलग तरह की रणनीति। कस्तूरी कुंडली बसै। भीतर से इल्हाम जगता है, वह परिवेशगत विडम्बनाओं के गर्भ में पलता है–'रुटीन इज रेवेलेशन'।

मीरा के आराध्य कृष्ण थे–एक चरवाहा बच्चा और एक ऐसा राजा जिसने कभी शस्त्र नहीं उठाया, यह भी अपने आप में एक बड़ी बात है, खासकर उस राजपूत समाज की महिला के लिए जहाँ पितृसत्ता राज्यसत्ता से ऐसी घुली-मिली थी कि एक को दूसरे से अलग पहचानना मुश्किल था। विवाह एक निजी मामला न होकर यहाँ 'मैट्रिमोनियल अलायंस' का रूप ले लेता था और कुल मर्यादा, कुल गौरव के नाम पर युद्ध, दंगे-फसाद, जौहर, बालिका-वध, सती, विधवा-दहन आदि नृशंस घटनाएँ आनन-फानन में घटा करती थीं। परिवार में राज्यसत्ता का हस्तक्षेप इतना ज्यादा था कि एक सहमति-सी बनती सबके मन में इस बात को लेकर कि वीरप्रसविनी बनना स्त्रियों का काम है और युद्ध में मर-मिटना पुरुषों का, 'बरस-अट्ठारह छत्री जीवे, आगे जीवन को धिक्कार।' पर ऐसी विकासमान और

पदानुक्रम ग्रस्त सैन्य व्यवस्था में भी वैधव्य थी एक समस्या ही, कुकृत्यों का फल मानते थे इसे, विधवाओं और वेश्याओं का एक ही संबोधन था 'राँड'।

प्रेम, भक्ति, लगन, प्रभुत्व, विखंडन, विस्थापन, जाति, वर्ग, निजी, सार्वजनिक, शूद्र, ब्राह्मण, कामना-प्रतिरोध–सबकी नई परिभाषाएँ गढ़ता है मीरा का जीवन, पर यह उस अर्थ में आधुनिक नहीं है जिस अर्थ की आधुनिकता के हम अन्वेषक हैं। पितृसत्तात्मकता के समस्त निषेध के बावजूद मीरा बोलती हैं दास्य भक्ति की भाषा ही। वे एक दोस्त की भाषा तो नहीं बोलतीं और कुंकुम संगारी की तरह औषधि-विज्ञान के शब्द उधार लेकर कहें तो उनके समस्त रूपक 'लो-रिस्कमेटाफर्स' ही हैं, जिनका चेहरा या ऊपरी वितान एकदम से भोला-भाला है। पितृसत्ताकों की चालू भाषा में कहें तो रूपकों का 'भोला-भाला चेहरा है, दिल बेईमान है।' इसी को कहते हैं सर्वाइवल इन्सटिंक्ट। रहना तो प्रतिरोधों के बीच ही है, वहीं रहकर अपनी राह बनानी है और एक विधा के रूप में कविता सात पर्दों के पीछे से आपरेट करने की अभ्यासी रही है। इससे भी मीरा को चिक की एक ओट-सी मिली। पर वहाँ से भी उन्होंने स्फुलिंग तो बिखेरे ही। संक्षेप में कहें तो मीरा का जीवन घर-बार छोड़कर अपने वजूद की खोज में सड़क पर निकल आई स्त्री का जीवन है, जिसके देह-मन की वे सब दुर्गतियाँ सम्भव थीं, जो व्यवसाय या वजूद या अपने से ऊपर किसी अन्य की तलाश में घर से निकल आई लड़कियों की होती हैं। (घर छोड़कर तो मैं ऐसे कह रही हूँ जैसे 'घर' में दुर्गति नहीं होती। होती वहाँ भी है। खुद मीरा की दुर्गति राजमहल में कम नहीं हुई थी।) पर सड़कों के खतरे और विकट हैं। 'ताड़ से गिरे खजूर पे अटके' वाला खजूर भी नहीं है सड़क। वहाँ भी पँछी को कोई छाया नहीं मिलती और फल लागै अति दूर जो बहुधा पहुँच के बाहर ही होता है–कोई 'अटकन' में नहीं होती वहाँ। फुटबॉल हो जाती है औरत, अनन्त हो जाता है उसकी शार्प किकों का सिलसिला।

मीरा या मदर टेरेसा या इस तरह की अन्य औरतों के 'सर्वाइवल' का एक आजमाया हुआ अस्त्र है–लिंग-चेतना से ऊपर उठ जाना।

पर फिर से कहूँगी–मीरा जैसी भक्त कवियों की एक समस्या है–पितृसत्तात्मक षड्यंत्रों का एक घेरा तो वे लाँघ लेती हैं, स्वयंवरा हो जाती हैं पर पितृसत्तात्मकता का हल्का अभ्यंतरण उनमें भी होता है तभी तो वही दास्यभक्ति आरोपित कर देती हैं अपने 'कृष्ण' पर भी, जिसे काटकर वे आगे बढ़ी थीं। जो शुरू में एक 'सखा' की तरह, वर्ग-जाति आदि कृत्रिम विभेदों के ऊपर उठे एक 'दोस्त' की तरह उन्हें आकर्षित करता था–उससे भी एक दोस्त की भाषा में वे बात नहीं कर पातीं। सिमोन द बोउआ और सार्त्र की दोस्ती मशहूर है, मगर हाल-फिलहाल में बोउआ जैसी स्त्री के भी अपने एक अनाम प्रेमी के नाम लिखे कुछ पत्र प्रकाशित हुए हैं,

जिनकी भाषा दास्य-भक्ति भाषा है। तो क्या मुक्ति एक क्रमिक प्रक्रिया है जो कभी पूर्ण नहीं होती–'एक मुसलसल सफर कि मंजिल पे पहुँचे तो मंजिल बढ़ा दी'। यहाँ लगातार चौकसी जरूरी है–जरूरी है अपनी और अपनों का भी सेहत आत्मालोचन रामभरोसे बैठकर जग का मुजरा लेने भर से बात नहीं बनती, जहाँ खुद भी तलवार की धार पर चलते रहने का संकल्प साधना पड़ता है। क्या सचमुच बड़ी कठिन है डगर पनघट की? या 'चाकर राखो जी' और 'लीनो मोल' की आपसदारी मनुष्य मन की एक अन्तरंग वृत्ति है, जिसका कोई विस्तार नहीं। चलिए, कोई एक तो हो इस धरती पर जो चाकर राखे मगर तराजू पर तुलने और मोल लिए जाने के बाद।

2

मीरा-पदावली से गपशप

हमारे बचपन में एक चीज होती थी–हारमोनियम! अब उसका स्थान सिन्थेसाइजर ने ले लिया है, पर हमने स्कूल के हर उत्सव में हारमोनियम पर ही मीरा के पद गाए हैं और मीरा की जो छवि कैलेंडरों/फिल्मों/पाठ्यपुस्तकों/संगीत मास्साब भी जगाई हुई है–उसमें एक सुन्दर-सी औरत इकतारा उठाए आकाश की ओर देख रही है। बाल वैसे ही खुले हुए हैं जैसे धुर दक्षिण में क्या महादेवी और अंडाल, गुजरात में गंगाबाई, महाराष्ट्र में बहिनाबाई–मुक्ताबाई-जनाबाई और कश्मीर में ललद्यद के खुले दिखाए जाते हैं। चाणक्य ने अपनी शिखा और द्रौपदी ने अपना जूड़ा एक संकल्प के झपाटे में खोला और संकल्प पूरा होते ही फिर इनमें गाँठ भी लगा ली पर इन भक्त कवयित्रियों के संकल्प भौतिक नहीं थे जो उसके पूरा होने का कोई अधिसूचक होता। बाल के बहाने इन्होंने अपने व्यक्तित्व की गाँठ ही खोल ली थी और एक ऐसे अनन्त संधान में घर की देहली लाँघकर सड़कों-गलियों, जंगलों और मंदिर मठों की खाक छानी थी जो पूर्णता के असम्भव संधान की रुमानियत से अलग करके आँका जाना चाहिए और जार निकोलातई के उस दुष्ट फरमान से भी अलग करके जो वह रूसी लोककथाओं में समय से लगान न चुका पानेवाले किसानों पर जारी करता था :

जाओ वहाँ, न जाने कहाँ
लाओ उसे, न जाने किसे।

सुनने में बात शायद अटपटी लगे और कहते हुए मेरा दिल भी धुकधुका रहा है पर कह ही देती हूँ क्योंकि यह मेरी लम्बी गवेषणा और असंख्य औरतों से बातचीत के बाद पाया हुआ निष्कर्ष है कि वास्तविक जीवन में अधिकतर पुरुष

इतने खड़ूस, सख्त, शुष्क या पिलपिले नजर आते हैं कि मन में एक आदर्श पुरुष (यानी भगवान) गढ़े बिना औरत का काम ही नहीं चलता। उसी से हँसती-बतियाती हैं, उसी से वे कहती हैं अपने मन का हाल-चाल :

हे माधव, कितने तो काम पड़े हैं सर पर,
इतने कपड़े कूटने हैं
इतना आटा गूँधना है
आओ न, हाथ बँटा दो जरा-सा,
या फिर जुएँ ही चुनो मेरी
कुछ तो करो-कुछ करो

(भक्त कवि जनाबाई भी एक मराठी पंक्ति के आधार पर पल्लवित जो एक मजदूर औरत मग्न होकर गुनगुनाते रही थी–औरंगाबाद से एलोरा जाती एक सरकारी बस में सुनी थी यह पंक्ति)

कोई तो बात होगी कि आज के इस व्यावसायिक, महातार्किक, मशीनी युग में भी रसोईघर के आलने पर औरतों के नन्हे-नन्हे कृष्ण जी और हनुमानजी (रामजी नहीं), शिवजी और साईंबाबा सजे होते हैं। यह नन्हा सा पूजा का कोना ही उनका अपना कोना होता है : सब जरूरी चिट्ठियाँ, छुट्टे पैसे और मनोभाव वहीं भगवान की मूरत के पीछे रखे रहते हैं। यही एक समय होता है (भगवान के सामने, आँखें मूँदे बैठने का समय) जब कोई उनको डाँटता, मारता नहीं, छोड़ देते हैं लोग स्वतंत्र, इस उम्मीद में अगर भगवान जी सचमुच होते हैं तो यह औरत घर की खातिर ही कुछ मन्नतें मानती होगी, मानने दो, अपना क्या जाता है! कुछ देर की बात है, फिर तो जुट ही जाएगी सेवा में। भारतीय संदर्भ में औरतों का 'अ रूम' नहीं तो 'अ कॉर्नर ऑफ वन्स ओन' यही होता है।

भारत के इतिहास में सोलहवीं शताब्दी का पूर्वार्द्ध और भी विकट था। लगातार स्त्रियाँ पुरुषों को लड़ता-भिड़ता, गुर्राता-चिल्लाता, उपदेश पिलाता ही देखा करती होंगी।

जब मैंने पहली दफा गुरु जीव गोस्वामी से मीरा की बातचीत का जिक्र पढ़ा, मेरे मन में यही बात कौंधी। गुरु जीव गोस्वामी से मिलने मीरा गईं तो उन्होंने शिष्य से कहला दिया : गुरुदेव स्त्रियों से नहीं मिलते। इस पर आश्चर्यविह्वल मीरा इतना ही बोल पाईं–'कृष्ण के सिवा भी दुनिया में कोई पुरुष है क्या? पुरुषार्थ का उत्कर्ष है कृष्ण क्योंकि अहिंसक हैं वे, उनमें विवेक, संयम, लालित्य और धीरज है जो पुरुषों में बहुधा नहीं होता तो फिर वे पुरुष कैसे हुए! औरत से मातहत की तरह का व्यवहार न करके बराबरी और दोस्ती का व्यवहार किया! प्रेम तो सिर्फ राधा से था, पर दोस्ती सारे गोप-गोपियों से थी जो गरीब थे और कंस के सताए हुए

भी! कंस की रानियाँ दूध से नहाती थीं, दूध गोकुल से जाता था। गोपालक खुद अपने बच्चों को दूध-दही दे नहीं पाते थे, अपना ही हक लालित्यपूर्वक चुराकर राजा से आतंकित अभिभावकों का मनोरंजन वे बाल-लीलाओं द्वारा आयोजित करते थे—कितनी गहरी सोच का प्रमाण यह हुआ!...दूसरी ओर 'महाभारत' के विवेकवान सारथी का पक्ष भी उतना ही आकर्षक था पर मीरा अपनी पदावली में उनके व्यक्तित्व के उस प्रौढ़ पक्ष की चर्चा बिलकुल नहीं करतीं। एक महाभारत देश में तो छिड़ा ही हुआ था और कितने महाभारतों का जिक्र करती फिरतीं, उससे उन्होंने फुर्सत ही पा ली और गले में वैजयन्ती की माला, हाथों में बाँसुरी, होंठों पर मुस्कान, आँखों में स्निग्धता धारे परमपुरुष की कल्पना अपने पति-रूप में की क्योंकि इस तरह के धीरललित, धीरप्रशान्त पुरुष वास्तविक जीवन में दीखते नहीं थे।

एक मजेदार बात इनके पदों में और लगती है कि कृष्ण के महिमा-वर्णन के बहाने उन्होंने अपने देवर के षड्यंत्रों का भी खुलासा हँसते-हँसते कर दिया है—'भाभी सुलभ सरस चुटकी के संग : राणाजी ने भेजा विष का प्याला, पी गई मीरा हांसी रे।' इसी तरह से पिटारे में नाग भेजने का प्रसंग भी डंके की चोट पर क्या जाने कितनी बार अलग-अलग पदों में दुहराया गया है। भक्ति की उदात्तता पर प्रश्नचिन्ह नहीं लगा रही, न यह कह रही हूँ कि एक बुद्धिमती स्त्री का यह महीन प्रतिशोध एक रणनीति की तरह उभरा होगा, पर इतना तो इससे पितृसत्ताकों को सन्देश लेना ही चाहिए कि स्त्री के अवचेतन पर चोट न करें। चोट होगी तो कहीं-न-कहीं उसकी टंकार भी होगी जो दिग्दिगंत में डंके की चोट पर फैलेगी और आप सदियों बाद भी मुँह दिखाने लायक न रहेंगे।

3

पदावली

गीत में पहली पंक्ति ही कुनबे का सरदार होती है! मीरा के यहाँ भी पहली पंक्ति ही पूरे पद का सिंहद्वार है। समय और स्थान की सीमा के कारण मैंने कुछ महत्त्वपूर्ण पंक्तियों का एक कोलाज-सा बनाया है। जैसे स्त्रियाँ गाँव में तरह-तरह की रंगीन चिप्पियों से गेनरा सिलती हैं, समझिए, पैचवर्क वाला राजस्थानी लहँगा ही है ये जिसका वितान मीरा के घुँघरुओं के दिग्नाद की तरह अनन्त तक है—लगातार गोल-गोल नाचता हुआ—एक अनन्त से दूसरे अनन्त तक :

आली रे, मेरे णेणां काण पड़ी!
(शरबिद्ध पक्षी की तड़पन मेरी आँखों में है)
श्री गिरधर आगे नाचूँगी! (और किसी के आगे नहीं)

मेरे तो गिरधर गोपाल, दूसरो न कोय।

(एक के स्वीकार में सबका नकार-पितृसत्ता, राज्यसत्ता का भी)

मैं तो साँवरे रंग राची!

(अब मैं कबीरदास की काली कमली हूँ, मुझ पर दूसरा रंग नहीं चढ़ने वाला!)

मैं तो गिरधर के घर जाऊँ!

(तुम्हारे घर की या राजमहल की सरहदें मुझे बाँधने से रहीं।)

माई री मैं तो लीयो गोविन्दो मोल।

(अपने जीवन भर की कमाई, अपने पुण्यों के बदले मैंने यह प्यारा खिलौना खरीदा है! लॉरेन्स...)

लॉरेन्स ने 'द कैप्टेन्स डॉल' में एक स्थापना दी है कि औरतें अपने पुरुष को अपना गुड्डा बनाकर कलेजे से लगाए रखना चाहती हैं, इसीलिए पुरुष उनसे डरते हैं। लोककथाओं में भी परदेसी सुन्दरियों के हाथ पुरुष के भेड़-बकरी में तब्दील होने या पालतू बन जाने के प्रसंग भरे पड़े हैं। स्त्री-प्रेम को बंधन या भवजाल मानने वाले ध्यान दें कि यह सौदा एकतरफा नहीं है। तराजू पर तौलकर जैसे सोना खरीदा जाता है, मीरा ने अपने गोविन्द को खरीदा है पर यह साधारण पण्यीकरण (कमॉडिफिकेशन) नहीं है जिसकी शिकार स्त्रियाँ रही हैं! यहाँ खुद उनके नाम पर बिकी मीरा अपने अर्जित पुण्य और भरपूर नेह के सिक्कों से यह सौदा पक्का करती हैं।

बड़े घर ताली लागो रे, म्हारा मन री उणारथ भागी रे!

(एक पखेरू की तरह बेचैन मन कहीं-न-कहीं से उड़ भागने का रास्ता जरूर ढूँढ़ लेता है—महाद्वार पर पड़े ताले उसकी उड़ान में बाधा नहीं बनते! ऐसा ही होता है नेही मन! एक चुनौती-सी देती है मीरा के मन की उड़ान और याद दिलाती है कबीर की—नौ द्वारे का पींजरा, तामैं पंछी पौन/रहिबे को है आचरज, गए तो अचरज कौन)

मीरा लागो रंग हरी, औरन रँग अटक परी।

(यहाँ अटक में मन अटकता है। जो भी स्वाभाविक वृत्ति के प्रतिकूल पड़े—उसकी ओर जाते हुए मन में खटका ही होगा!)

तू मत गरजे माइड़ी, साधां दरसण जाती!

(वैसे तो दिवंगत माँ को संबोधित बहुतेरे पद हैं—'माई री, मैं तो प्रेम दीवानी वगैरह जहाँ माँ-बेटी की अन्तरंगता और दुख की सहभागिता व्यंजित है—'दरद न जाणे कोय' मगर माँ, तुम तो जानोगी, इसी उम्मीद में तुम्हारे पास आई हूँ। किन्तु

यहाँ प्रेम की आरम्भिक अवस्था चित्रित है जहाँ माँ भी लोकापवाद के अंदेसे से रास्ते रोके खड़ी है, गरज-तरज रही है और व्याकुलता में मीरा कहती हैं कि कम-से-कम तुम तो मुझ पर भरोसा रखो, मैं कोई अधम काम नहीं करनेवाली, साधुओं के दर्शन को निकली हूँ!)

तेरो कोई नहिं रोकणहार, मगन होइ मीरा चली!

यह प्रीत की दूसरी अवस्था है, जब कोई सफाई देने का मन ही नहीं करता! मन मस्त हुआ तो क्या बोले! और तीसरी अवस्था यह कि खरी-खरी साफ ही सुना दी–

नहिं भावै थारो देसलड़ो रंगरूड़ो।
थारा देसां में राणा साध नहीं है, लोग बसै सब कूड़ो।

या

पग घुँघरू बाँध मीरा नाची रे।

(चुपचाप नहीं पायल की शान्त रुनझुन के साथ भी नहीं, बाजाप्ता घुंघरू बाँधकर–डंके की चोट पर इतना कि 'घुँघरू टूट गए' अहं के मोती-मनके अधर-उधर छितरा गए...)

लेकिन लगातार यह वीरांगना वाला भाव ही चित्त पर हावी नहीं है, कभी-कभी राजा को समझाती भी हैं–अपनी विवशता का इजहार करती हैं :

राणा जो म्हाती प्रीत पुरवली मैं काई करूँ।

यह भोलापन भवानी प्रसाद मिश्र की 'सन्नाटा' कविता वाली रानी का है जिसने खुद ही अपने राजा से कहा था कि वह बाँसुरी वाले को बुला दे, उसके बिना रहा नहीं जाता, और फल क्या–वही जेल और सूली का :

वह राजा था, हाँ/कोई खेल नहीं था
ऐसे जवाब से/उसका मेल नहीं था
रानी ऐसे बोली कि जैसे उसके
उस बड़े किले में कोई जेल नहीं था।

मीरा को तो यह सूली भी वरदान क्योंकि उन्हें पता है।

सूली ऊपर सेज पिया की।

मगर इसका मानवीय एहसास भी है कि :

लोग कहें मीरा भई बावरी
कुटुम्ब कहे कुलनासी रे।

जब कोई स्त्री इस तरह की बात करती है, गहरी तकलीफ से भरकर क्योंकि 'साम-दाम' आजमा चुकने के बाद ही 'दंड-भेद' की बात उसने कही थी! इसकी उसे याद आती है! स्नेह का पात्र तो सारा संसार है क्योंकि वह भी उस साँवरे की ही परछाई है, पर प्रेम का पात्र तो बस वह एक ही है जिसने यह कहने का तेज दिया है :

फारूँगी चीर, करूँ गत कंथा, रहूँगी बैरागण होइरी।
चूरियाँ फोरुँ माँग बखेरूँ, कजरा मैं डारूँ धोइरी।
रातो नाम को मोसूँ तरक न तोड़यो जाइ।...
मूरख बैद मरम नहिं जाणै। करक कलेजा माँह
रमैया बिन नींद न आवै
दरस बिन दूखण लागै नैण।
थे तो पलक उघाड़ो दीनानाथ
मैं हाजिर नाजिर कबकी खड़ी।

पर जिसके लिए जगत छोड़ा, उस परमपुरुष से भी रूठ जाता है मन, उससे भी शिकायत हो जाती है लेकिन प्रीति-कलह की सीमा के भीतर ही–

देखो सहियां, हरि मन काठो कियो!
जोगियारी प्रीतड़ी है दुखड़ा रो मूल।
जाबादे जाबादे जोगी किसका मीत।
जो मैं ऐसा जाणती प्रीत किए दुख होय
नगर ढिंढोरा पीटती प्रीत न करयो कोय।

कुल मिलाकर मीरा की कविता प्रेम का उत्सव ही मनाती है, मातम नहीं मनाती! इनके रूठने में या कलपने में भी एक लालित्य है जो स्त्री कविता की विशेषता है। भाषा से अठखेलियाँ करती चलती यह अलग-अलग मूड्स और शेड्स की कविता आधुनिक स्त्री-पाठक से भी तादात्म्य कायम करती चलती है क्योंकि अपने 'सुन्नमहल' या विराट एकान्त में भी यह उस अर्थ में अकेली नहीं जैसे और भक्त कवि हैं। सखियाँ, माई, जोगी, सास-ननद-देवर, वैद्य, चूड़ियाँ, कंथा, कजरा, घुँघरू, तराजू, कठौता आदि कई घरेलू उपादान और सम्बोधन अपने पूरे ठाठ के साथ एक नई अर्थ-व्याप्ति में यहाँ खिलते-खुलते हैं।

लगन माने लगन। जरूरी नहीं है कि यह ईश्वर की हो। पढ़ाई-लिखाई, ज्ञान, सेवा की लगन, दुनिया देखने-समझने की लगन–कोई भी लगन स्त्री के चित्त को लगे–कहर उस पर वे ही टूटते हैं जो मीरा पर टूटे थे। अपनी तमाम पुनरावृत्तियों

के बावजूद मीरा की कविता एक ठाठदार कविता है—सिर्फ अपनी सांगीतिक वैभव, सान्द्र भाव-संवेग और उच्छल गीतात्मकता के कारण ही नहीं, बल्कि उस प्यारी-सी हठधर्मिता के कारण भी जो सीमाएँ लाँघकर निस्सीम हो जाने का सुन्दर संकल्प साधे है।

लाओत्सु ने कहा था, पुरुष की शक्ति है चट्टान जैसी और स्त्री की जलधार जैसी गिरने दो जलधार चट्टान पर, चट्टान की सारी अकड़ दूर हो जाएगी। सारे संत, सारे समाज-सुधारक—बुद्ध, लोओत्सु, जीसस, रामकृष्ण, गांधी स्त्रियों के गुण की खान हैं। और मीरा जैसी स्त्रियों में पुरुषसम्मत साहस हैं। विशिष्ट पुरुषों-संतों-कलाकारों की पूरी दृष्टि मीरा की कविता की जलधार-दृष्टि है—यह बातें समझते हुए ही मीरा तक जाना चाहिए।

खुरपी-दराँती की टनकार भाषा : प्रेमचन्द की ये दलित नायिकाएँ

आपकी भाषा के मलबे में ढूँढ़ा–
मेरे मतलब का कोई शब्द, मिला नहीं!
चुपचाप सोचती रही देर तक–
लगता है, इस्तिरी का यह आधा-सुलगा कोयला ही
शब्द है मेरे काम का!
जिसको मैं नील में डुबाकर लिखती हूँ नम्बर कपड़ों के–
यही फिटकिरी मेरी भाषा का नमक बनेगी।
वर्णमाला मेरी माला नहीं आपके जप की।
शिव के डमरू से नहीं, फूटी,
भाषा मेरी फूटी है।
बाबा के जूतों की चरमर से!
मेरे साथी का जनेऊ है यह धागा
जिससे गुँथी धूप में सूखती है
मछलियों की यह लम्बी कतार।

यह जो कविता है–पूरी तरह से मेरी नहीं है। मैंने उर्मिला के साथ मिलकर लिखी है। ज्यादातर भाव-विचार उसी के हैं। उर्मिला मुहल्ले में कपड़े इस्तिरी करके घर-घर पहुँचानेवाली उन्नीस बरस की लड़की है। टूटी खटिया पर सीढ़ियों के दोग में लेटी-लेटी दुनिया भर की कहानियाँ-कविताएँ पढ़ती हैं। दलित स्त्रियों के भाषिक विन्यास में मेरी रुचि वैसे तो बचपन से थी, पर उर्मिला से गपशप करते हुए यह और परवान चढ़ी और प्रेमचन्द को विधिवत पढ़ते हुए मैंने सोचा कि क्यों नहीं उनकी मूलिया, गूँगी आदि दलित नायिकाओं के सन्दर्भ में बराबरी की भाषा का तर्ज टटोलूँ।

अर्से से मैं इस पर सोचती रही हूँ कि हमारे दो होंठ हैं। दोनों मिलते हैं, एक लय में गतिशील होते हैं तो भाषा बनती है। एक हिले, दूसरा स्पन्दित ही न हो

तो भाषा का सृजन असम्भव होगा। भाषा का सार है संवाद, भाषण नहीं! दोनों होंठों की अस्मिता बरकरार रखने का नाम है भाषा। भाषा अपनी पूर्णता में किसी तरह की एकांगिता बर्दाश्त नहीं करती, इसीलिए हर तरह की सम्पूर्ण एकांगिता के भास्वर विरोध का हथियार बनती है। भाषा को व्यक्ति के अधीनीकरण के सांस्कृतिक षड्यंत्र का हथियार जब-जब बनाया गया भाषा गवाह है कि उसे निरस्त करने के हथियार भी उसी से निकले। इसका एक बड़ा प्रमाण है खुरपी–दराँती-सी धारदार वह चमचम भाषा जो प्रेमचन्द की दलित नायिकाएँ पति से, दुमछल्ले प्रेमियों और साहूकार-जमींदार के, लम्पट बेटों से तड़ातड़ बोलती हैं। 'घासवाली' की मुलिया और 'ठाकुर का कुआँ' की गंगी में तो महाश्वेता जी द्रौपदी और हजारी प्रसाद जी निउनिया वाला तेज है ही, 'दूध का दाम' की भूँजी और 'सद्गति' की झुरिया भी अपने पतियों से खुलकर तर्क करती हैं। जैसे शेक्सपियर के नाटक गौण पात्रों की बातचीत से शुरू होते हैं, प्रेमचन्द की बहुतेरी कहानियाँ पति-पत्नी के अन्तरंग संवाद से! 'कफन' में प्रसव-पीड़ा से जूझती बुधिया खुद तो कुछ बोल नहीं पाती, पर उसका आर्त्तनाद पूरी कहानी की गुरुकिल्ली है यानी मास्टर-की!

'आग लगी हमरी झोपरिया में हम गावैं मल्हार वाला श्रमविचलन और अलगाव-बोध घीसू-माधो को जड़ीभूत करता है, पर बुधिया के हिस्से मल्हार कहाँ? मार्क्स ने एलियनेशन की बात की। जो भी मनोसामाजिक घटक हैं उस एलियनेशन के, वे तो बुधिया के लिए भी हैं पर उसके लिए भला कौन-सी अलाव और कैसी बैठकबाजियाँ। घरेलू बेगार, खेत की केरौनी-निमौनी और फिर यह दूसरी तरह का लेबर-लेबर-पेन–उसके हिस्से तो सब जस का तस है ही! मरणान्तक पीड़ा की वह अन्तिम चीख ही उसका भरतवाक्य है जिसमें दुनिया-भर की अनुगूँजें, प्राक्भाषिक सारी संवेदनाएँ और भाषा की गुम चोटें एक साथ सिहर उठी हैं! 'कफन' सिनेमेटोग्राफिक तकनीक की कहानी है और यहाँ बुधिया की चीख भी एक समुन्दर बन जाती है! इसी समुन्दर की उठती-गिरती लहरों के तट पर सीपियों की तरह दृश्य और संवाद पसरे हैं : झोपड़ी के सामने का अलाव, आलू, शराब की भट्ठी, छिटपुट स्मृतियाँ, फिकरें और महाभोज। जो गीत घीसू-माधो नशे में गाते हैं : 'ठगनी क्यों नैना झमकावै, ठगनी क्यों', उसमें ठगनी कौन है? मुझको तो लगता है–अपराध-बोध में कभी-कभी नैना झमका देने वाली यह ठगनी घीसू-माधो की अपनी ही आत्मिक कचोट है, कचोट कि इस कर्मनिष्ठ औरत ने तो हमारे लिए इतना किया, हम क्या कर पाए उसकी खातिर?

वाक्य के जो खंड होते हैं : उद्देश्य और विधेय उनमें पहले पर यानी उद्देश्य के स्थान पर पुरुष की और दूसरे यानी विधेय के स्थान पर स्त्री की उपस्थिति पिछले कई सौ वर्षों से हमारी मनीषा में दर्ज है! सत्ता जिसके हाथ में होती है,

जाहिर-सी बात है कि उद्देश्य स्थान पर वही होता है, कर्ता वही होता है, वक्ता भी, बाकी श्रोता होते हैं और मूक द्रष्टा! जिस तरह वक्ता का प्रमुख गुण भाषण है, श्रोता का प्रमुख गुण है मौन। 'महफिल उनकी, साकी उनका, आँखें अपनी, बाकी उनका' की स्थिति में स्त्रियाँ युगों से रही हैं। भारतीय सौन्दर्यशास्त्र स्त्री के धैर्य और सहिष्णुताधर्मी मौन का जो इतना माहात्म्य बखानता है, अकारण तो नहीं! एक बड़ी चुपचाप-सी सहमति सबके मन में इस बात को लेकर बैठ गई-सी दिखती है कि बोलती सिर्फ दूसरे-तीसरे दर्जे की स्त्रियाँ हैं क्योंकि बोलने की जरूरत ही सिर्फ उन्हें पड़ती है जिनकी रूमानियत हमारी रहस्यमयी चुप्पी का घेरा लोगों का ध्यान खींचने में समर्थ नहीं हो पाती यानी कि एक खास तरह की कमी, एक खास तरह की खोट, एक खास तरह की अतृप्ति जो Castration Complex से भी नीचे की चीज है, उन्हें बोलने को विवश करती है। पद्मिनी नायिकाओं को बोलने की क्या जरूरत! भट्टिनी को बोलने की क्या जरूरत। बोलती है गंगी की हिम्मतें–एक दिन ऐसा भी आएगा जब निउनियाएँ, प्रौढ़ाएँ, वेश्याएँ, विषकन्याएँ, रणचंडियाँ, दासियाँ और दलिताएँ जिन बेचारियों का बोले बिना काम ही नहीं चलता। और जो भाषा वे बोलती हैं–चटक, पुष्ट, जीवन्त और धारदार–उसके लोकजीवन अपनी पूरी ऊर्जस्विता और बाँकपन के साथ, अपने सब रंगों में सहज उजागर होता है, गाँव-घर की दलित भाभियों, चाचियों, बुआओं की गालियाँ, उलाहने, कहावतें, किस्से, गीत, पहेलियाँ और ताने भाषा से एक ऐसी जोरदार होली खेलते हैं कि 'धोबिनिया धोए आधी रात' का आलम हो जाता है। साहित्य के सिर इनकी इस रंग-रंगीली, दृष्टान्तबहुल, चित्रमय ठस्सेदार, ठेठ भाषा का ऋण बहुत बड़ा है।

एक तरह से देखा जाए तो बराबरी की भाषा यही है जहाँ किसी का डर काबिज नहीं है : पति का नहीं, जमींदार के बेटे का भी नहीं। क्योंकि यहाँ कुछ स्टेक पर नहीं है। बाइबिल की भाषा में कहें तो He that is down needs fear no fall 'मेरे पास है ही क्या जो तुम ले लोगे' वाली निस्संगता! सब कुछ खो चुकने के बाद पुरुषों में जगता होगा मार्क्सवादी या अस्तित्ववादी अलगाव-बोध, स्त्रियों में एक खास तरह की ताकत आ जाती है जिसे लोकजीवन चंडी-भाव या कालिका भवानी-भाव भी कहता है। लोकजीवन में व्याप्त रूपक और प्रतीक जातीय उपचेतन की अलग ही कथा कहते हैं। धर्मग्रन्थों का धर्मनिरपेक्ष पक्ष काफी रोचक हो सकता है। दुर्गापूजा का मौसम है, इसलिए दुर्गा सप्तशती के एक प्रसंग के सहारे बात समझी जा सकती है। पाँचवें अध्याय में शुंभ-निशुंभ जब किसी भी प्रकार नहीं मरते तो काली उन्हें घुटनों के बीच दबाकर मार देती हैं। कहते हैं, मर्दों की बुद्धि उनके घुटनों में होती है और वे तब तक घुटने नहीं टेकतीं यानी तब तक उनकी अक्ल

ठिकाने नहीं आती। जब तक औरतें अपनी मातृशक्ति जगाकर उनके प्रसव-काल दृश्य उजागर नहीं करतीं कि हो जिस खेत की मूली, वो खेत तो हमीं हैं, इन्हीं घुटनों के बीच से तुम्हारा नन्हा-सा सर उजागर हुआ था...और अब यह सर जरा ज्यादा ही तनने लगा है तो लो, ये रही तुम्हारी औकात...गोर्की की माँ की तरह तुम्हें हम फिर चेतन से जड़ बनाए देते हैं, जड़ीभूत होने की प्रक्रिया तो उस दिन ही शुरू हो गई थी जिस दिन तुमने पहला अन्याय किया था, अब लो, इस अन्तिम प्रतिघात में पूरा का पूरा जड़ हो लो। बरतन जब इतना टेढ़ा-मेढ़ा-इचका-पिचका हो जाता है कि ठठेरे की चोट से सीधा नहीं होता, भट्ठी में झोंककर गलाना और नए साँचे में उसे गढ़ना पड़ता है। स्त्री शक्ति यह समझती है, खासकर दलित स्त्रियाँ तो काली वाला यह तेज लेकर ही पैदा होती हैं।

बचपन से सड़क का यथार्थ देह पर, मन पर हुए वे कितनी दुर्घर्ष हो जाती हैं–इसकी हल्की झलक अनीता भारती के 'कथादेश' में प्रकाशित स्त्री-आख्यानों में साफ मिल जाएगी। महाश्वेता देवी, मैत्रेयी पुष्पा, टॉनी मौरिसन आदि अश्वेत स्त्री-लेखिकाओं के यहाँ भी मध्यवर्गीय और उच्चवर्गीय स्त्रियों का 'गुड गर्ल सिंड्रोम' इन्हें ज्यादा नहीं सताता, नहीं सताती सेंसर की कैंची और मुँह सीकर रहनेवाले सुई-धागे की प्रस्तावना। जो है, खुला है वहाँ–इसलिए भाषा में एक खास तरह की बिंदास ठसक है जो लोककथाओं, लोकगीतों को इतना दमादम कर गई है।

सबसे पहले 'ठाकुर का कुआँ' की गंगी की बात करते हैं! जोखू ने ज्यादा दुनिया देखी है सो वह जुआ-सा गया है। हकीकत की समझ उसे भरपूर है। यथार्थ से अनभिज्ञ नहीं कि ठाकुर के कुएँ से साफ पानी ला पाना एक टेढ़ी खीर है, फिर भी वह हिम्मत करती है और साहसिक अभियान पर निकल पड़ती है। यही अन्तर है दलित स्त्री-तत्त्व और पुरुष-तत्त्व में–स्त्रियाँ हार नहीं मानतीं! एक अगिनपाखी उनके भीतर होता है। जोखू को साफ पानी पिलाना है! ठाकुर का कुआँ ही साफ रह गया है तो जान हथेली पर रखकर भी वह जाएगी जरूर! जोखू समझाता है–

"हाथ-पाँव तुड़वा आएगी और कुछ न होगा। बैठ चुपके से! ब्राह्मण देवता आशीर्वाद देंगे, ठाकुर लाठी मारेंगे, साहूजी एक के पाँच लेंगे! गरीबों का दर्द कौन समझता है। हम तो मर जाते हैं तो कोई दुआर पर झाँकने नहीं आता, कन्धा देना तो बड़ी बात है। ऐसे लोग कुएँ से पानी भरने देंगे?"

गंगा पति का जवाब नहीं पाती, क्योंकि ये बातें कडुआ सच हैं, मगर बदबूदार पानी पीने भी नहीं देती उसे और रात के अँधेरे में छुपकर जरा-सा पानी निकाल लेने के अभियान में सारी गुरिल्ला तकनीकें इस्तेमाल कर लेती है। झाड़ियों के पीछे सही मौके की तलाश में छुपी हुई अपने भीतर एक महातर्क बुनती है जिसकी काट जोखू के पास क्या, दुनिया में किसी के पास नहीं होगी।

"हम क्यों नीच हैं...और ये लोग क्यों ऊँच हैं? इसलिए कि ये लोग गले में तागा डाल लेते हैं। चोरी ये करें, चाल-फरेब ये करें, झूठे मुकदमे ये करें! अभी इस ठाकुर ने तो उस दिन बेचारे गड़रिए की एक भेंड़ चुरा ली थी और बाद में मारकर खा गया। इन्हीं पंडितजी के घर में तो बारहों मास जुआ होता है। यही साहू जी तो घी में तेल मिलाकर बेचते हैं! काम करा लेते हैं मजूरी देते नानी मरती है।...हाँ, मुँह में हमसे ऊँचे हैं! कभी गाँव में आ जाती हूँ तो रसभरी आँखों से देखने लगते हैं! जैसे सबकी छाती पर साँप लोटने लगता है परन्तु घमंड यह है कि हम ऊँचे हैं।"

एक और महीनी प्रेमचन्द ने यह दिखाई कि गैर-दलित स्त्रियों के जीवन की अन्तरंग झाँकी भी कौशल से Juxtapose कर दी है। अपने को ऊँचे कुल-खानदान का मानने वाले पुरुष-पुंगव भी अपने घर की औरतों से कैसा व्यवहार करते हैं, कितनी घुटन और बेचैनी है उनकी स्त्रियों के मन में भी, यह इन दो गैर-दलित सखियों के वार्तालाप में प्रतिच्छायित है जो 'ठाकुर के कुएँ' पर पानी भरने आई हैं।

"खाना खाने चले और हुक्म हुआ कि ताजा पानी भर लाओ! घड़े के लिए पैसे नहीं हैं!"

"हम लोगों को आराम से बैठे देखकर जैसे मरदों को जलन होती है।"

"हाँ, यह तो न हुआ कि कलसिया उठाकर भर लाते। बस हुकुम चला दिया कि ताजा पानी लाओ, जैसे हम लौंडियाँ ही तो हैं।"

"लौंडिया नहीं हो तो क्या हो तुम? दस-पाँच रुपया छीन-झपटकर ले ही लेती हो! और लौंडियाँ कैसी होती हैं?"

"मत लजाओ दीदी! छिन-भर आराम करने को जी तरसकर रह जाता है! इतना काम किसी दूसरे के घर कर देती तो इससे कहीं आराम से रहती! ऊपर से वह अहसान मानता। यहाँ काम करते-करते मर जाओ, पर किसी का मुँह ही सीधा नहीं होता।"

सीधे मुँह बात न करने की यह कला गैर-दलित पुरुषों ने बखूबी साध रखी है। जोखू और महावीर जैसे दलित-पुरुषों में तो अपनी पत्नियों के लिए थोड़ा-भाव, सखा-भाव बचा भी हुआ है। जो बोलना है—साफ मुँह पर ही वे बोल देती हैं और इसीलिए शायद उनका पति-प्रेम भी बचा हुआ है कि उनका दाम्पत्य एक प्रजातांत्रिक ब्रीदिंग स्पेस उन्हें देता है—बोलने का, सारी मनाहियों के बावजूद अपनी मर्जी का कुछ कर लेने का! गंगी यदि दलित स्त्री नहीं होती तो मजाल थी उसकी कि पति-परमेश्वर की बात ठुकराकर घर से निकल पड़ती। अभी तो कुएँ में किसी मरे पशु का शव ही बदबू दे रहा है, गंगी के गैर-दलित होने की स्थिति में खुद गंगी की लाश कुएँ में पड़ी होती—पति काटकर फेंक देता उसे! पशु-बल तो पुरुष का

ज्यादा होता ही है। मरने के बाद चिड़ी क्या और चिड़ीमार क्या! शायद यही डर है गैर-दलित पनिहारिनों के मन में कि वे 'पति के खिलाफ' बुड-बुड तो करती हैं–कुएँ में पड़ी डोल की तरह–पर कूपमंडूकता की दमघोंटू स्थिति से बाहर आ जाने का रास्ता नहीं पातीं! कुएँ का मेढक और क्या होता है! और क्या होता है मेढकी का जुकाम–'ठाकुर का कुआँ' बोधदेव के कुएँ के पाट की तरह ये ही जगजाहिर करता है कि 'करत-करत अभ्यास ते जड़मति होत सुजान/लकड़ी आवत जात ते सिल पर परत निसान।' एक बार हिम्मत तो कीजिए, गंगी की हिम्मत–एक दिन ऐसा भी आएगा जब उसका चेहरा बाघ बन नहीं डराएगा! वैसे, गरीबी तो खुद बाघ है, मगर फिर भी हम ये कैसे भूलें कि एक कुआँ वह भी तो था जहाँ लोककथा का खरहा शेर को लिये गया था कि देखो, अपनी परछाईं और झपटो अपनी ही तरफ! हर थीसिस में एंटीथीसिस की सम्भावना सन्निहित तो होती है न–इसी विश्वास पर साहित्य टिका हुआ है। और इसी पर टिका है गांधीवादी हृदय-परिवर्तन का सिद्धान्त जिसका आसरा प्रेमचन्द को भी था और स्त्री-आन्दोलन को भी है।

कम-से-कम अन्तर्वैयक्तिक सम्बन्धों में अहिंसक तेज का गांधीवादी जादू प्रेमचन्द भी अक्सर ही चलाते हैं! 'घासवाली' कहानी इसका प्रत्यक्ष उदाहरण है! घासवाली मुलिया पढ़ी-लिखी नहीं है पर लोकप्रज्ञा और प्राकृतिक विवेक उतनी ही सहजता से उसके पूरे वजूद पर एक हरी छाँव किए है जैसे कि घास पठार पर! उसका रोम-रोम चेतना की हरीतिमा से भीगा है और उसकी जिह्वा दो तरह की भूमिकाएँ निभाती है–खुरपी की भूमिका और समस्त हरीतिमा के साथ मुसका देने वाली टोकरी की भूमिका भी! कहाँ खुरपी चलानी है, कहाँ शस्यश्यामला बना रहना है–इसके निर्णय का विवेक उसे है! चैन सिंह प्रणय निवेदन करने आते हैं तो उसकी पहली प्रतिक्रिया है क्रोध! अकबकाहट और बेबसी में छलके आँसू और घर में ही खुद को सुरक्षित महसूस करने की टिपिकल प्रवृत्ति! पर सास के ताने और गृहस्थी चलाने लायक पैसे की जरूरत उसे फटकारकर जब दुबारा खुले आकाश के नीचे ले आते हैं, उसमें क्रमिक तेज का विकास होता है और अकाट्य तर्क पूरी तेजस्विता से वह चैन सिंह के आगे रखती है :

"फिर भी अगर मेरा आदमी तुम्हारी औरत से इसी तरह बातें करता तो तुम्हें कैसा लगता? क्या समझते हो कि महावीर चमार है तो उसकी देह में लहू नहीं है! क्या घाट के किनारे मुझसे सुन्दर औरतें नहीं घूमा करतीं?...मुझसे दया माँगते हो, इसलिए कि मैं चमारिन हूँ, नीच जाति हूँ और नीच जाति की औरत जरा-सी घुमड़ी-धमकी या जरा-से लालच से तुम्हारी मुट्ठी में आ जाऊँगी! कितना सस्ता सौदा है!"

इस लानत-मलानत के बाद दूसरा तर्क वह देती है सातत्य का कि प्रेम वह जो देहिक आकर्षण के पार जाता है और ऐसा प्रेम दलित या गरीब ही कर सकता है–

"मुझे किसी बड़े घर का नाम बता दो जिसमें कोई साईस, कोई कोचवान और कोई कहार, कोई पंडा, कोई महाराज न घुसा बैठा हो? यह सब बड़े घरों की लीला है! और वे औरतें जो कुछ करती हैं, ठीक करती हैं! उनके घरवाले भी तो चमारिनों और कहारिनों पर जान देते फिरते हैं। लेना-देना बराबर हो जाता है। बेचारे गरीब आदमियों के लिए ये बातें कहाँ? मेरे आदमी के लिए संसार में जो कुछ हूँ, मैं हूँ! वह किसी दूसरी महरिया की ओर आँख उठाकर भी नहीं देखता। संयोग की बात है कि मैं तनिक सुन्दर हूँ, लेकिन मैं काली-कलूटी भी होती तब भी वह मुझे इसी तरह रखता। इसका मुझे विश्वास है। मैं चमारिन होकर भी इतनी नीच नहीं हूँ कि विश्वास का बदला खोट से दूँ!"

लेकिन अन्त में वह एक बात और कहती है जो अपने आप में क्रान्तिकारी है और इस आशय से तर्क अन्य कहानियों में प्रेमचन्द की नायिकाएँ रखती रही हैं : "हाँ, वह अपने मन की करने लगे, मेरी छाती पर मूँग दलने लगे तो मैं भी उसकी छाती पर मूँग दलूँगी!"

जैसे को तैसा–यह दर्शन कहीं से गांधीवादी नहीं है। अन्तरंग सम्बन्धों के मुतल्लिक यह प्रेमचन्द की अपनी निजी स्थापना है कि ताली बजती है दोनों हाथों से! एक हाथ से केवल थप्पड़ बज सकता है।

मुलिया के लिए ही नहीं, अधिकांश स्त्रियों की खातिर देह गर्दन में बँधी हुई फट्टी है। उनकी हर तरह की दुर्गति का साइट–मार-पीट, गाली-गलौज, बेगार, बलात्कार, यौन शोषण, डायन-दहन, दहेज-दहन, पोर्नोग्राफी, स्नेहशून्य यांत्रिक दाम्पत्य वगैरह। सब झेलती तो है देह ही! स्त्री पुरुष की ओर अलग-अलग कारणों से खिंचती है–किसी का बुद्धिवैभव, किसी का धीरोदात्त चरित्र, किसी की भावनात्मक सान्द्रता, किसी की क्रान्तिकारिता और परदुख कातरता, किसी की कलाकारिता–स्त्री-चित्त को दूर तक प्रभावित कर सकते हैं–पर पुरुषों को जब दीखती है, उसकी बस देह दीखती है। स्त्री का बुद्धि-पक्ष और भावपक्ष तो बस उँगली पकड़कर पौहुँचा पकड़ने के बहाने भर हैं। ऐसे में स्त्री को अपनी देह गर्दन से बँधी ढोल न लगे तो क्या लगे। एक खास तरह की ऊब और वितृष्णा और खास तरह की देह-सजगता यानी देह को लेकर आत्म-गौरव का मिला-जुला भाव हर स्त्री के मन में रहता है तो मुलिया के मन में भी है। बेमन से सही, पैसे की कमी के चलते ही सही–पर कचहरी के घास-बाजार में एक मोहर की तरह वह देह की झिलमिली का और सरस हास-परिहास का सजग इस्तेमाल करती तो है जो चैन सिंह को खटकता है और चूँकि अब तक इसका प्रेम दैहिक आकर्षण की

झिलमिली-मात्र नहीं रहा, एक उदात्ततर सखा-भाव में बदल गया है–'उसने कहा था' के लहना सिंह की तत्परता से वह मुलिया के पति को अपने यहाँ रोजगार देकर बाजार में मुलिया की देह के अवमूल्यन का स्कोप जड़ से कुतर देता है और उससे भी बड़ी बात यह कि महावीर को ताकीद करता है कि वह मुलिया को अपने सेवियर होने का किस्सा बताए भी नहीं। पर मुलिया और महावीर में प्रेम सच्चा है, वहाँ कोई पर्दादारी नहीं है, इसलिए महावीर मुलिया से कुछ नहीं छुपाता और मुलिया जो इस बार खेत पर चैन सिंह से मिलने आती है तो उनकी बातचीत की इंटेंसिटी वही है जो साथ काम करनेवाले या साथ पढ़ने वाले आधुनिक लड़के-लड़कियों की होती है–एक प्रजातांत्रिक स्पेस है वहाँ, कहीं कोई दबाव नहीं है, कोई किसी को छल नहीं रहा, कोई किसी पर हावी नहीं, पारस्परिक सम्मान है दोनों के बीच और एक गम्भीर अनुराग। सच्ची बराबरी और आपसदारी की भाषा अगर कहीं बनती है तो शायद इसी स्पेस में बनेगी–हरी दूब की तरह उगती हुई–'दोनों ही क्षण भर चुप रहे। किसी को कोई बात न सूझती थी! एकाएक मुलिया ने मुस्कराकर कहा–"यहाँ तुमने मेरी बाँह पकड़ी थी।"

चैन सिंह ने लज्जित होकर कहा–"उसको भूल जाओ, मूला। मुझ पर न जाने कौन-सा भूत सवार था।"

मुलिया गद्गद् कंठ से बोली–"उसे क्यों भूल जाऊँ। उसी बाँह गहे की लाज तो निभा रहे हो! गरीबी आदमी से जो चाहे सो करावे। तुमने मुझे बचा लिया।" फिर दोनों चुप हो गए।

एक दिन यही चुप्पी सयानी होगी और लोगों को बुद्ध की करुणा का मर्म समझ में आएगा। इस तरह की दोस्ताना आपसदारी नैतिक-अनैतिक के घेरे से ऊपर होती है। किसी से प्रेम करने का मतलब उसकी डालियाँ छाँटकर उसे गमले का नन्हा बोन्जाई बना देना हरगिज नहीं होता। एक के बहाने सारी दुनिया से प्रेम करता है आदमी जैसा कि चैन सिंह करने लगा। मातहत मजदूरों, आसामियों के प्रति भी उसके मन में, आचरण में ऐसी स्थायी मसृणता घिर आई जैसे मुलिया के लिए। और यह सारा कमाल अन्ततः मुलिया के भाषिक तेज का ही तो था।

औरत को सिर्फ एक लदा हुआ गर्भ और मर्द की पूँछ भर समझना एक तरह का तालिबानीकरण है। इसलिए भी कि उसमें स्त्री-पुरुष (दलित स्त्री गैर-दलित पुरुष या दलित पुरुष-गैर दलित स्त्री) के ऐसे समस्त दोस्ताना रिश्तों की सम्भावना खत्म हो जाती है और समाज उसी तरह के तंबुओं में बँटकर रह जाता है जिससे ज्योतिबा फुले और अम्बेडकर ने भी अपनी असहमतियाँ व्यक्त की हैं। एक दमन-चक्र का जवाब दूसरा दमन-चक्र होना तो नहीं चाहिए। इस बात से भला किसको इनकार होगा कि दलित स्त्रियाँ दोहरे दोहन का शिकार रही हैं। दूसरों का

बच्चा पालने को मजबूर पतियों की उजलत और परेशानी समझ में आने लायक है लेकिन सिर्फ दलित पतियों की यह पीड़ा हो–ऐसा नहीं है। इसका विलोम भी सच है–पूरब में ही नहीं, पश्चिम में भी Mama's Baby, Papa's may be—'प्रेम न जाने जात-कुजात, भूख न जाने रोटी-भात।' और यदि कहीं प्रेमविरत यौन-शोषण का सिलसिला है तो अपनी संघशक्ति से स्त्रियाँ इससे खुद ही निबट लेंगी। दलित पुरुष मुलिया के प्रति, महावीर की सदाशयता और धीरोदात्त नायकों के धीरज से साथ खड़े भर रहें। स्त्रियाँ समझ रही हैं 'अप्पदीपोभव' का मर्म, उन्हें साथियों की जरूरत है, डिक्टेटरों की नहीं।

रिल्के का स्त्री-पक्ष

मनोशास्त्री नैंसी शोदरो का हाल ही में प्रकाशित एक शोधपत्र पढ़ते हुए एकदम से रिल्के की याद आई। नैंसी शोदरो आदि विख्यात मनोवैज्ञानिकों की मान्यता है कि कवि-कलाकार और संस्कृतिकर्मी मूलतः स्त्री-मना होते हैं। आम आदमी से ज्यादा बेसँभाल और अदम्य होती है उनकी जिजीविषा, इसलिए लीक पर चल पाना उनके लिए सम्भव नहीं होता, भटकनें उनकी अनन्त होती हैं और माँ के मन की सी बेचैनी में वे लोगों से जुड़ते हैं।

साहित्यकारों, कलाकारों और संस्कृतिकर्मियों की जीवनियाँ या किसी भी कालखंड का सांस्कृतिक इतिहास गौर से पढ़नेवाला हर व्यक्ति इस बात से सहमत होगा कि उनमें माँ के मन की सी बेचैनी होती है। ममता, करुणा, परदुखकातरता आदि उदात्त भाव उनको स्त्री मन के करीब करते हैं, लेकिन यह मातृभाव खासे आराम से शिशुभाव में परिवर्तित हो जाता है जब वे सचमुच की स्त्रियों का साथ गहते हैं। तब उनका 'दाता' भाव आराम से 'गृहीता' बन जाता है। आँचल की छाया में सो जाने की विह्वलता सी घिर आती है। अभिभावकत्व तिरोहित हो जाता है 'भावकत्व' से। बाकी रह जाता है व्याकुल शिशुभाव–खासा डिमांडिंग, जिद्दी पर भोला-सा निर्विष-निरीह।

मनोविश्लेषणात्मक स्त्रीवाद का सारा झगड़ा ही फ्रॉयड के इस मूल सिद्धान्त से है कि शिश्नबोध होते ही 'प्राक्इडीपीय' अवस्था का आत्यान्तिक मातृमोह पुरुषों को शर्मनाक लगने लगता है। आत्यान्तिक मातृमोह से सायास मुक्ति की कठिन प्रक्रिया की ही देन है सामाजिकता, अनुशासनप्रियता और 'कड़े फैसले ले सकने की क्षमता' आदि गुण, जिनसे 'पुरुषार्थ' को एकाकार किया जाता है। स्त्रियों को इस प्रक्रिया से गुजरना नहीं पड़ता इसलिए वे कम अनुशासित, कम सामाजिक, 'कोमल और कमजोर' रह जाती हैं।

शोदरो ने लाखों स्त्रियों की मातृमूलक संवेदनाओं के सूक्ष्म अध्ययन के बाद इस पूरी प्रक्रिया की स्त्रीवादी व्याख्या कुछ इस तरह की है : स्त्रियों को माँ से अलग अपना व्यक्तित्व 'प्रोजेक्ट' करने की जरूरत नहीं होती। (शारीरिक तादात्म्य-बोध

के कारण) तो इसका प्रभाव उनके व्यक्तित्व पर अच्छा ही पड़ता है। जिनसे भी उनका जुड़ाव होता है, पूरा होता है। किसी तरह के भावनात्मक स्खलन का शिकार वे जल्दी नहीं होतीं। हाँ, समर्पित और विलीन होने की उनकी यह क्षमता कई बार उनकी स्वतंत्र अस्मिता के विकास में बाधक हो जाती है।

कवि-कलाकारों के जीवन की 'शुभागताओं' की चर्चा के क्रम में सबसे पहले रिल्के के जीवन का स्त्री-पक्ष उकेरने का मन होता है। रिल्के की माँ अच्छी कविताएँ लिखती थीं, पर उनकी कविताओं को समीक्षक खासे मर्दवादी मिले। 'द नोट बुक्स ऑफ मॉल्टे लॉरिद ब्रिग' नामक अपने उपन्यास में रिल्के ने खिन्नमना कलाकार-माँ की एक बंकिम सी तस्वीर खींची है।

औरतों के फैशनेबल वस्त्र-विधान की जानकारी भी रिल्के को अपनी माँ से मिली थी। उनकी कविताओं में तरह-तरह के स्त्री-परिधान आते हैं—वह लेस और चुन्नट, क्रोशिए और टाइटिंग, स्मोकिंग, झालर वगैरह से पटी पड़ी है। रिल्के के जन्म के एक साल पहले ही उनकी माँ ने एक बेटी खोई थी। इसकी क्षतिपूर्ति उन्होंने रिल्के को सुन्दर-सुन्दर ट्यूनिक और लड़कियों के दूसरे कपड़े पहनाकर की। खेलने को भी उन्हें गुड़िया,.किचेन-सेट जैसे लड़कियों वाले खिलौने मिले। इसका जिक्र बड़े गौरव से बाद के वर्षों में रिल्के करते थे। 'सहेलियाँ' भी उनकी बहुतेरी थीं। रूस की अपनी सहेलियों को तो उन्होंने चौंका दिया था—वे हर जगह रूसी किसानिनों का स्लाविक ब्लाउज पहनकर चले जाते थे।

भारत में भी जयदेव के कृष्ण राधा के परिधान में बखूबी चित्रित हैं। रामकृष्ण परमहंस स्त्रियों के कपड़े ही पहना करते थे बचपन में। रिल्के का भी क्या वही भाव होगा जो उनका था? यह तो नहीं जानती, पर प्राग, बर्लिन, पेरिस और मॉस्को जहाँ-जहाँ वे रहे, महिला-मित्रों, प्रशंसकों और प्रेमिकाओं से उनकी अच्छी पटी।

वस्त्र-विन्यास के अतिरिक्त घरों, महलों, गिरिजाघरों की आन्तरिक साज-सज्जा में भी रिल्के की गहरी रुचि थी। उनकी तरह उनकी कविता के भी सहोदर कलाओं (सिब्लिंग आर्ट्स) से गहरे सरोकार हैं। संगीत, चित्रकला, स्थापत्य और वास्तुशिल्प के सारे आधुनिकतावादी संकल्पों (सतहों और रंगों के सूक्ष्म संघात आदि) का जायजा उनकी कविता में मिल जाता है, और इसका श्रेय बहुत हद तक जाता है उनकी कलाकार महिला-मित्रों को।

रिल्के ने कलाकार की कल्पना एक मेहनतकश मजदूर के रूप में की तो रोदां, सेजां, वान गॉग और अपनी कलाकार महिला-मित्रों के सान्निध्य में। सामान्य लोगों और तिरस्कृत चीजों के अन्तर्जगत का ठोस बिम्बों में प्रकाशन, 'लैंडस्केप' के बरक्स 'इनस्केप' खड़ा करने का सुन्दर जतन भी उन्होंने अपनी जर्मन कलाकार पत्नी क्लारा वेस्टाफ और उसकी अभिन्न वास्तुशिल्पी सहेली पॉला मोडरशॉ बेकर

से ही सीखा। जचगी में पॉला की असामयिक मृत्यु पर उनकी लम्बी कविता 'ए रिक्वीम टु ए फ्रेंड' पढ़ने लायक है।

रिल्के की पहली पत्नी मनोचिकित्सक थीं। नाम था लुई ऐंद्रेआस सालोमी। मनोविश्लेषक थीं लुई और एक बड़ी दार्शनिक। अपनी आत्मकथा 'लुकिंग बैक' में लुई ने अपनी अस्मिता के संघर्ष की गाथा सामान्यीकृत मनोवैज्ञानिक सन्दर्भ से शुरू की थी, 'हमारा पहला यादगार अनुभव कुछ खो देने का ही होता है। जन्म भी मूलतः वियोग है—अलगाव खालीपन और चेतनागत द्वैत की पहली अनुभूति।'

मनोविश्लेषण के प्रशिक्षण से पहले अस्मिता-निर्मिति की जटिल प्रक्रिया लुई ने आध्यात्मिक संकट के रूप में देखी थी और उसकी पहली पुस्तक का नाम था—'इन द स्ट्रगल फॉर गॉड'। इसी के प्रभाव में रिल्के ने अपने मनोवैज्ञानिक विकास को आध्यात्मिक संकट के रूप में देखा। लुई की केन्द्रीय स्थापना का काव्यात्मक पल्लवन है रिल्के का रचनात्मक वितान-केन्द्र और परिधि, सजग और सुषुप्त, डिब्बा और सामान, जड़ें और डालियाँ, प्रकाश और अँधेरा, सतह और गहराई आदि द्वैतों की चिनगारियाँ छोड़ता संघात।

रिल्के ने रूस की दो यात्राएँ लुई के साथ कीं। एक 1899 में, दूसरी 1900 में। और 'द बुक ऑफ आवर्स' के तीन खंड क्रमशः 1899, 1901 और 1903 में प्रकाशित हुए। ईश्वर यहाँ बस एक रूपक ही है—आत्मसंधान का। सृष्टि और अस्मिता की आन्तरिक निर्मिति की पहली गैर-रहस्यवादी व्याख्या है यह। इसकी एक-एक प्रार्थना अलग-अलग भिक्षुओं के अन्तर्संघर्ष का प्रकाशन है—और एक ऐसे युग के अन्तर्संघर्ष का वाहक, जहाँ ईश्वर एक बच्चे-सा मेज के नीचे दुबका है, उसकी शक्ति छीज गई है, उसे नए रूप में बड़ा करना है—धर्मनिरपेक्ष रूप में एक सजग माँ की तरह—हम सबको। रिल्के से ही शब्द उधार लेकर कहें तो एक बीमार पड़ोसी है ईश्वर :

'ए भाई ईश्वर, मेरे पड़ोसी/माफ करना, तुम्हें रात-बिरात/कुंडी खटकाकर उठाता हूँ/तोड़ देता हूँ मैं नींद तुम्हारी/इस चिन्ता में कि/कोई आहट ही आती नहीं कभी तुम्हारे घर से/साँसों की आहट भी नहीं/निपट अकेले रहते हो/कोई जरूरत होगी जो तुम्हें/कोई नहीं तुम्हारे पास/तुम्हारे टटोलते हुए हाथों को/पानी की लुटिया पकड़ाने की खातिर।'

रिल्के को अक्सर 'औरतों की मेज का कवि' कहा जाता है। बाहरी संघर्षों का आभ्यन्तरीकरण उनकी प्रिय तकनीक है। उनका एकान्त भी एक भरा-पूरा एकान्त है—सारी दुनिया के वंचित-उपेक्षित विफल जन वहाँ अपना रैनबसेरा पा जाते हैं। यह एकान्त रात ढाई-तीन बजे के रेलवे प्लेटफॉर्म का एकान्त है। यहाँ सब गुड़ीमुड़ी होकर, गठरी पर सिर रखकर सोए तो हैं, पर सुबह जगकर नई दिशा की एक गाड़ी

पकड़ने की उम्मीद उनमें सोई नहीं है। नींद है लेकिन इस नींद में सपने हैं, संघर्ष की तबोताब है। रिल्के के 'सॉनेट्स टु ऑरफियस' की शुरुआत जिस अप्रतिम बिम्ब से हुई थी, उसके अर्थसंकेत दूर तक हमारे साथ चल सकते हैं। भौतिक और आधिभौतिक, धरती और आकाश, जीवन और मृत्यु के बीच किसी चकाचौंध की तरह झलका था यह बिम्ब, जब आविन्यों के आसपास रोम कब्रिस्तान का शिल्प परखते हुए रिल्के घूम रहे थे। पुरानी कब्रों के ऊपर उगे झाड़-झंखाड़ के बीच से एकदम अचानक ही तितलियों का एक झुंड उड़ा और काँप उठे रिल्के : 'सामान्य' और 'जादुई' की एकान्विति से। बाद में यह दृश्यानुभूति 'सॉनेट्स ऑफ ऑरफियस' के दूसरे खंड की तेरहवीं पंक्ति के रूप में यों चटखी :

यह ठहरा क्षय का साम्राज्य, क्षय के बीच से कहीं
चट से चटकता है जादुई शीशा-एकदम से बेआवाज।

हम 'पुरबिया' औरतें और 'हमारा' स्त्री-विमर्श

वैयक्तिक यातनाओं का सामाजिक संदर्भन उनके प्रतिकार का एक आजमाया हुआ अस्त्र है। तकलीफ खतरनाक चीज होती है। उससे यह उम्मीद नहीं करनी चाहिए कि वह अनंत काल तक अँधेरे कोनों में मुँह लपेटे पड़ी रहेगी! न्यूटन ने गति का जो तीसरा नियम दिया, वह प्रगति पर भी उतना ही लागू है, जितना सामान्य गति पर! आदमी का स्प्रिंग-तत्त्व उसे एक सीमा के बाद दबने नहीं देता; और जितनी जोर से स्प्रिंग दबता है, उतनी जोर से उछलता भी है। पर स्त्रीवाद को उछल-कूद के निरे प्रतिक्रियावाद से जोड़कर देखना भी एक गहन राजनीतिक षड्यंत्र है जिससे हम आज तक उबर नहीं पाए! जिन मुद्दों पर बहुत बहस हो चुकी हो और जिनके बारे में हर व्यक्ति एक अलग राय रखता हो, उनके बारे में नए सिरे से बात करना आसान नहीं होता। ऋग्वेद के आचार्य यह समझते होंगे, तभी उन्होंने 'मूल क्या है' बताने से पहले 'मूल क्या नहीं है' बताने की खूबसूरत परम्परा शुरू की! 'क्या नहीं था' ही 'क्या था' तक पहुँचने की राह बना : 'नासदासीन्नो सदासीतदानी नासीद्रजो नो व्योमा परोयत्। किमावरीयः कुह कस्य शर्मन्नम्भः किमासीदहनंगंभीरस्' आदि (असत् नहीं था, सत् भी नहीं था; रज नहीं था, न ही उसके पार का आकाश था। क्या ऊँचा और क्या नीचा था? गहन गंभीर पानी कहाँ था? और ब्रह्मांड कहाँ था? मृत्यु नहीं थी; अमरत्व भी नहीं था; न तो रात का कोई चिन्ह था, न दिन का। अपनी आन्तरिक शक्ति से परमेश्वर ने वायुहीन निःश्वास लिया, उससे परे और कुछ भी नहीं था, आदि) इसी सृष्टि सूक्त से प्रेरणा लेकर 'स्त्री-आन्दोलन की मूल मान्यताएँ और आदर्श क्या हैं' पर आने के पहले मैं इसके बारे में जो बद्धमूल भ्रांतियाँ फैली हैं या फैलाई गई हैं, उनकी चर्चा करना चाहूँगी। 'यह क्या है' के पहले 'यह क्या नहीं है!'–'चुनने' के पहले 'फटकना'–यही हमें सिखाया भी तो गया है! इस क्रम में सबसे पहले यह कि–स्त्री-आन्दोलन, प्रतिशोध-पीड़ित नहीं है। ड्रैकुला जिन स्त्रियों का खून पीता था, वे स्त्रियाँ जब ड्रैकुला बनती थीं तो वे मूल ड्रैकुला से ज्यादा खूँखार हो जाती थीं। स्त्री की अगाध शक्ति के प्रति पुरुषों का यह प्रच्छन्न भय ही 'माया महाठगिनी' आदि सारे गढ़न्त रचता रहा है, पर अब समय आ गया

है कि अच्छी तरह समझ लिया जाए—स्त्री-आन्दोलन की समर्थक मानवियाँ हैं, मादा ड्रैकुलाएँ नहीं! इन्हें न्याय चाहिए पर वे जानती हैं कि अन्याय का प्रतिकार अन्याय नहीं है, एक दमन-चक्र का जवाब दूसरा दमन-चक्र नहीं।

स्त्री-आन्दोलन की समर्थक स्त्रियाँ पुरुष नहीं बनना चाहतीं। ब्रा ब्रनिंग आदि एकाध आवेशमूलक घटनाओं के साक्ष्य से यह नहीं समझना चाहिए कि ये स्त्रियाँ अपनी विशिष्ट दैहिक, मानसिक और भाषिक संरचना पर गर्व नहीं करतीं। जो प्राकृतिक विशिष्टताएँ हैं, शर्मनाक वे नहीं, शर्मनाक आरोपित सामाजिक मानदंड हैं जो दोहरे हैं और जिन पर पुनर्विचार होना ही चाहिए ताकि विकास के अवसर सबको समान मिल सकें।

स्त्री और पुरुष की लड़ाई का व्याकरण सामन्तों और आसामियों, पूँजीपतियों और मजदूरों, औपनिवेश ताकतों और शोषितों के बीच की लड़ाई के व्याकरण से अलग है। स्त्री और पुरुष के बीच की यह लड़ाई दो वर्गों, दो नस्लों, दो जातियों, दो दलों, दो राष्ट्रों के बीच की लड़ाइयों से तुलनीय नहीं। संपन्न और विपन्न, ऊँच और नीच, शासक और शासित, गोरे और काले के बीच जो जंग छिड़ी है, उनमें प्रतिपक्षियों के हित-निकाय अलग-अलग हैं, इसलिए हार और जीत वहाँ एक अलग ही मायने रखती है। लेकिन स्त्री और पुरुष के बीच की लड़ाई में दो पीढ़ियों के बीच की लड़ाई की तरह हित-निकाय अलग-अलग नहीं होते। दोनों का हित-निकाय एक ही होता है—परिवार। यह अच्छा है कि बुरा—मैं नहीं जानती, पर मानवता की इतनी लंबी यात्रा के बावजूद, कम-से-कम तीसरी दुनिया के देशों में, सामाजिक व्यवस्था की मूल इकाई अभी तक स्त्री और पुरुष दोनों के लिए, उनका परिवार ही है जिसमें कम-से-कम उनके बच्चे तो शामिल हैं ही। उनके हित-निकाय से बहुत अलग उनका कोई स्वतंत्र हित-निकाय हो, ऐसा प्रायः नहीं देखा जाता। इसलिए हार क्या? और जीत क्या? एक के मान में दूसरे का मान समझना दोनों के हित में है, क्योंकि इससे जिस सौहार्दपूर्ण वातावरण की सृष्टि होती है, उसका सबसे बड़ा लाभ उनके बच्चों को होता है, जो दोनों की अमूल्य निधि है। कुल मिलाकर पीढ़ियों के विद्वेष की तरह यह एक ऐसी लड़ाई है जिसमें सत्ता का हस्तांतरण उतना महत्त्वपूर्ण मुद्दा नहीं जितना दृष्टियों और व्यक्तियों का शांतिपूर्ण सह-अस्तित्व और सामंजस्य।

स्त्री-आन्दोलन पितृसत्तात्मक समाज में पल रहे स्त्री-सम्बन्धी पूर्वाग्रहों से पुरुषों की क्रमिक मुक्ति को असम्भव नहीं मानता। दोषी पुरुष नहीं, वह पितृसत्तात्मक व्यवस्था है जो जन्म से लेकर मृत्यु तक पुरुषों को लगातार एक ही पाठ पढ़ाती है कि स्त्रियाँ उनसे हीनतर हैं, उनके भोग का साधन-मात्र। आन्दोलन की सार्थकता इसमें है कि वहाँ-वहाँ उँगली रखें जहाँ-जहाँ मानदंड दोहरे हैं; विरूपण,

प्रक्षेपण, विलोपन (डिस्टॉर्शन, प्रोजेक्शन, एबोलिशन) के तिहरे षड्यंत्र स्त्री के खिलाफ लगातार कारगर हैं जिनसे निस्तार मिलना ही चाहिए और सारा संघर्ष इसी बात का है।

स्त्री-आन्दोलन धनी महिलाओं का कोरा वाग्विलास और 'न्यूज में बने रहने' की उनकी साजिश नहीं है। ग्रासरूट स्तर तक इसका विस्तार है और हर वर्ग, हर नस्ल तक सार्वभौम भगिनीवाद का मूलमंत्र पहुँचाने में यह सफल भी हुआ है क्योंकि वर्ग, नस्ल या देश कोई भी हो, स्त्रियों की भावनात्मक, मनोवैज्ञानिक, नैतिक, भाषिक और अस्मिता-सम्बन्धी समस्याएँ प्रायः एक-सी हैं जिन्हें फ्रेंच मनोवैज्ञानिकों ने बखूबी समझा है। स्त्रियों का यह आपसी सखी-भाव ही सामान्य संकटों की उस उदात्त साझेदारी का नाम है जिसे स्त्री-आन्दोलन कहते हैं और जिसकी मूल प्रपत्तियाँ ये हैं–

1. व्यक्ति-सत्य ही समष्टि-सत्य है, इसलिए 'पर्सनल इज पॉलिटिकल'।
2. 'समता, स्वतंत्रता और भाईचारा'–ये सारे प्रजातांत्रिक मूल स्त्रियों की दृष्टि से नए मूल्यांकन की अपेक्षा रखते हैं।
3. सारे आर्ष-ग्रंथ, क्लैसिक्स, रीति-रिवाज, शास्त्रीय और लोक-कला के स्तम्भ, साहित्य, दर्शन, इतिहास, मिथक, अर्थशास्त्र, यहाँ तक कि भूगोल आदि की वे मान्यताएँ भी–जो स्त्री के शोषण को प्रकृति/पर्यावरण-दोहन के समकक्ष देखती हैं और बहुत कारगर ढंग से–नए मूल्यांकन की अपेक्षा रखती हैं।
4. विज्ञान, नृशास्त्र और मनोविज्ञान-सम्बन्धी नए अन्वेषण जो तथ्य सामने रखते हैं, उनसे स्त्री-आन्दोलन को बहुत बल मिलता है। इनमें कुछ महत्त्वपूर्ण तथ्यों की चर्चा यहाँ समीचीन होगी–

स्त्रियों की अपनी स्वतंत्र यौन-इयत्ता है जो किसी 'कैस्ट्रेशन कॉम्प्लेक्स' से पीड़ित नहीं और यौन-सुख के लिए पुरुषों की मुखापेक्षी भी नहीं। क्लाइटोरिस नामक इनका अंग-विशेष बहुत-सारे ऐसे स्नायुतंत्रों की सिद्ध-पीठिका है जो इसे शिश्न से भी अधिक संवेदनशील और तृप्तिमुखी बनाता है। इसलिए यह मानना कि स्त्री सिर्फ 'पैसिव पार्टनर' और 'लदा हुआ गर्भ' है–सिरे से गलत है। यौन-सुख हो, सत्ता-सुख हो, किसी नैतिक आध्यात्मिक तृप्ति का बिंदु हो–स्त्रियों का पुरुषों पर अवलंबन बस उतना ही है, जितना पुरुषों का स्त्रियों पर। पर दोनों अलग-अलग भी अपने आप में पूर्ण और आत्मनिर्भर रहें–यह असम्भव नहीं। पूरा 'लेस्बियन कल्ट' इसका ज्वलंत उदाहरण है। यहाँ यह स्पष्ट कर देना भी बहुत जरूरी होगा कि 'लेस्बियनिज्म' अपने मूल अर्थ में दैहिक तादात्म्य से कहीं ऊपर की चीज है। एंड्रीन रिच इसे 'लेस्बियन कॉन्टिन्यूअम' (सखी-भाव परिविस्तार) के रूप में देखती

हुई, इसका सम्बन्ध विश्व भर की महिलाओं के अन्तश्चेतनागत साहचर्य से जोड़ती है और मानती है कि विश्व भर में उनकी समस्याएँ प्रायः एक-सी हैं–बलात्कार और अन्य तरह के यौन-शोषण, गृहकार्यादि में पुरुषों की साझेदारी का अभाव, कामकाजी महिलाओं के संदर्भ में उत्कृष्ट क्रैश और डे-केयर सेंटर आदि का अभाव, पैतृक सम्पत्ति, मैट्रिमोनियल सम्पत्ति, एलिमनी आदि के संदर्भ में व्यावहारिक अड़चनें, विवाह-विच्छेद के बाद चाहकर भी गोदी के बाहर के बच्चों को साथ न रख पाने की कानूनी विवशता आदि।

पुरुषों का 'वाई फैक्टर' उन्हें स्वभाव से उग्र, दुर्दम्य और विध्वंसक बनाता है। स्त्रियों में यह होता ही नहीं, इसलिए भी वे शांतिप्रिय, स्नेही, कोमल और उच्च मानवीय गुणसंपन्न होती हैं। ये उच्च मानवीय गुण पुरुषों में ज्यादातर सतत प्रशिक्षण से पैदा होते हैं और नारी-आन्दोलन इस प्रशिक्षण की बड़ी भूमिका अदा कर सकता है, क्योंकि उत्तरसंरचनावादी आलोचकों की तरह यह भी मानता है कि चेतना कोई ठोस या ठस्स वस्तु नहीं, एक सतत प्रवाहमान इकाई है, जहाँ अस्मिताएँ लगातार बदलती रह सकती हैं, इसलिए परकाया प्रवेश या दूसरे की दृष्टि से स्वयं को देखना और अपना दृष्टिकोण मार्जित करना असम्भव नहीं।

स्त्रीवादी समीक्षा पर यह आरोप बार-बार लगाया जाता है कि यह अनुभवमूलक (इम्पेरिसिस्ट) है, प्रपत्तिमूलक (पैरेडाइमबेस्ड) नहीं, इसलिए न इसकी मेथेडोलॉजी तय है, न शोध की दिशाएँ। इसका उत्तर स्पष्ट है : प्रपत्तियाँ आकाश से नहीं टपकतीं; अनुभूतियाँ ही बीन-फटककर प्रपत्तियों के रूप में सजा ली जाती हैं। स्त्रीवादी समीक्षा का एक बड़ा अवदान यह है कि वैयक्तिक अनुभूतियों का सामाजिक संदर्भन इसने सम्भव बनाया और बताया कि जिसे स्त्रियाँ वैयक्तिक विफलता मानकर घुटती रहती थीं, उस 'असमंजन' और 'असमंजस' का मूल उस पूर्वग्रहग्रस्त पितृसत्तात्मक समाज में है जिसके शिकार पुरुष भी हैं, क्योंकि दरअसल यह स्त्री और पुरुष दोनों का सम्यक् विकास अवरुद्ध करता है, दोनों का जीवन विषाक्त करता है; एक को भेड़ और दूसरे को भेड़िया बना डालता है तो दोनों ही मानवीय गरिमा से नीचे गिरते हैं। इसलिए 'ऐक्शन बेस्ड रिसर्च' का नारा दिया गया और 'जेंडर-सेंसिटाइजेशन' की जरूरत दोनों के लिए उतनी ही जरूरी समझी गई। इस संदर्भ में और भी जो बीज-मान्यताएँ उभरीं, उनकी सूची प्रस्तुत कर देना आवश्यक है–

पहली बात की गई 'फेमिनिस्ट ऑन्टोलॉजी' की, जिसका अर्थ है स्त्री के अनुभूतिमंडल के आलोक में घटनाओं का विश्लेषण; पुरुषों में स्त्री का नजरिया विकसित कर उसे अर्द्धनारीश्वर की गरिमा देना।

सार्थक जीवन के लिए किसी भी व्यक्ति में वे सारे गुणसमूह–जिनका प्रतिनिधित्व स्त्रियों के सिर आता है (ममता, प्रेम, सहिष्णुता, उदारता, क्षमा)–उतने

ही जरूरी हैं जितने वे गुणसमूह जिनका प्रतिनिधित्व करते हुए पुरुष दिखाए जाते हैं (वीरता, शौर्य, नियंत्रण, न्याय, दमन, तटस्थता)। व्यक्तित्व के सम्यक् विकास के लिए किसी को किसी पर तरजीह नहीं दी जा सकती।

बीज-रूप में ये सारे गुण स्त्री-पुरुष दोनों में विद्यमान होते हैं। सामाजिक, सांस्कृतिक और साहित्यिक गढ़न्त कुछ ऐसे हैं कि पुरुषों में खास तरह के गुण और स्त्रियों में किसी और तरह के गुण आदर्श बताए जाते हैं। 'मर्दाना स्त्री' और 'स्त्रैण पुरुष' गालियों के रूप में विकसित कर ली गई अवधारणाएँ हैं। किसी को भी यह सुनकर हँसी इसलिए आ जाती है क्योंकि अक्सर उग्र प्रतिक्रियावाद के दबाव में होता यह है कि स्त्रियाँ 'पुरुषसम्मत' गुण विकसित करती-करती 'स्त्रीसम्मत' गुणों को ताक पर रख देती हैं और पुरुष 'स्त्रीसम्मत' गुण विकसित करते-करते पुरुष सम्मत गुणों को पिटारे में बन्द कर देते हैं। जरूरत तो दोनों तरह के मूल्यों की होती है; एक गुणसमूह विकसित करने का अर्थ यह नहीं है कि दूसरे को धता ही बता दिया जाए। आदर्श 'ऐंड्रोजेनेस' व्यक्तित्व दोनों तरह के गुणों का सार ग्रहण करते हैं। अर्द्धनारीश्वर की भारतीय अवधारणा के पीछे भी यही मान्यता होगी।

1970 के बाद 'सेक्स' और 'जेंडर' के बीच का यह विवाद एक नई दिशा पा गया है। 'सेक्स' जीवविज्ञानपोषित होता है, 'जेंडर' सामाजिक गढ़न्त—जब तक यह माना जाता रहा, सेक्स पोलराइजेशन दूर करने के एक उपाय के रूप में 'एंड्रोजेनी' का यह सिद्धान्त पल्लवित-पुष्पित होता रहा, पर बाद में इसको चुनौती देने वाले कुछ वैज्ञानिक/जीववैज्ञानिक तथ्य भी सामने आए जिन्होंने स्त्रियों की नैतिक विलक्षणता स्थापित की और इनके आलोक में एक नए लेस्बियन कल्ट की बात चलाई।

यथास्थितिवाद से निबटने की खातिर अकादमिक विमर्शकर्ताओं (सिद्धान्तकारों) और आन्दोलनकर्ताओं (एक्टिविस्ट्स) के बीच की दूरी पाटनी होगी। विमर्शकर्ताओं को एक्टिविस्ट भी होना होगा, एक्टिविस्ट विमर्शकर्ता हों न हों, जब तक 'इनसाइडर' के रूप में चीजें देखी-सुनी-परखी न जाएँ, तब तक न आन्दोलन प्रामाणिक होता है और न विमर्श।

> *स्त्री-समाज एक ऐसा समाज है जो वर्ग, नस्ल, राष्ट्र आदि संकुचित सीमाओं के पार जाता है, और जहाँ कहीं दमन है—चाहे जिस वर्ग, जिस नस्ल की स्त्री त्रस्त हैं—वह उसे अपने परचम के नीचे लेता है।*

समाजशास्त्रीय शोध प्रविधि में 'बहुलतावाद' नाम का जो विकट अन्तर (कोपरनिकन शिफ्ट) आया है, वह स्त्रीवादी विमर्शों के लिए भी बहुत उपयोगी सिद्ध हुआ है। फिनोमिनोलॉजिकल/एथनोग्रैफिक अन्तर्क्रियात्मक संघात अपने पूर्ण

वैभव में तभी सम्भव है जब सभी शास्त्रों के पूर्वापर अनुभवों का लाभ उठाकर ये आगे बढ़ें।

गिने-चुने प्रतिनिधि महिला चरित्रों (टोकेन विमेन) के विकास का हवाला देकर यह जताने की कोशिश नहीं की जानी चाहिए कि स्त्रियाँ अब तो हाशिए पर नहीं रहीं। अगर गायत्री स्पिवैक कहती हैं कि जब सबऑल्टर्न अपनी स्वतंत्र वाणी विकसित कर लेते हैं, तब वे सबऑल्टर्न रहते ही नहीं, तो उनके कहने का अभिप्राय यह कदापि नहीं लगाना चाहिए कि सबऑल्टर्न का तो मुँह खोलना ही पर्याप्त होता है—उसने मुँह खोला नहीं कि किसी दैवी शक्ति से उसकी सारी समस्याएँ धड़ाधड़ सुलझते जाने की प्रक्रिया प्रारंभ हुई। 'मुँह खोलने' और 'समस्याएँ सुलझने की प्रक्रिया प्रारंभ होने' के बीच कितनी खाइयाँ होती हैं—यह समझना कोई बहुत कठिन नहीं। फिर समस्याओं के निराकरण का कोई 'अंतिम बिंदु' होता हो—ऐसा भी नहीं है। समस्याएँ रक्तबीज की तरह नए-नए वेश में लगातार उठती निरस्त होती रहती हैं। उठने-निरस्त होने की प्रक्रिया चूँकि अनंत है, यह एक ऐसी लड़ाई है जो शुरू तो होती है, कभी खत्म नहीं होती।

स्त्री-समाज एक ऐसा समाज है जो वर्ग, नस्ल, राष्ट्र आदि संकुचित सीमाओं के पार जाता है और जहाँ कहीं दमन है—चाहे जिस वर्ग, जिस नस्ल की स्त्री त्रस्त है—वह उसे अपने परचम के नीचे लेता है। तकलीफें मिल-बाँटने का घरेलू तरीका अन्तर्राष्ट्रीय क्षितिज पर ऐसा सफल होगा, किसने सोचा था! एक-दूसरी की जुएँ चुनती हुई, साथ कपड़े पछोटती हुई, धूप में झुंड बनाकर सिलाई-बुनाई करती हुई औरतें एक-दूसरी को जो दुख-सुख सहज-अकुंठ भाव से सुना लेती थीं वही औरतें अपनी तकलीफों का एल.सी.एम. निकालकर अन्तर्राष्ट्रीय स्तर पर उनके निराकरण की माँग रख रही हैं—यह निश्चय ही एक बड़ी उपलब्धि है।

कम-से-कम तीसरी दुनिया के देशों में मुख्य टार्गेट ग्रुप के निम्नवर्गीय, निम्नमध्यवर्गीय स्त्रियाँ हैं जिनकी वोट आदि के संदर्भ में भी निजी राय नहीं होती और जिनके पतिव्रत की हजार मिसालों में एक मिसाल है कि वोट तक वे पति के निर्देशों के अनुसार ही डालती हैं और आरक्षण आदि के प्रताप से यदि कहीं मुखिया या सरपंच चुनी भी गईं तो उनके सारे निर्णय उनके पति-परमेश्वर ही लेते हैं।

स्त्री-आन्दोलन है तो एक पश्चिमी अवधारणा पर तीसरी दुनिया के भारत जैसे देश अपनी परम्पराओं और परिस्थितियों के आलोक में इसे वैसे ही एडॉप्ट कर सकते हैं जैसे माओ ने मार्क्स को किया था! चूँकि भारतीय सभ्यता प्राचीन और सर्वसमावेशी है, कई रंग के पाठ इसमें अनुस्यूत हैं, स्त्री-विषयक मान्यताएँ भी अन्तर्विरोधों से पटी पड़ी हैं : कहीं वह देवी है, कहीं दासी, कहीं सर्वशुक्ला प्रेरणा,

कहीं महाठगिनी माया। इस संदर्भ में इसके पहले कि अपनी ओर से कोई टिप्पणी करूँ, भारत के विभिन्न आर्ष-ग्रंथों से कुछ श्लोक उद्धृत करना चाहूँगी जो देवीपूजक इस प्राचीन संस्कृति में स्त्री-विषयक मान्यताओं पर खुद एक सप्राण टिप्पणी है–

युवां ह घोषा पर्यश्विना यतो राज्ञ ऊचे दुहिता पुच्छे वा नरा।
भूतं मे अहन् उत भूतमक्तवे श्वायते रथिने शक्तमर्वते।

मैं राजकन्या घोषा, सर्वत्र वेद की घोषणा करनेवाली, वेद का संदेश सर्वत्र पहुँचानेवाली स्तुति-पाठिका हूँ। हे देव, मैं सर्वत्र आपका ही यशोगान करती हूँ और विद्वानों से आपकी चर्चा करती हूँ। आप सदा मेरे पास रहकर मेरे इन इंद्रियरूपी अश्वों से युक्त शरीररूपी रथ के साथ मेरे मनरूपी अश्व का दमन करें।

यहाँ शरीर, मन और इंद्रियों के जैसे 'दमन' की बात की गई है, उसे फ्रॉयडिन दमन की भाषा में अनूदित करें तो 'रिप्रेशन' न कहलाकर वह 'सब्लिमेशन' (उदात्तीकरण) कहलाएगा, जो सिर्फ उस कोटि के प्राणियों में सम्भव होता है जो आध्यात्मिक दृष्टि से विशिष्ट या 'सर्जनशील' हों। जिस आत्मानुशासन की अपेक्षा यहाँ स्त्री को स्वयं से है, वह परिष्कृत मनीषा वाली समधीत स्त्रियों की एक पूरी परम्परा की ओर हमारा ध्यान खींचती हैं जो ब्रह्मवादिनी कहलाती थीं और इस निश्चिन्तता से शास्त्रार्थ करती हुई दिग्भ्रमण करती थीं जैसे आज की विदुषियाँ।

युवां मृगेव वारणा मृगण्यंवो दोषावस्तोर्हविषा निह्र वयामहे।
युवम होत्रांतथा जुह्र ते नरेशं जनाय बहवः शुभस्यती।

हे नायक अश्विनी कुमारो! जिस प्रकार शिकारी बड़े-बड़े सिंहों का मृगया में पता लगाते हैं, वैसे ही हम ब्रह्मचारिणी कन्याएँ भी रात-दिन प्रेम-पूरित हविष्य द्वारा आपका आह्वान करती हैं।

किन्तु ये ब्रह्मचारिणी कन्याएँ जीवन के भौतिक सुखों के संधान से एकदम विरत रखी गई हों–ऐसा भी नहीं है। अश्विनी कुमारों से प्रार्थना करती हुई घोषा कहती है–

जीवं रुदन्तिवि मन्यंते अध्वरे दीर्घामनुप्रसीति दीधियुनरः
वामं पितृभ्यो य इदं समेरिरेमयः पतिभ्योः जनयः परिश्वजे।

जब भी कोई ब्रह्मचारिणी नारी लक्षणों से संपन्न होकर कमनीय वर की इच्छा करे, उसे उसकी मनोदशा के अनुकूल वर मिले। पति के घर वधू को जीवन के सभी साधन सुलभ रहें और सदा उस गृह में दया, परोपकार, उदारता और शालीनता आदि गुण नदी के प्रवाह की तरह गतिशील बने रहें।

यहाँ रोचक बात यह है कि अनुकूल माहौल जुटाने की अपेक्षा सिर्फ वर से नहीं, पूरे घर से की गई है। घर के एक-एक व्यक्ति, एक-एक जीव से यह उम्मीद की गई है कि वह स्त्री को विकास का अनुकूल परिवेश दे।

यही घर विकसित होकर समाज बनता है जिसके बारे में स्त्री आश्वस्त है कि वह भी उसका हित-संवर्द्धन ही करेगा। इस बात के प्रमाण के रूप में ॠक्संहिता के दशम् मंडल के 109 वें सूत्र में आई जुहू की कथा उद्धृत की जा सकती है। बृहस्पति ने जब प्रमादपूर्वक अपनी प्रमदा जुहू का परित्याग कर दिया, तो वह जरा भी विचलित हुए बिना निर्णायक मंडल के पास गई। निर्णायकों के आदेश से पत्नी-त्याग का प्रायश्चित कर बृहस्पति फिर से गृहस्थाश्रम में दाखिल हुए :

पुनर्वे देवा अददुः पुनर्मनुष्या उत।
राजानः सत्यं कृण्वाना ब्रह्मजायां पुनर्ददुः।
पुनर्दाय ब्रह्मजायां कृत्वो दवौर्निकिल्विषम्
ऊर्जं पृथिव्या भक्तत्वायोरुगायमुपासते।

पर्दा-प्रथा अस्तित्व में ही नहीं थी, इसका संकेत सूर्या सूक्त की तैंतीसवीं ॠचा में है, जहाँ वर स्वयं अपनी पत्नी को देखने का आग्रह और लोगों से करता है :

सुमङ्‌ लीरियं वधूरिमां समेत पश्चत।

सास-ससुर के साथ (एक थाली में भी) बहुएँ खाती-पीती थीं, इसका प्रमाण अट्ठाईसवें सूक्त में है–

विश्व ह्यन्योअरिराजगाम ममेदह श्वसुरो नाजगाम।

सब देवता मेरे यज्ञ में आ गए हैं, किन्तु अभी तक मेरे ससुर इंद्र नहीं आए, यदि जा आते तो भुने जौ के साथ वे भी सोम-पान करते।

ऐसे अनुकूल परिवेश का ही प्रभाव था कि वागांभृणी आदि तेजस्वी स्त्रियों का आत्मविश्वास इतना प्रखर हुआ और वे कह पाईं :

अहमेव वातइव प्रवाम्यरभमाणां भुवनानि विश्वापरो
परो दिवा पर एना पृथिव्यैतावनी भुवनानि विश्वापरो
परो दिवा पर एना पृथिव्यैतावनी महिना सं बभूव।

हे विज्ञ! मैं जो कहती हूँ, वह पूर्ण यथार्थ है; मुझे न मानने वाले क्षीणता को प्राप्त होते हैं, मैं देवताओं और मनुष्यों के परम पुरुषार्थ की उपदेशिका हूँ, मेरी कृपा से ही लोग बलवान, मेधावी, स्तोता और कवि बनते हैं।

अहमेव स्वयमिदं वदामि जुष्टं देवेभिरुत मानुषेभि
यं कामये तं तमुग्रं कृणोमि तं ब्रह्माणं तमृषिं तं सुमेधाम।

इसके बाद वे कहती हैं : "मैं जब सृजन कार्य करती हूँ तो मेरी गति वायु के समान होती है। मैं अपने महत्त्वपूर्ण कार्यों से महिमामयी होकर आकाश और पृथ्वी की सीमाओं को भी लाँघ चुकी हूँ।"

इस प्रकार की सर्वशक्तिमान, सर्वव्यापी इयत्ता स्थापित करने के लिए स्त्रियाँ कभी-कभी राजनीति भी करती थीं, जहाँ बृहत्तर उद्देश्य की पूर्ति के लिए उन्हें मोह-माया-ममता आदि स्त्रीसम्मत भावनाओं का परिलंघन भी साधक-भाव से करना पड़ता था। इसका भास्वर उदाहरण है—सरमा, जो ऋग्वेद के दशम् मंडल के एक सौ आठवें सूक्त की ऋषिका मानी गई है। पणियों ने आर्यों का गोधन चुराकर किसी अज्ञात स्थान पर रख दिया है। इंद्र की संदेशवाहिका होकर सरमा पणियों के पास पहुँचती है तो वे उसे अनेक प्रकार के प्रलोभन देते हैं, गोधन का हिस्सा देने का लालच भी, पर वह अपने व्रत पर दृढ़ रहती है। अन्त में नवम् मंत्र में वे उसे अपनी बहन बनाने का प्रस्ताव भी रखते हैं जिसे वह दशम् मंत्र में साफ ठुकरा देती है :

नाहं वेद भ्रातृत्वं नो स्वसृत्वमिन्द्रो विदुरडिगरसश्च घोरा।
(मैं किसी भाईचारे को नहीं जानती!)

इसी प्रकार की हृदय विदीर्ण करनेवाली बात उर्वशी पुरुरवा से कहती है (वह कहती है कि स्त्री का हृदय भेड़िए के समान होता है, वह कोई सम्बन्ध नहीं जानती), पर इस कटूक्ति का भी मंतव्य ऊँचा है—विरह-विदग्ध पुरुरवा के मन में वैराग्य उत्पन्न करना, जिससे उसका जीवन जीने लायक हो जाए।

इस प्रकार वैयक्तिक सम्बन्धों के ऊपर सामाजिक उद्देश्यों को प्रतिष्ठित करनेवाली स्त्रियों की भी एक पूरी परम्परा है। बहुत-सी मंत्रद्रष्टाएँ स्त्रियाँ रही हैं, जिनके कुछ मंत्र तो ऐसी सम्यक् सामाजिक दृष्टि से महमह हैं कि उन्हें पूरा उद्धृत करना समीचीन होगा :

"आ ब्रह् वनब्राह्मणो ब्रह्मवर्चसी जायतामारराष्ट्रे राजन्यः शूर इषण्योतिव्याधी महारथी जायताम् दोग्धी धेनुर्वोढानड् वानाशुः सप्तिः पुरन्धिर्योषा जिष्णुरथेष्टाः सभेयो युवास्य यजमानास्य वीरो जायताम, निकामे निकामे न : पर्जन्यो वर्षतु फलवत्यो न ओषधयः पच्यन्ताम्, योगक्षेमोः न कल्पताम्।"

हे भगवान् हमारे ब्राह्मण ब्रह्मतेज से युक्त हों, क्षत्रिय शस्त्रास्त्र में निपुण हों, वैश्य का व्यापार सुचारू रूप से चले, गाएँ दूध देने वाली, अश्व द्रुतगामी, योद्धा जयशील, युवक-युवतियाँ निर्भीक हों, मेघ समय पर बरसें, औषधियाँ स्वास्थ्यवर्द्धक हों और सम्पूर्ण देशवासियों का योगक्षेम हों और सम्पूर्ण देशवासियों का योगक्षेम चलता रहे।

'संस्कारों' के विश्लेषण से यह भी स्पष्ट है कि सती-प्रथा तो अस्तित्व में नहीं ही थी, विधवा-विवाह का भी प्रावधान था। अथर्ववेद संहिता में तो एक पूरा कांड ही इस विषय पर प्रकाश डालता है।

मृत व्यक्ति की पत्नी शोकाभिभूत-सी चिता पर जा लेटती भी थी तो बाद में अन्य सम्बन्धियों द्वारा उसे वहाँ से हटा दिया जाता था। इतना ही नहीं, इसके बाद उसका पुनर्विवाह भी हो जाता था, जैसा कि अथर्ववेद संहिता (18/3/1-2) से स्पष्ट है। इसी की पृष्टि सूक्त के तृतीय मंत्र में है :

अपश्यं युवति नीयमानां जीवां मृतेभ्यः परिणीयमानम्
अंधेन यत्तमसा प्रावृतासीत्प्रोक्तो आपाचीवमवयं तदेनाम्

मृतक पति के साथ चिता में लेटी स्त्री को देखने के बाद मैंने उसे वहाँ से हटाया जो शोक-रूपी घनांधकार से आवृत्त थी।

पूर्व-पति की चिता से उठाकर जो भी पुरुष स्त्री को ले जाता था और तोष-भरोस देने में सक्षम होता था, उससे उसका विवाह वैध माने जाने के भी संकेत हैं।

ऋग्वेद संहिता (10/93/14) में राजा वेन का उल्लेख है, जिसे पृथी या पृतु भी कहा गया है (11/2/15)। यह वह वेन राजा है जिसके बारे में मनु ने स्पष्ट लिखा है कि उसने विधवाओं का पुनर्विवाह जबरदस्ती कराया था। ऋग्वेद संहिता (10/18/8) में एक विधवा स्त्री को संबोधित करते हुए कहा गया है कि तुम मृत पति को छोड़कर भावी पति को प्राप्त करो :

उदीर्ष्वं नार्यभि जीवलोकं मतासुमेतमुपशेष एहि
हस्तग्रामस्य दधिपोस्तवेदं पत्युजमित्यंभमि संवभूव।

महर्षि यास्क ने निरुक्त (1/3/15) में देवर शब्द का अर्थ 'द्वितीय वर' किया है, जिससे स्पष्ट है कि प्रथम पति के कालग्रस्त हो जाने पर द्वितीय विवाह की प्रथा थी :

विधवेव देवरं देवरः तस्माद् द्वितीयो वर उच्यते।

पर वैधव्य की कठिनाइयों और असुविधाओं की ओर जो संकेत आर्ष-ग्रंथों में मिलते हैं, उनके प्रति भी सजग रहना आवश्यक है। ऋ. 1/87/3 में बहुत ही काव्यात्मक ढंग से विधवाओं का साम्य काँपती हुई पृथ्वी के साथ स्थापित किया गया है :

प्रैषामज्मेषु विधुरेव रेजते भूमिर्यामेषु युद्ध युंजते शुभे
ते क्रीलयो धुनयो भ्राजदृष्ट् यः स्वयं महित्वं पनयन्त धूतयः।

बाल-विवाह का प्रचलन तो नहीं था, पर जिन आठ तरह के विवाहों का उल्लेख मनुस्मृति में मिलता है, उनमें अंतिम तीन विवाह स्त्रियों की दुर्दशा के ही द्योतक हैं :

1. ब्राह्म विवाह में वस्त्रालंकारादि से विभूषित कन्या का विवाह वैदिक रीति से सुयोग्य वर के साथ रचाया जाता था।
2. दैव विवाह में कन्या ऋत्विक को उपहारस्वरूप दी जाती थी।
3. आर्ष-विवाह में वर-पक्ष से दो गायें लेकर कन्या का पिता कन्यादान करता था।
4. "तुम दोनों मिलकर गृहस्थाश्रम का पालन करो"—बस, इस संबोधन के साथ वर-वधू, गृहस्थाश्रम में प्रवेश करें तो यह 'प्रजापत्य विवाह' कहलाता था।
5. गन्धर्व विवाह में स्त्री-पुरुष की आपसी सम्मति ही विवाह की इकलौती शर्त मानी गई थी। वैयक्तिक निर्णय को सामाजिक गरिमा देती यह व्यवस्था शकुंतला-दुष्यंत, नल-दमयंती आदि कई बड़ी प्रेम-कहानियों का आश्रय तो बनी ही, स्वयंवर की परवर्ती परम्परा का आधार-स्तम्भ भी बनी।
6. असुर-विवाह में वरपक्ष से धन लेकर कन्या उसे दे दी जाती थी। यह विक्रय-जैसी व्यवस्था सचमुच आसुरी रही होगी, पर आर्ष-विवाह कहलानेवाली व्यवस्था ही कौन बहुत अच्छी थी जहाँ दो गायें मिलकर एक कन्या के मान की बराबरी कर लेती थीं।
7. राक्षस विवाह में कन्याग्रहण के लिए युद्ध, हत्या, घात-प्रतिघात सब होता था, जिससे बेचारी कन्या की मानसिक शांति तो जाती ही होगी, जो बेचारा उसे पाने के उपक्रम में मर जाता होगा, उसके लिए उसका मन भारी भी रहता होगा।
8. पैशाच विवाह में नशे, निद्रा या रोग की स्थिति में कन्या का बलात्कार कर लेने के बाद विवाह का प्रस्ताव दिया जाता था। जिसने विवाह के पहले से ही त्रास देना शुरू कर दिया हो, वृत्तियों पर जिसे नियंत्रण ही न हो, उस पुरुष के साथ विवाह कैसा होता होगा, यह भी सोचने की बात है।

अंतिम तीनों प्रकार के विवाह तो स्त्री के लिए त्रासद ही होते होंगे, फिर भी स्त्रियाँ उसके लिए प्रस्तुत हो जाती थीं, तभी तो ये परम्परा में आए। कैसी वे विवशताएँ होती होंगी जिनमें स्त्रियों को ये विवाह मान्य होते होंगे—यह भी विचारणीय है। वर-चयन के संदर्भ में स्त्रियों की स्वतंत्रता सीमित क्यों थी—यह

एक बड़ा प्रश्न है। विवाह के साथ इतने भौतिक-अधिभौतिक प्रयोजन जुड़े हुए माने गए हैं, पति-पत्नी के सम्मिलित दायित्व इस लोक और उस लोक–दोनों में इतने संघनित कहे गए हैं–फिर भी वर-वधू का मानसिक-नैतिक स्तर एक रहे, इस पर अधिक जोर नहीं दिया गया। असुर, राक्षस और पैशाच विवाह घटित होते रहे और आज तक किसी-न-किसी रूप में घटित हो ही रहे हैं और इन विवाहों से मुक्ति भी आसान नहीं–यह भारतीय जनजीवन की बड़ी विडंबना रही है।

मनुस्मृति (8/371) में तो विवाह-विच्छेद करनेवाली स्त्री को जनसमूह के सामने कुत्तों से कटवाने का विधान है। स्मृतियों, सूत्रग्रंथों एवं नाटकों तथा काव्यों में भी विवाह-विच्छेद की चर्चा नहीं है। क्योंकि अपत्नीक को यज्ञ करने के अधिकार से वंचित रखा जाता था, धर्मभीरु लोग अपत्नीक होने की सम्भावना से ही घबरा जाते होंगे–परिणामतः उन्होंने इस तरह का कोई प्रावधान ही नहीं रखा।

कौटिल्य का 'अर्थशास्त्र' विवाह-विच्छेद के प्रावधान की चर्चा करनेवाला एकमात्र ग्रंथ है। 3/2/17-19 में कौटिल्य कहते हैं कि जब स्त्री-पुरुष दोनों एक-दूसरे से द्वेष करते हों तो उन्हें अलग किया जा सकता है।

'कन्यादान' को 'गोदान' से तुलनीय मानने वाला वैदिक समाज घर में गाय आने पर जितना खुश होता होगा, उससे कुछ कम ही कन्या के जन्म पर होता था, तो शायद इसलिए कि (अ) कन्या का पालन-पोषण, उसकी सुरक्षा की जिम्मेदारियाँ पुत्र के पालन-पोषण से दुरुहतर होती थीं, (ब) पढ़ी-लिखी कन्या भी आखिर दूसरे घर को सौंप देनी पड़ती थी तो उसका विद्या-वैभव और उसके नाम काढ़ा गया धन (दहेज) भी दूसरे घर चला जाता था; और सबसे महत्त्वपूर्ण यह कि (स) मृत्यु के बाद की आत्मिक शांति पुत्र द्वारा दिए गए पिंडदान से ही सम्भव मानी गई थी।

विवाह-सूक्त में दस पुत्रों की उत्पत्ति की कामना अवश्य की गई है, पर कन्याओं के विषय में कुछ भी नहीं कहा गया है। अथर्वसंहिता में कहा गया है कि हमारे यहाँ पुत्र का जन्म हो और कन्या का जन्म किसी और के घर हो :

प्रजापतिरनुमतिः सिनीवाल्यचीक्लृपत्
स्वेषूयमन्यत्र दधत्पुमांसमुदधादह।

अथर्व संहिता के एक और सूक्त में यहाँ तक कहा गया है कि हमारे यहाँ पुत्र के बाद पुत्र का ही जन्म हो, न कि कन्या का–

पूमांस पुत्रं जनयतं पुमाननु जायताम्।
भवासि पुत्राणां माता जातानां जयनाश्चयान्।

तैत्तिरीय संहिता में कहा गया है कि पुत्र का जन्म होने पर पिता आनन्दपूर्वक माता के पास लेटे हुए नवजात शिशु को हाथों में उठा लेता था, किन्तु यदि कन्या होती थी तो उसे वह वहीं लेटे रहने देता था।

ऐतरेय-ब्राह्मण में तो कन्या की उत्पत्ति को स्पष्ट शोक का कारण माना गया है (कृपणं हि दुहिता, ज्योतिर्हिं पुत्रः) आगे चलकर बृहदारण्यक-उपनिषद् में पुत्र-कामना के साथ कन्या-जन्म को भी आदर दिया गया है : 'दुहिता में पंडिता जायेत।' वराहगृह्य-सूत्र में बताया गया है कि अच्छी संतान, विशेषकर सुन्दर कन्याओं की उत्पत्ति के समय वधुएँ दुंदुभी, गोमुख आदि वाद्यों का वादन कर अपनी प्रसन्नता व्यक्त करती थीं।

इस संदर्भ में एक बात अवश्य कहूँगी कि जन्म के समय लड़कियों का विशेष स्वागत भले ही न तब होता था और न अब होता है, पर विकास के क्रम में लड़कियाँ हमेशा से पिता-माता, भाई-पितामह, चाचा, मामा सबकी चहेती हो जाती रही हैं, पूरी परम्परा जिनके खिलाफ खड़ी हो, उन्हें किसी का चहेता बनने के लिए पूरा आत्मिक तेज लगाना पड़ता है और विशिष्ट रूप से अच्छा भी होना पड़ता है–यह तो स्पष्ट है!

हविष्यमान् वायु अपनी ग्रहण-शक्ति से जिस प्रकार रसवान 'जलों' को अपने में संपृक्त कर लेता है, उसी प्रकार प्रत्येक गृहपति अपनी पत्नी को अपने में मिला ले–इस प्रकार के महामिलन की परम्परा जहाँ रही हो, वहाँ भी स्त्री के प्रति वैमनस्य पल्लवित हुआ और बखूबी, अब शायद बात तब बने जब सब्जेक्ट पोजीशन पलटे, हविष्यमान वायु की तरह स्त्रियाँ उठें और रसवान 'जलों' की तरह पुरुष को अपने में मिला लें। सप्तपदी की अंतिम प्रतिज्ञा का मर्म बड़ा है जिसमें पति, पत्नी को सखा कहकर सम्बोधित करता है। सखा के इसी भाव का स्फुरण वाल्मीकि रामायण (4/1/52) में उस समय राम के मुख से होता है जब सीता के अपहरण के बाद वे कहते हैं–"सीता के सभी भाव सचमुच मुझमें समाहित थे और मेरे भाव सीता में।" इसी तरह के कुछ भाव महाराज अज अपनी पत्नी इंदुमती के लिए विलाप में व्यक्त करते हैं : "इंदुमती मेरे घर की शोभा, मंत्रणा के समय मंत्री, भोजनादि के समय सखी, ललित कलाओं के ग्रहण के समय शिष्या थी।" (रघुवंश 8/67)

मुश्किल यही है कि विलाप में–वियोग या मृत्यु के समय तो खुले मन से प्रशस्ति पत्र बाँट दिए जाते हैं, पर जीते-जी इंदुमतियों को मान-भरे भावनात्मक उद्गार नसीब नहीं होते। इस कटु यथार्थ के प्रतिकार के लिए ही आन्दोलन की आवश्यकता पड़ी। भीतरी आन्दोलन झेलकर ही कोई बाहरी आन्दोलन तक पहुँचता है–'साम' (शांतिपूर्ण प्रस्ताव) के बाद ही दाम-दंड-भेद की स्थिति

आती है, विशेषकर स्त्रियों के लिए, स्वभाव से ही जो शांतिप्रिय और मातृमना होती हैं।

आदर्श पत्नी का 'कंसट्रक्ट' व्यक्त करनेवाले दो श्लोक यजुर्वेद में है :

समख्ये देव्या धिया सं दक्षिणपोरुचक्षसा।
मा म आयुः प्रमोषीर्भोऽहं तव वीरं विदेय तव देवि संदृशि।

धारण पोषण में समर्थ, कार्यकुशल, दूरदर्शिनी पत्नी के माध्यम से मैं सम्पूर्ण कार्यों का सम्पादन करूँ। मैं उसके तथा वह मेरे जीवन को कभी भी हानि न पहुँचाए और मैं उसके सम्यक् दर्शन से वीर पुत्र को प्राप्त करूँ।

इडे रन्ते हव्ये काम्ये चन्दे ज्योतेऽदिते सरस्वति महि विश्रुति।
इता ते अध्न्ये नामानि देवेभ्यो मा सुकृतं ब्रूयात।

हे भार्ये! तुम गृहस्थ-सम्बन्धी समस्त कार्यों की संचालिका हो, मैं तुम्हारा पति हूँ और राजा के राज्य में सेनापति। मेरा कर्तव्य है कि मैं अपने शत्रु की सेनारूपी 'स्त्री' पर अधिकार करते हुए आक्रामकों का वध करूँ।

'धारण' करना और 'घर चलाना'—स्त्री के मुख्य कर्तव्य तो यहाँ दिखाई देते हैं, पर पुरुष के कर्तव्य? बाहर के आक्रामकों से बचाना, पर खुद आक्रमण और अधिकार-स्थापन के लिए हरदम प्रस्तुत रहना। दूसरे श्लोक में स्त्री की तुलना एक पूरी सेना से की गई है और पुरुष के लिए आदर्श यह माना गया है कि पहले तो वह उस स्त्री-रूपी सेना पर प्रभुत्व स्थापित करे (कुशल सेनापति की भाँति) और फिर उसके सहयोग से बाहरी शक्तियों पर इस प्रकार नायकत्व हमेशा पुरुषों को सौंपा गया है और इसमें बुरा मानने की भी कोई बात नहीं, क्योंकि चौकीदारी के लिए जिस तरह का बलिष्ठ शरीर चाहिए, वैसा स्त्रियों के पास नहीं होता। उनके पास सिर्फ एक मजबूत मन और आत्मा होती है, जिससे पहरे पड़ सकते हैं तो सूक्ष्मतर अवयवों पर, संस्कृति पर, मूल्यों पर। भौतिक द्रव्यों की सुरक्षा भले ही स्त्रियों के वश की नहीं हो, पर संस्कृति के सारे महीन उपादान वे सुरक्षित रखती हैं। आध्यात्मिक, नैतिक और बौद्धिक तेज उनका बनना होता है कि शारीरिक बल की क्षतिपूर्ति कर सके। फिर जिस 'धारण-पोषण' के आधार पर सृष्टि चलती है, वह इसी कोमलप्राण शरीर की अलग तरह की धारिणी शक्ति का प्रतिफल है जिसका संकेत गुरुनानक देव ने भी वार आसा (सबद 3-6) में किया : "पंडो ही पंडे ऊपजै, पंडै बाज न कोय!"

ऋग्संहिता में स्त्रियों के दम से चलने वाली गृहस्थी की शोभा का बहुत ही रोचक वर्णन है :

यत्र ग्रावा पृथुवुघ्न ऊर्ध्वो भवति सोतेव।
एलूखलसुतानामवेद्विन्द्र जल्लुलः
यत्र द्वाविव वधवाधिवण्या कृता।
उलूखलसुतानामवेद्विन्द्र जग्गुलः
यत्र नार्यपच्यवभुपच्यवं च शिक्षते।
उलूखलसुनानामवेद्विन्द्र जग्गुलः
यत्र मन्थां विबध्नते रश्मीन्यमितवा इव।
उलूखलसुतानामवेद्विन्द्र जग्गुलः
थच्चिद्धि त्वं गृहेगृह उलूखलक युज्यसे।
इह द्युमत्तमं वद जयतामिव दुन्दुभिः

जहाँ स्थूल पत्थर खाद्य पदार्थ-निर्माण हेतु चलता है, जहाँ सिल-बट्टा की गति अबाध रूप में विद्यमान है। जहाँ गृह-नारियाँ अतिथि-सत्कार हेतु मथानी को रस्सी में बाँधकर दही मंथन करती हैं, जहाँ निरंतर ओखली में बजता हुआ मूसल अपनी विजय दुंदुभी बजाता है, वहाँ देवराज इन्द्र का आगमन होता है।

यहाँ ओखली में बजते हुए मूसल की विजय-दुंदुभी से संकेतित है गृहस्थी का वह साम्राज्य जिस पर स्त्रियों का एकाधिकार माना गया है। इस गृहस्थी के संचालन में पहले तो स्त्रियाँ सिर्फ तन-मन से लगती थीं, अब तन-मन-धन से लगती हैं (आर्थिक स्वालंबन के दम से) और फिर भी उन्हें यथेष्ट मान नहीं मिलता; दाल में नमक कम-बेशी होने के दोष पर आज तक थालियाँ पटक दी जाती हैं और इस प्रकार जीवन का वास्तविक नमक छीन लिया जाता है–कुछ इतना कि उसमें कोई स्वाद ही न बचे। स्त्री-आन्दोलन की सार्थकता यह है कि 'गृहस्थी' को स्त्री के जीवन का केन्द्रीय सत्य यह नहीं मानता, उसकी ज्ञान-दीप्ति एवं विश्व के उद्‌बोधन की भूमिका पर उसका जोर है जिसके दर्शन वाक्‌ (ऋ 10/125) के कतिपय मंत्रों में होते हैं, भावार्थ है–

"जीव पुनः पुनः जन्म-मृत्यु के घात-प्रतिघात से, रोग-शोक के अनुताप की मर्मभेदी पीड़ा से, चंचलता के घोर आवर्तन से गलित दलित छिन्न मर्म होकर, हताशा के साथ उष्ण, दीर्घ निःश्वास का परित्याग कर रहे हैं, परन्तु मैंने तुम्हारे लिए अपना विशाल वक्षस्थल अनावृत्त कर दिया है और अनन्त भुजाओं का प्रसारण कर तुम्हारे पीछे दौड़ रही हूँ। तुम मेरी संतति हो, मैंने तुम्हें कभी भी अपनी गोद से दूर नहीं किया। यहाँ दुख और संताप कहाँ? जिसे देखकर तुम्हें भीति और आशंका है वह मेरा ही स्तन्य है; सत्य उद्‌भासित है, ज्योति से दिग्मंडल उद्‌भासित है, मधुमय व्योम मातृमुख से मुखरित है और

अन्तरिक्ष प्रणव-नाद से परिपूरित है, मातृगोद की अमृतमयी संजीवनीधारा में अवगाहन करो और अभेद की अनुभूति के साथ जीवन के आनंद की उपलब्धि करो।"

यहाँ दूध प्रतीक है milk of human kindness का और यह दूध उन स्त्रियों के पास भी होता है जो किसी कारणवश माँ नहीं बन सकतीं और उन पुरुषों के पास भी जो जीवन का मर्म समझते हैं। केवल आत्मज्ञान और बुद्धितत्त्व से यदि काम चल जाता तो भाव और माया की सृष्टि की आवश्यकता ही नहीं होती : "शिव स्थाणोरपराधो यदेवमन्धो न पश्यति;" शिव अर्द्धनारीश्वर की स्थिति में प्रतिष्ठित ही नहीं होते।

"माई री, मैं कासे कहूँ पीर अपने जिया की!"

स्त्री-सम्बन्धी विमर्श के शास्त्रीय आधार जितने सम्पुष्ट हैं, उससे कम सम्पुष्ट उसके लोकतात्विक आधार नहीं।

लोक-मनीषा में स्त्री-सम्बन्धी दो द्वित्व विलोम आपस में टकराते हुए दीखते हैं। 'सुखिया' और 'दुखिया'—दो तरह की स्त्रियाँ मानी गई हैं जो लोककथाओं में दो बहनें, दो पत्नियाँ, ननद-भाभी, सास-बहू, दो सहेलियाँ बनकर अक्सर प्रकट होती हैं। एक का पति उसे टूटकर प्यार करता है तो दूसरी का बिलकुल ही प्यार नहीं करता; एक के पास भरपूर सुख-सुविधाएँ हैं तो दूसरी के पास बिलकुल नहीं। दो मनःस्थितियों/परिस्थितियों में पलती हुई भी वे किसी प्रकार आपसी संवाद कायम रखती हैं। अक्सर ऐसा दिखाया जाता है कि जिसके पास सुख-सुविधाएँ हैं, उसके पास नैतिक तेज उतना नहीं, शायद इस तर्क के आधार पर कि प्रकृति क्षति-पूर्ति के सिद्धान्त पर कार्य करती है और यह सम्भव ही नहीं कि इस धरती पर कोई एक कोना हर तरह से भरा-पूरा हो।

स्त्रियों के बीच सिर्फ एक रिश्ता ऐसा माना जाता है जहाँ 'सुखिया-दुखिया' का द्वित्व विलोम काम नहीं करता और वह रिश्ता है माँ-बेटी का! यह एक ऐसा रिश्ता है जहाँ एक सुखी हो, दूसरा दुखी—यह सम्भव ही नहीं एक के सुख में ही दूसरे का सुख है और उसके दुख में दूसरे का दुख। इस रिश्ते में तादात्म्य कुछ इतना घनीभूत रहता है कि कम-से-कम माँ के लिए बेटी के दुख से निरपेक्ष रहकर किसी अपने सुख (जैसे दाम्पत्य सुख) से जुड़ा जाना बिलकुल सभव नहीं होता। इसका विलोम सम्भव होता है यानी कि सन्तान के सुख से अपने वैयक्तिक दुख का तन्वीकरण सम्भव हो जाता है, पर उसके दुख के साथ अपने किसी नितान्त निजी सुख की प्रायः कल्पना भी नहीं सधती। प्रेम और सहानुभूति की यह चरम घनीभूत स्थिति पति-पत्नी और प्रेमी-प्रेमिका में भी सम्भव हो सकती है—शिव-पार्वती,

नल-दमयन्ती आदि कुछ मिथकीय चरित्रों में सम्भव दिखाई भी गई है और उसका सजल साक्ष्य लोकसाहित्य देता है।

बेटी की विदाई के बहुत-से गीत ऐसे हैं जिनमें स्त्री-जीवन की पीड़ाएँ अपने ढंग से व्यक्त हुई हैं। सबका सार-संक्षेप प्रस्तुत करता पार्वती की माँ का यह कथन है :

केहि विधि सृजी नारि जग माहीं
पराधीन सपनेहुँ सुख नाहीं।

बचपन में पिता की किशोरावस्था में भाइयों की, युवावस्था में पति की और बुढ़ापे में बेटों की अधीनता–लम्बे समय तक भौतिक/आर्थिक/भावनात्मक परावलम्बन स्त्री-जीवन का केन्द्रीय सत्य रहा है, किन्हीं अर्थों में अभी भी है। स्त्रियाँ साधनों का विनियोग करती हैं, उनका उत्पादन और साज-सँभाल भी उनके हिस्से होता है, पर उन साधनों के संवितरण (dispersal) पर उनका कोई नियंत्रण नहीं रहता। मायके से आया स्त्री-धन और स्वयं-उपार्जित वेतन भी खर्च होता है पिता-भाई, पति-पुत्रों की आज्ञा से ही। अपने हाथ से उठाकर वह किसी को एक अद्धी भी दे दे तो बहुधा इस पर हंगामे होते हैं। इसी का प्रतिशोध लोकगीतों के हास-परिहास, व्यंग्य-कटाक्ष आदि कई प्रसंगों में हो जाता है जहाँ जोगी भीख माँगने आता है तो बहू ससुर को दे आती है, कूड़ा फेंकने जाती है तो देवर को फेंक आती है।

शादी-ब्याह के अवसर पर मजाक-मजाक में जो गालियाँ वधू-पक्ष की ओर से वर-पक्ष के लिए गाई जाती हैं, वह भी शायद दो परिवारों के बीच सम्बन्ध-विस्तार के क्रम में हुई गलतफहमियों/मनमुटावों से निजात पाने का, खुदरा खुन्दकों की भड़ास निकालने का एक उपाय ही है–बोलकर बात खत्म कर लेने के विवेक से परिचालित एक तरह का रेचन।

दो सौतिनों (सपत्नियों) के बीच पलनेवाले खट्टे-मीठे रिश्तों का भी खास मार्मिक साक्ष्य कुछ लोकगीत प्रस्तुत करते हैं। उनमें से दो-तीन उदाहरण पर्याप्त होंगे। मैंने वही उदाहरण चुने हैं जिनमें उपेक्षिता पत्नी/प्रेमिका की व्यथा मूर्त होती है और उसका मान भी, जो एक तरह से उसकी अस्मिता का जयघोष भी है :

झरोखे से झाँक रही,
मेरो जिया जाने।
राजाजी लाए, लाए सौतिनिया–
मैं दुल्हन-सी लाग रही, मेरो जिया जाने!

यहाँ गानेवाली का 'जिया' तो जो जानता है सो जानता ही है कि उसे कैसा लग रहा है, सुननेवालियों का 'जिया' भी यह जानकर कम विचलित नहीं होता कि उसे उसके 'राजाजी' ने छोड़ा भी है तो इसलिए कि वह माँ नहीं बन सकती :

सौतन ने जायो, जायो एक ललना–
मैं जच्चा-सी लाग रही, मेरो जिया जाने!

बच्चा सौतन के घर हो रहा है, जच्चा-सी लग रही है उपेक्षिता। क्या यह तादात्म्य है? अथवा इच्छा-पूर्ति? शायद दोनों। वह खुश है, वह संतप्त है। वह इतनी खुश और इतनी संतप्त है कि दोनों के बीच का फर्क ही मिट गया है। और उसकी स्थिति वह हो गई है जो सिर्फ 'द्रष्टा' की हो जाती है–तभी तो झरोखे का प्रसंग आता है। यह एक तरह का रामझरोखा है जहाँ बैठकर 'जग का मुजरा' ही लिया जा सकता है और कुछ नहीं किया जा सकता।

दूसरे लोकगीत में उपेक्षिता अपने पति को जो चिट्‌ठी लिखती है, वह पूरी की पूरी सामने रख देने लायक है :

पिरिए परानाथ,
सादर परनाम!
इहां त सब-कुछ कुसले-कुसल छै।
अहें के हाल ला अत्मा बिकल छै।
यादो नै हैत पिया हमरी सुरतिया।
बिसरल नै हैब मुदा ससुरक नाम!

यानी मेरी सूरत तो आपको अब तक भूल गई होगी, पर ससुर का यानी मेरे पिता का नाम शायद नहीं भूला हो, क्योंकि वे तो आपकी ही तरह एक पुरुष हैं; उनकी अपनी एक सामाजिक हैसियत है, जिसे किसी स्त्री की सूरत की तरह आसानी से भुलाया नहीं जा सकता। कहने का अर्थ शायद यह कि मेरी सूरत में इतनी कान्ति कहाँ जो आपको खींच लाए, पर पिता के नाम में शायद इतनी ताकत बची है अभी।

आगे वह कहती है कि मायके में दिन भर खाली बैठी रहती हूँ तो मेरी भाभी ने तरस खाकर मुझे कोर्ट-पीस (ताश) का खेल सिखा दिया। कम-से-कम वही खेल खेलने आ जाइए! फिर ताश के खेल से ही रूपक लेकर वह कहती है :

अहां, छी बादशाह, हम छी गुलाम

तीसरे छंद में छोटी बहन के पति के घर आने का वर्णन है। तंज यह कि छोटी बहन का पति आकर उसे ले गया, मुझे लेने आप अबतक नहीं आए। पति के मधुर

भाव जगाने का एक छोटा यत्न उस कथन में भी द्रष्टव्य है जहाँ वह कहती है कि छोटी बहन के पति से मिलने जैसे ही मैं देहरी में गई, उन्होंने अपने साढ़ू (यानी आपका) नाम मुझसे पूछ लिया और मैं बैठ भी नहीं पाई थी कि पलटकर भागी। किस मुँह से लेती मैं आपका नाम! आपका-मेरा सम्बन्ध ही कुछ ऐसा है...आदि।

तीसरा जो लोकगीत मैं उद्धृत कर रही हूँ, वह औरत की अस्मिता के साथ-साथ उसकी यौन-इयत्ता का भी जयघोष है :

मैं चंदा-जैसी नार, राजा, क्यों लाए सौतिनिया,
जो मैं होती काली-कलूटी तो लाते सौतिनिया—
मेरे गोरे-गोरे गाल, राजा...

आगे इसी क्रम में वह कहती है कि मैं लँगड़ी-लूली होती और तुम सौतन लाते तो फिर भी एक बात थी, मेरी चाल जो हिरणी जैसी है; मैं 'गंजिन-गुंजिन' भी नहीं, मेरे बाल लम्बे-लम्बे हैं...आगे वह कहती है कि मैं 'बाँझिन-बूझिन' भी नहीं, मेरे 'लाल' तो इस गाँव के हर घर में खेलते हैं—इतनी मैं उर्वर हूँ, इतनी सक्षम कि घर-घर मेरे चाहनेवाले हैं, तुम क्या खाकर मुझसे टक्कर लोगे—यौन-इयत्ता भी मेरी तुमसे सघनतर ही है।

हँसते-हँसते जान निकाल लेने की ग्राम-वधुओं की यह कला सूरदास के भ्रमरगीत में लहककर सामने आई है। लड़ाई का घरेलू अस्त्र ही है ग्राम्य परिहास की यह परम्परा, जिसका साक्ष्य लोक-साहित्य देता है। कोमलता, धैर्य और सहिष्णुता कभी-कभी स्त्री के ऐसे अस्त्र बन जाते हैं जिनसे बड़े-से-बड़े परास्त हो जाएँ! कैसे?—इसकी आहट महादेवी वर्मा में सुनाई पड़ती है :

"पुरुष चाहे उसे युद्ध में जीतकर लाया, चाहे अपहरण करके; चाहे उसकी इच्छा से उसे प्राप्त कर सका, चाहे अनिच्छा से; परन्तु उसने प्रत्येक दशा में नारी को अपनी भावुकता का अर्घ्य देकर पूजा। नारी भी नारियल के कड़े छिलके के भीतर छिपे जल के समान पुरुष की बाह्य कठोरता के भीतर छिपी स्निग्ध प्रवृत्ति का पता पा गई थी। अतः उसने सारी शक्ति केवल उसकी कोमल भावना जगाने में लगा दी। उसने न अपनी भुजाओं में शक्ति भरने और उस शक्ति के प्रदर्शन से पुरुष को चमत्कृत करने का प्रयत्न किया और न अपनी विद्याबुद्धि से पुरुष को पराजित करने का विचार किया। वह जानती थी कि इन गुणों के प्रदर्शन से पुरुष में प्रतिद्वन्द्विता की भावना जागेगी, परन्तु वह पराजित होकर भी वशीभूत न हो सकेगा, क्योंकि प्रतिद्वन्द्वियों की हार-जीत में किसी प्रकार का आत्म-समर्पण सम्भव नहीं।" (शृंखला की कड़ियाँ)

यही नैसर्गिक प्रज्ञा भारत की ग्राम-वधुओं में लोकगीतों-लोककथाओं के आश्रय से लगातार व्यक्त हुई है जहाँ कोमल हास-परिहास का भी वे एक रणनीति

के तहत उपयोग करती रही हैं, आज से नहीं बल्कि आदिकाल से। यह बात अलग है कि उनकी वाचिक परम्परा को कोई अपना संकलनकर्ता, कोई अपना व्यास नहीं मिला। जो कुछ सुरक्षित रह सका, वह केवल धर्म के आश्रय से; धर्मनिरपेक्ष सारी चीजें संतरणशील रहीं।

लगभग भक्ति-आन्दोलन के ही काल में लौकिक संस्कृत में अनेक कवयित्रियों की स्फुट रचनाएँ उपलब्ध होती हैं, जिनमें प्रमुख हैं विकटनितम्बा, शीलभद्रारिका, सुभद्रा, प्रभुदेवी, बिज्जा, मरुला, पदमावती, गौरी, अवन्ति सुन्दरी, फाल्गुहस्तिनी, मोरिका आदि। बारहवीं शताब्दी से ही लोकजिह्वा पर चढ़ा यह गीत भी एक लोक कवयित्री की ही रचना है जिसमें बेटी अपने 'लखिया बाबुल' से शिकायत करती है कि भाई को तो महले-दुमहले मिले और उसके हिस्से में आया परदेस :

काहे को ब्याही बिदेस रे लखिया बाबुल मेरे,
भैया को दीन्हें बाबुल महला-दुमहला
हमका दिए परदेस
रे लखिया बाबुल मेरे।

लोकगीतों के आदिशोधकर्ता श्री रामनरेश त्रिपाठी ने गहरा अध्ययन करके यह निष्कर्ष निकाला है कि स्त्रियों के गीतों में पुरुषों का मिलाया हुआ एक शब्द भी नहीं है। स्त्री-गीतों की सारी कीर्ति स्त्रियों के ही हिस्से की है। यह सम्भव हो सकता है कि एक-एक गीत की रचना में बीसों वर्ष और सैकड़ों मस्तिष्क लगे हों, पर मस्तिष्क थे स्त्रियों के ही, यह निर्विवाद है।

'धिन उमादे साँखली' नाम से राजस्थान में गाया जानेवाला एक गीत तो और पहले का है—चारणकाल का। महत्त्वपूर्ण बात यह है कि चारणियों ने वीर-काव्य प्रायः नहीं लिखे, पर हास-परिहास और व्यंग्य उनके स्फुट दोहों में अवश्य मिलते हैं। चारण अचल दास की सातवीं पत्नी थी झीमा चारणी। अचल दास को अपनी दूसरी पत्नी लीला प्रिय थी। उनकी तीसरी पत्नी उमादे को सम्बोधित कर झीमा इस गीत में कहती है—

धिन उमादे साँखली ते पिय लियो भुलाय
सात बरसरो बांछड़्यो, तो किम रैन विदाय।
पगे बजाऊँ घुँघरू, हाथ बजाऊँ तूंब,
उमा आंचल मुलावियो, ज्यूँ साँवल की तूंब।

लोकगीत का ही आसन पा चुके पृथ्वीराज राठौड़ की पत्नी चंपादे के भी कई गीत हैं। पति-पत्नी के बीच काव्य-विनोद की कई कथाएँ उनके नाम से प्रचलित हैं।

कहते हैं, एक बार पृथ्वीराज राठौड़ ने दर्पण देख अपना श्वेत केश उखाड़ फेंका। चंपादे की मुस्कान दर्पण में झलक गई। पृथ्वीराज ने कहा :

पीथल धोला अविया बहुली लागी खोड़,
कामण मत्त गयंद ज्यूं ऊभी मुक्ख मरोड़।

उत्तर में चंपादे हँसती हुई बोलीं :

हल तो धूना धोरिया पंथज गग्धां पीर,
तरां, तुरां अरउ बनफल पक्का पक्का सांव।

स्त्री-मनोविज्ञान की यथेष्ट समझ के लिए जांत-गीतों का अध्ययन भी आवश्यक दीखता है। सुमन राजे इन पर टिप्पणी करती हुई खूबसूरती से कहती हैं : "यह लोकगीतों का वह एकान्त कोना है जहाँ स्त्रियाँ एक पहर रात रहे उठकर चक्की चलाती हुई अपनी व्यथा-कथा कहती हैं।" एक गीत में बहू का भाई मिलने आता है। बहू बड़े चाव से पूछती है कि वह क्या भोजन बनाए तो सास कहती है कि 'कोदो' और 'मसउढ़ा' बना दो। 'कोदो' एक प्रकार का निकृष्ट चावल है और 'मसउढ़ा' एक प्रकार की घास। इस पर बहन दुखी होकर भाई से कहती है :

कै मन कूटौ भैया कै मन पीसो रे ना।
भैया कै मन सिझवंउ रसोइया रे ना।
सास खांची भरि बसना मजावै रे ना।

इतना काम करने के बाद भी बहन की स्थिति है–

पीठ देखो भैया तो पीठ देखो–
जैसे धोबी का पाट रे।
कपड़ा देखो भैया कपड़ा देखो–
जैसे समनवाँ के बदरी रे।

माँ से कहा नहीं जा सकता, पिता से कहा नहीं जा सकता–वे वृद्ध हैं, अशक्त हैं, इतना दुख कैसे सहेंगे, इसलिए भाई से ही कहती है : "हे भाई, मेरे दुख अपनी गठरी में बाँध लो; जहाँ उसे खोलना, वहाँ रोना।"

इ दुख बाँधो भैया अपनी गठरिया
जहवाँ खोलऊ तहवाँ रोवऊ रे।

परदेश में काम करनेवाले पतियों की पत्नियों को सत्परीक्षा के जिस त्रास से सीता की तरह गुजरना पड़ता था, उसके भी कुछ मार्मिक प्रसंग लोकगीतों में हैं। यहाँ एक का सारांश दे देना पर्याप्त होगा : "आग जल उठी/तेल खौलने लगा/बहन पास खड़ी होकर शपथ देने लगी–जब वह गंगा की शपथ देने लगी/घड़े का गंगाजल

सूख गया/जब वह सूर्य की शपथ देने लगी/तो सूर्य छिप गया/जब वह आग की शपथ देने लगी तो खौलता तेल ठंडा हो गया/लांछित स्त्री ने एक बार हाथ डाला, दूसरी बार डाला, तीसरी बार में वह पार हो गई/ हाथ में रूमाल लेकर भाई हँसने लगा/मुँह पर दुपट्टा डालकर पति रोने लगा कि हाय मेरी सती स्त्री रूठकर मान में अब नैहर चली जाएगी।"

जिस स्त्री-तत्त्व की मान-रक्षा के लिए पूरी प्रकृति सहयोगिनी हो चली है, खुद उसका तेज कितना प्रखर है, यह तो ओखली में चावल कूटते-कूटते गाए जानेवाले इस छोटे-से लोकगीत से भी स्पष्ट है :

कूटो, कूटो, धान कूटो–
साहब गोरा आए
तो उसे भी कूट दो।

'ऐक्शन बेस्ड रिसर्च' चूँकि स्त्री-विमर्श की मूल प्रपत्तियों में एक है, मनोगतिकी के स्तर पर भी इसने कई परिवर्तन घटित किए हैं और कई अभी घटित करने हैं। इस क्षेत्र में इसके काम दो श्रेणियों में बाँटकर देखना उचित होगा–एक तो वह श्रेणी जिसे कायापलट श्रेणी या ट्रांस्फोरमेटिव कैटेगरी कहेंगे। इस कायापलट में स्त्री की काया से जुड़े हुए पेंच भी शामिल हैं, काया जो उसके शोषण का प्राइमरी साइट है तो मुक्ति का मार्ग भी है ही, पर कैसे इसे सारवाद के खतरों से बचाया जाए, इस पर कई तरह के विमर्श जारी हैं। दूसरी श्रेणी है आत्मोद्दीपन या इनके रिसोर्सेज के प्रश्न से संघर्षों या पारिवारिक विघटन पर आकर ठहर जाता है। कृष्णा सोबती का 'जिन्दगीनामा', मन्नू भंडारी का 'महाभोज', मृदला गर्ग का 'अनित्य', मैत्रेयी पुष्पा का 'इदन्नमम' और 'अल्मा कबूतरी', गीतांजलि श्री का 'हमारा शहर उस बरस', नासिरा शर्मा का 'सात नदियाँ एक समुन्दर' चित्रा मुद्‌गल का 'आवाँ', अलका सरावगी का 'कलिकथा वाया बाइपास' पढ़ते हुए कम-से-कम मुझे इसे टेलिस्कोपन-तकनीक का ध्यान आया जिसके तहत इतिहास, मिथक और आत्मकथा का एक खूबसूरत संधान घटित होता है जिसे बायोमाइथोग्राफी या इतिहास और मिथक का आत्मसाक्ष्य कह सकते हैं।

आत्मोद्दीपन या इनके रिसोर्सेज के प्रश्न से जूझती हुई श्रेणी जिसके कई स्कूल हैं कुल मिलाकर जो प्रश्न अभी मंथन के केन्द्र कहे जाएँगे, वे हैं–

- समता बनाम विशिष्टता
- सांस्कृतिक बनाम उत्तर-संरचनावादी
- सारवाद बनाम सामाजिक संरचनावादी
- एथनिक बनाम अन्तर्राष्ट्रीय

ट्रांस्स्थनिक, पारासेक्सुअल जो नया समाज तैयार हो रहा है, उसका जो अद्यतन शोध है, उसका सार बताने से बात शायद कुछ स्पष्ट हो पाए! सुसान जेफर्ड की एक किताब अभी-अभी आई है–'The Remasculnization of American Culture' बहुत ही प्रखर, स्त्रीवादी तेज के साथ सभ्यता-समीक्षा करती हुई कहती है कि वियतनाम युद्ध के समय से अमरीका के चरित्र का जो अति-पौरुष है, वही है सारी समस्याओं का मूल।

धार्मिक प्रपंच : मध्यवय और धर्मसंकट

'हारे का हरि नाम'। और जीत की खुशी में मताए हुए को? उसको तो अपने नाम के आगे कुछ और नहीं सूझता! या तो अपना नाम या फिर अपने पथ-प्रदर्शक का! तैंतीस करोड़ देवताओं के इस देश में देवताओं की भी आबादी लगातार बढ़ ही रही है। मार्क्स, गांधी, सार्त्र, अम्बेडकर का भी भक्ति-सम्प्रदाय कुछ कम बड़ा नहीं है! 'बाणभट्ट की आत्मकथा' पढ़ते हुए आपको नाथों-सिद्धों-बौद्धों और जैनियों का तंत्र-पक्ष और जनतंत्र-पक्ष–दोनों जिस गहमा-गहमी में एक-दूसरे से उलझते नजर आते हैं, प्रायः वैसी गहमा-गहमी हमें आज भी फिजाँ में हर ओर घुली दीखती है। क्या है इस गहमा-गहमी के मूल में? श्रेष्ठता-ग्रन्थि! पथ अगर श्रेष्ठ है तो मेरा! व्यक्ति यदि श्रेष्ठ हूँ तो मैं! जीने के लिए 'हम किसी से कम नहीं' वाली अलमस्ती जरूरी भी है लेकिन 'जो है, केवल हम हैं'–यह शुद्ध प्रमाद 'हारे को हरि नाम' से ज्यादा गया-बीता है।

मर्दानगी से मताए हुए लोग इसी प्रमाद का शिकार हैं और स्त्रियाँ हैं 'हारे को हरि नाम' की सजल व्याख्या, मगर दुनिया जिस तेज, जिस ऊर्जा, जिस शक्ति से अनुप्राणित-स्पन्दित-उत्प्रेरित है–वह शक्ति-पुंज भी उनके ही भीतर है, उनके बिना दुनिया के सब चर-अचर (और शिव भी) शव है–परम्परा कहीं-न-कहीं इस तथ्य पर भी उँगली रखती तो है।

'नेक लड़की सिंड्रोम' या 'बेचारी, दुख की मारी वाली' आत्मदया की शिकार स्त्रियों के सामने भारतीय देवियों की निर्मिति पर विचार कर लेना एकदम जरूरी हो जाता है! पर इस संदर्भ में यह भी समझ लेना जरूरी है कि धर्म कोई निष्पाप, भोला-भाला संवर्ग तो है नहीं। संस्थायन हमेशा दिक्कततलब होता है–वह चाहे प्रेम का संस्थायन हो विवाह के रूप में या अध्यात्म का धर्म के रूप में! और जो धर्म जितना पुराना हो–उसके साथ पाठ-कुपाठ की, व्याख्या-कुव्याख्या की उतनी ही लम्बी और आत्म-विरोधी परम्पराएँ (हर्मेन्यूटिक्स) कतरब्योंतनिपुण चूहों की तरह पीछे लग लेती हैं। धर्म कुछ हद तक तो एक अफीम, एक सम्मोहन, एक बाँसुरीवाला है ही! कई बार उसकी बाँसुरी कृष्ण की बाँसुरी होती है–कंस के त्रास

से उकताए ग्वालों को कला-संगीत, प्रेम-लालित्य की स्वयंसमर्थ यूटोपिया, एक वैकल्पिक स्पेस में लिए जानेवाली। कई बार वह ऑरफिसस का लायर होती है–मृत्यु आदि प्राकृतिक आपदाओं के पार का एक दृश्य-वितान रचकर शोकसंतप्त आत्मा को कुछ तोस-भरोस थमानेवाली, एक अलग तरह के काल्पनिक संधान में उसे व्यस्त कर देने वाली। पर कभी-कभी वह लोककथा के बाँसुरीवाला की बाँसुरी बनकर उन चूहों को भी गण-मुनि की तरह साथ समेटे चलती है जो अन्ततः उसकी ही जान खा जाते हैं–स्त्री-विरोधी, दलित-विरोधी, व्याख्याएँ और निर्मितियाँ सामने उकेरकर, दूसरे धर्म/मत/लिंग/वर्ण/नस्ल आदि के खिलाफ वैमनस्य का प्रचार करके, गरीब और दुखी आदमी में एक खास तरह की कुंठा रचके कि उसने कभी कुछ कर्म ही ऐसे किए होंगे जो उसको इस जन्म में ऐसा जीवन मिला!

धर्म का सबसे बड़ा कुपाठ तो उसके कर्म-सिद्धान्त की व्याख्या है। मार्क्स ने हीगेल से जो मुख्य असहमति व्यक्त की थी, वह इस पर ही कि दैववाद (प्री-डेस्टिनेशन का सिद्धान्त) एक खास तरह की अकर्मण्यता पैदा करता है, इसलिए यथास्थितिवादी और मानवताविरोधी है!

'the rich man in his castle
the poor man at his gate,
all creatures great and small
the good god made them all'

हमारे स्कूल की एक प्रार्थना यह भी थी। इसमें जो पूरा चित्र खड़ा होता है–उसमें चुनौती कहीं भी नहीं है! यह पदानुक्रम भगवान का बनाया हुआ है और भगवान इसी में खुश हैं कि धनी आदमी किले में रहे, गरीब आदमी फाटक पर, कभी अच्छे घर की सोचे भी नहीं, उसी तरह सर झुकाकर फाटक पर खड़ा रहे! स्कूल की सामूहिक प्रार्थना में इस तरह का यथास्थितिवाद पिरोया था जो अब तो हमें खटकता है, मगर उस समय इस पर ध्यान भी नहीं जाता था कि हमें घुट्टी में क्या पिलाया जा रहा है!

थोड़े बड़े हुए तो–

'विधि के बनाए जीव जेते हैं जहाँ के तहाँ/खेलत-फिरत, तिन्हें खेलन-फिरन देव' का दर्शन सामने आया कि भाई, चुप बैठे कुदरत का करिश्मा सराहो! प्रश्न न पूछो! कोई चुनौती न दो! किसी को छेड़ो मत–जो जहाँ है, कायम रहने दो! संरचना बदलने की जरूरत नहीं है! जगत तपोवन हो–'अहि-मयूर, मृग-बाघ' मिल-जुलकर रहें–आदर्श स्थिति तो यही है, पर आदर्श निभता है क्या? 'दीरघ दाघ निदाघ' का आपातकाल इन्हें स्तब्ध करके एक पेड़ की छाया में सुस्ताने को विवश कर भी दे, मगर सहज होते ही मयूर साँप को, बाघ हिरण को खा जाएगा।

'छोटी मछली बड़ी को खा जाती है', 'जिसकी लाठी, उसकी भैंस', माइट इज़ राइट' आदि कहावतें सामाजिक डावर्निज्म का जीता-जागता लौकिक भाष्य है! डार्विन ने 'सर्वाइवल ऑफ द फिटेस्ट' द्वारा धर्म को पहली बड़ी चुनौती दी थी, यह कहके कि मनुष्य ईश्वर की नहीं, बन्दर की सन्तान है, पर खुद उनको यह नहीं सूझा कि दुनिया जब स्वाभाविक जैविक विकास का प्रतिफल है और कोई ईश्वर इसके आपसी उलझाव की समस्या सुलझाने नहीं आएगा, समाज में ही मिल-जुलकर कुछ ऐसे विधान रच लिए जाएँ जो खरगोशों, हिरणों और उन भोले वंचितों के पक्ष में खड़े हों, उन्हें एकता का पाठ पढ़ाएँ और सुरक्षित जीवन के कुछ सार्थक क्षण जुटाने का इन्फ्रास्ट्रक्चरल अवलम्ब भी उन्हें दें।

यह सबसे पहले सूझा मार्क्स को! मानवाधिकारों के समर्थन में, कमजोर के समर्थन में एक प्रेशर-ग्रुप कायम करने का सुन्दर सपना उन्होंने देखा! वंचितों को एकजुट रखने का मूलमंत्र भी उनका ही दिया हुआ है–पढ़ी-लिखी सब स्त्रियाँ इसलिए मार्क्स की कृतज्ञ हैं हालाँकि धार्मिक परम्परा भी इसके समर्थन में कुछ संकेत सामने रखती है–जैसे कि चित्रग्रीव नामक कपोतराज का जाल में फँसे कबूतरों को यह संदेश कि एकजुट होकर जाल-समेत ही उड़ जाओ और मेरे मित्र, मूषकराज के पास चलो। लघुपतनक नाम का यह मूषकराज 'पंचतंत्र' में जाल काट भी देता है जो अपनी परम्परा का जाल है। 'पंचतंत्र' अपनी परम्परा का पहला सबल और सार्थक सेक्यूलर पाठ है–बिना एक जगह भी भगवान का नाम लिए बिना जो आध्यात्मिक मूल्यों की ऐसी सुन्दर व्याख्या सामने रखता है कि नैतिकता की आधारभूत संरचना झक से उजागर हो जाती है।

बहुत दिनों से मेरे मन में यह बात लहर ले रही है कि सब धर्मग्रन्थों, व्रतकथाओं, त्योहारों और संस्कारों की एक धर्मनिरपेक्ष व्याख्या कोई स्त्री अध्ययन-मंडल करे और 'एसेप्स फेबेल', 'पंचतंत्र', 'हितोपदेश' आदि सेक्यूलर पाठों का भी! ईश्वरनिरपेक्ष नैतिकता का ग्राफ क्या बनता है–इसका संधान यह सहज ही सिद्ध करेगा कि ईश्वर कम-से-कम स्त्रियों के लिए एक बहुत ही प्यारी निर्मिति है! मनुष्य जिस ऊँचाई तक उठ सकता है–इसका उत्कर्ष है ईश्वर! आस-पास की दुनिया में तो वैसे धीरोदात्त, धीरप्रशांत, धीरललित पुरुष दिखाई देते नहीं जो स्त्री-मन की सूक्ष्म संवेदनाएँ समझ सकें–इसलिए हर स्त्री भैंस के आगे बजती हुई बीन बनकर रह जाती है।

कुछ दिन वह उपक्रम करती है आस-पास के लोगों में महीनी भरने की...लेकिन लम्बा खिंचता जाता है यह इन्तजार और आदर्श प्रेमी/पिता/सखा/ बालगोपाल की कल्पना से ही काम चलाना पड़ता है!

लेकिन यह कल्पना जरूरी है, ईश्वर नाम का यह वर्किंग हाइपोथेसिस जरूरी है—

यह उसके जीवन में थोड़ा तो रंग-रस भरता है और भविष्य के 'नए आदमी' की गढ़न का एक ब्लू प्रिंट भी सामने रखता है! कभी-कभी यह सड़े-गले आसन्न के विरोध का तेज भी भरता है—जैसे मीरा आदि भक्त कवयित्रियों के यहाँ एक के स्वीकार में बाकी सबका, पितृसत्ता का, राज्यसत्ता का भास्वर नकार—

'मेरे तो गिरधर गोपाल/दूसरो न कोय'

या महाराष्ट्र की भक्तकवि जनाबाई के यहाँ इस आदर्श पुरुष का ब्लू प्रिंट हम कुछ ऐसे पढ़ सकते हैं—

'हे माधव, देखो न—
कितने तो काम धरे हैं सिर पर,
इतना आटा गूँधना है अभी,
इतने कपड़े कूटने हैं—
आओ भी, हाथ बँटा दो थोड़ा
या फिर तुम हेर तो जुएँ ही जरा—
कुछ तो करो न, कुछ करो।'

(मराठी कविता की एक पंक्ति के आधार पर पल्लवित, जो मैंने औरंगाबाद की एक बस में मजदूर औरत के मुँह से सुनी थी! मस्ती में आँख मूँदे गाए जाती थी वह! उसकी मस्ती से आकर्षित मैं उसकी सखा बनी। बहनापे का एक अजब सूत्र हमारे बीच आज भी कायम है!

क्या कमाल कर सकती है एक पंक्ति भी—इसका एहसास जबसे हुआ, तबसे इस फेर में हूँ भक्तकवियों, बौद्ध थेरियों में से किसी-न-किसी पर एक बड़ा उपन्यास भी जरूर लिखूँ!)

पर उसके पहले छोटी-सी कोशिश यह कि स्त्रियों के सामने भारतीय देवियों और भक्त कवियों में अनन्य, मीरा के जीवन दर्शन की एक व्याख्या सामने रखूँ जो उन्हें बेहतर जीवन जीने में थोड़ी मदद करे! कितना विशृंखल और अस्त-व्यस्त जीवन स्त्री जीती है—भक्ति उनके जीवन में सब समस्याओं की खूँटी कैसे बन जाती है और एक बड़ा कवच भी—उसे एक कविता में ढालने की कोशिश की थी कभी—

खंडिता

समय : सुबह साढ़े सात, एफ.एम. टाइम
स्थान : सीढ़ी के नीचे आलने घेरकर बनाया गया पूजा-घर!

दृश्य : कुर्सी पर दफ्तर की साड़ी। देह पर एक भीगा कुरता, हाथ में
दुर्गासप्तशती।
'या देवी सर्वभूतेषु'...सविता, देखो बेटी, जल तो नहीं रही सब्जी?
निद्रारूपेण संस्थिता...जागा पिंटू, उसे जगाओ, स्कूल-बस छूटेगी।
'नमस्तस्ये नमस्तस्ये'...फोन बज रहा है उठाओ तो।
मेरा होगा तो कह देना–सी.एल. पर हूँ आज!
सिर दुख रहा है!
'ऊँ जयन्ती काली-महाकाली'–अखबार वाले भैया, रुक लो!
आती हूँ, कर लूँ हिसाब, कल मिल गई मुझे तनख्वाह।
(देवी की मूर्ति से मुखातिब)
अच्छा, सुनो देवी,
अब तुम ही मेरी प्रतीक्षा करो।
सदियों से बन्द पड़ी हो मूर्तियों में
अकड़ गई होगी ये पीठ तुम्हारी
एक मुद्रा धारे-धारे।
कहो तो जरा मूव मल दूँ!
किसने कहा था कि खेलो तुम
इतनी मगन होकर स्टैचू-स्टैचू?
लेटो-लेटो, उधर करवट करो,
यह नस दबेगी तो होगा आराम!
बैठी-बैठी देखती रहना–
दूध उफनकर नहीं गिर जाए!
नमस्तस्यै नमस्तस्यै नमस्तस्यै नमो नमः!

किसी भी तथाकथित देवी या देवता के आगे सिर नवाना दरअसल एक सात्विक भाव के आगे सिर नवाना है! मन के भावों के अनुरूप देवता भी अनन्त हैं–'मानिए जो भावै'! तैंतीस करोड़ देवताओं में किसी एक का वरण दरअसल अपने व्यक्तित्व के मूलभाव के रेखांकन की कोशिश है! इस तरह वह अपने सही 'मैं' को पहचानने की कोशिश या, पुरातन संकेत में कहूँ तो, आत्म साक्षात्कार है!...आस-पास की दुनिया इतनी विद्रूप, विशृंखल, छल-छद्म से भरी दीखती है कि कोई भी संवेदनशील मन के एक स्वर्गनुमा यूटोपिया और देवनुमा आदर्श की कल्पना में थोड़ा सुख पा लेता है, यह एक तरह की थेरेपी भी है :

ऐसा कोई ना मिला जिन सौ रहिए लागी
सब जग जलता देख्या अपनी अपनी आगी।

चूँकि आस-पास ऐसा कोई मिला ही नहीं विश्वसनीय सुकून से भरी जिसकी उपस्थिति हो—हम कल्पना में एक अलख जगा लेते हैं और भला हो मिथकीय परम्पराओं का जो इसमें हमारी मदद करती हैं—यह समझाती हुई कि 'Human kind cannot bear very much reality...'

यह खासा रोचक है कि यूनानी देव-देवियाँ और भारतीय देवता भी ईर्ष्या, प्रतिशोध-भावना, कामुकता आदि दोषों के शिकार दिखाए गए हैं, पर देवत्व जब मनुष्य और खासकर स्त्री पर घटित दिखाया जाता है तो उससे उम्मीद की जाती है कि इन सब दोषों से परे वह करुणा, क्षमा, औदार्य और परदुख कातरता की विनम्र प्रतिमूर्ति हो। ये भाव तो, खैर, वरेण्य हैं भी, पर नख-दन्तगलित जिस कातर सहिष्णुता का आदर्श स्त्रियों को घुट्टी में पिलाया जाता है, वह उन्हें ऐसी मरियल देवियाँ बना छोड़ता है, मिथकीय देवियों का तेज जिन्हें छू तक न गया हो।

इससे बड़ा सांस्कृतिक षड्यंत्र कोई हो नहीं सकता कि सीता-सावित्री जैसी बागी स्त्रियों को मूक आज्ञाकारिता से एकाकार करके देखा जाए। न सीता कठपुतली थीं, न सावित्री—दोनों के स्वतंत्र व्यक्तित्व थे और समय आने पर दोनों ने निर्भीक निर्णय का तेज दिखाया। यह विडम्बना ही है कि अन्यायी-असंस्कृत और भ्रष्ट पति की भी मूक प्रतिच्छाया बनकर रहनेवाली दीन-हीन स्त्रियों को सीता-सावित्री कहा जाता है।

सीता और सावित्री दोनों सुलझे हुए चरित्र हैं पर वे घरपोसू या पालतू (डोसाइल) कहीं से भी नहीं। सीता के बारे में सबसे बड़ा मिथ निःशब्द समर्पण (डोसिलिटी) का है। सीता अपने समय की पहली महिला थीं, जिसने पति के साथ ही सही, घर की चौखट लाँघकर अपनी आँखों से दुनिया देखी। (वैसे, कैकेयी भी रणभूमि तक दशरथ के साथ हो आई थीं, पर यह सिर्फ कुछ दिनों का चक्कर था।) सीता के सामाजिक सरोकार इतने अच्छे थे कि वन-प्रदेश का एक-एक व्यक्ति—ग्राम-बंधुओं से लेकर केवट तक—उनसे पूरा ममत्व पाता रहा। रावण की वाटिका-जैसी विकट (हॉस्टाइल) जगह में भी उन्होंने त्रिजटा जैसी सखी पा ली। उनका व्यक्ति-नियोजन (मैन-मैनेजमेंट) कितना अच्छा था, इसका सबसे बड़ा प्रमाण है कि रावण जैसे जटिल व्यक्ति को भी एक दूरी से वे लगाकर साधे रहीं। ठीक है कि रावण के भी अपने सिद्धान्त थे, पर बिना व्यावहारिक खपच्चियों के छूछे सिद्धान्त किस तरह भहरा गिरते हैं, यह कौन नहीं जानता।

फिर सीता को मूक आज्ञाकारिता के कठघरे में जड़नेवाले यह क्यों भूलते हैं कि सीता का सबसे बड़ा सच है लक्ष्मण-रेखा लाँघ जाना यानी आपातस्थिति में अपने विवेक के हिसाब से नियमावलियों में परिवर्तन का साहस। निर्णय

गलत भी हो जाएँ तो क्या, निर्णय लिए गए, यही बड़ी बात है। दस में से एक निर्णय किसका गलत नहीं होता! अपने हिसाब से उन्होंने ठीक ही निर्णय लिया–किसी को भिक्षा दी, भूखे को भोजन दिया...और यह इस तथाकथित गलत निर्णय का तेज ही था जो बाद में रावण के वध का निमित्त बना! न होता इस निर्णय का तेज तो रावण का वध कैसे होता! सीता कठपुतली होतीं तो रावण कैसे मारा जाता! जीवन में दो-चार निर्णय गलत भी लेने चाहिए। वे अकसर किसी बड़े प्रयोजन का द्वार सिद्ध होते हैं।

इस सन्दर्भ में शूर्पणखा की चर्चा भी आवश्यक है। वह बेचारी सोलह साल की लड़की थी। आज का जमाना होता तो मैट्रिक का इम्तिहान दे रही होती! इतनी बड़ी लड़की को होश ही कितना होता है! इस उमर में मोहान्धता (इन्फैचुएशन) कोई बड़ी घटना भी नहीं। जंगल जैसी रहस्यमय जगह में एक सुन्दर पुरुष इधर से उधर टहलता हुआ दीखे और एक सोलह साल की लड़की उससे मोहाविष्ट हो जाए तो समझा-बुझाकर उसे घर भेजने के स्थान पर सीधे उसके नाक-कान काट लेना कहाँ का न्याय है! लक्ष्मण दरअसल पुरुष-प्रधान समाज के उस बेबुनियाद तर्क का संवहन करते दीखते हैं कि स्त्री की अपनी यौन-संवेदनाएँ तो होती ही नहीं और वह निर्लज्ज (?) बनकर अपनी ओर से प्रणय-निवेदन करती है तो दाल में जरूर कुछ काला होता है–विषकन्या आदि का कोई राजनीतिक षड्यंत्र, जिसका निराकरण होना ही चाहिए! (विषकन्याएँ अलग यौन-शोषण की एक करुण कहानी कहती हैं, पर फिलहाल हम सीता पर ही आएँ।)

वर्जिन मेरी और शकुन्तला की तरह सीता ने भी एकल अभिभावक (सिंगल पेरेंट) का दायित्व निभाया और इतने होनहार बच्चे राम के इस धोबी-संसार के सामने एक चुनौती के रूप में खड़े किए कि लोग देखते रह गए (और यह भी अजब संयोग है कि क्राइस्ट, शकुन्तला-पुत्र भरत, जाबाल और शिवाजी से लेकर अब तक जितने महापुरुष हुए हैं, उनमें से अधिकांश अकेली माँओं के ही बेटे थे)! किसी को प्रायश्चित का मौका दिए बिना सीता जो धरती में समा गईं, वह भी एक मुखर प्रतिरोध (प्रोटेस्ट नोट) ही था।

सावित्री का तेज भी कम विलक्षण नहीं है। यम अपने ठेठ अर्थ में एक परमपुरुष ही तो था, कायदे से जिसकी छाया भी जीते-जी उन पर नहीं पड़नी थी, पर उन्होंने हिम्मत की, नियमावलियाँ ताख पर रखीं, उसके पीछे गईं, उसे बहस में हराया और अभीप्सित प्राप्त करके लौटीं। यदि वे अन्तर्मुखी बन घुटती रहतीं–जैसे आम स्त्रियाँ घुटती हैं–अपने दुख के दुर्ग से बाहर नहीं निकलतीं, दुख के निराकरण के लिए कुछ करती-धरती नहीं, सिर्फ आँसू बहातीं, तो उनकी नियति बदलती भला?

एक अन्य रोचक चरित्र पार्वती का है। उन्होंने सबसे पहली बगावत तो पिता से ही की, फिर उस पूरी संभ्रान्तवादी (इलीटिस्ट) व्यवस्था से, जो अविकसित जातियों-जनजातियों को भूत-पिशाचादि से एकाकार करके देखती हैं और किसी सामाजिक समारोह (यज्ञादि) में उसे बराबरी का दर्जा नहीं देतीं। पिता के जिस असंगत व्यवहार के प्रतिकार में वे आग में कूदीं, उसमें पति ही नहीं, उनके सब गण-दूतों की अवज्ञा शामिल थी। सीता के धरती में समा जाने-जैसा ही प्रतिरोध यह भी है : 'अब पछताओ हाथ मलके और आगे सावधान रहो'—कुछ ऐसी ही ध्वनि इससे आती है! विरोधी पक्ष की आत्मा पर चाबुक चलाता-सा यह सत्याग्रह इतना तो जरूर मानकर चलता है कि प्रतिपक्षी की भी आत्मा है, वह जड़ नहीं हुआ और उसमें अभी विकास की सम्भावनाएँ शेष हैं।

शिव बेचारे तो खुद ही औढ़रदानी हैं—आशुतोष, पर उन्हें और सदय होने के पाठ पढ़ाती पार्वती हमें लोककथाओं में लगातार दीख जाती हैं—"और दो...और दो, और दो...इसका भाग्य पलटो, उसका पलटो...!" कहीं वे चुप्पा बाबा बनी नहीं नजर आतीं, फिर किस तर्क से परम्परा स्त्रियों को चुप्पा बाबा बनी रहने का परामर्श देती है? पारम्परिक आदर्श (रोल मॉडल) भी तो वैसे नहीं हैं, तो फिर क्या चुप सहने के आदर्श का यह चक्कर मेकॉले की शिक्षा-नीति के उस षड्यंत्र की बू नहीं देता कि कुछ ऐसा किया जाए जिससे तेज पनपे ही नहीं, औसत बैलों की जमात खड़ी हो रहे बस, जो चुपचाप सिर झुकाए आपका जुआ ढोएँ? आज किसी भी जगह यदि चार सीताएँ, चार सावित्रियाँ, चार पार्वतियाँ अपनी पूरी प्रतिरोध-शक्ति के साथ उठ खड़ी हों तो समाज का नक्शा ही बदल जाएगा; पर मूल की तो यहाँ बात की ही नहीं जाती, सीता-सावित्री और पार्वती के निष्प्रभ, सिनेमाई संस्करण सामने खड़े कर दिए जाते हैं, जिनसे कोई तेज ही नहीं फूटता।

"बंदगी में भी वो आजादोवोखुदबी है/कि हम उल्टे फिर आए दरे-काबा अगर वा न हुआ"—गालिब की इस 'खुदबी' की खनक पार्वती में तो इतनी थी कि जिस शिव को उन्होंने इतनी तपस्या से पाया, नाराज होकर एक दिन उन्हें भी छोड़ चलीं—प्रायः दौड़ती हुईं, पीछे मुड़कर भी नहीं देखा। पर शिव तो शिव थे, नंगे पाँव उनके पीछे दौड़े और उन्हें मना ही लिया। इसी पुनर्मिलन के स्मृतिचिन्ह के रूप में झेलम नदी की सृष्टि हुई। 'पेरिस रिव्यू' के ताजा अंक में आगाशाही अली की एक कविता आई है जो झेलम नदी की इस पृष्ठभूमि के इर्द-गिर्द बुनी गई है : "बट आलरेडी, ऐज़ शी रैन अवे-रिफयूजी फ्रॉम हर लॉर्ड-द रुइन्स ऑफ द सी फ्रोज, इन ग्लेशियर्स...एंड देयर इन द वैली बिलो द रिवर बिगाइल्ड इट्स बैंक इन्टू पेट्रिफाइड लांगिंग!"

जड़ीभूत कामना (पेट्रिफाइड लांगिंग) के मिथ से सर्वथा अलग, सचेतन शक्ति के दो बिम्ब दुर्गा-काली के भी हैं, पर 'चंडी' एक तरह की गाली ही है जो थोड़ा

क्रोध दिखाने पर स्त्रियों को दी जाती है। एक खास बात यह है कि मजबूत स्त्रियाँ होने के बावजूद दुर्गा-काली व्यक्तित्व के रूप में स्वतंत्र नहीं हैं। इनके जन्म की कथा सर्वविदित है कि समस्त देवतागण अपना तेज संचित कर इनकी मूर्ति गढ़ते हैं, फिर इन्हें निर्देश देते हैं कि ये क्या करें, क्या न करें! एक खास तरह के अभियोजित (प्रोग्राम्ड) चरित्र के रूप में ये सामने आती हैं और ठीक वही करती हैं जो करने के लिए इन्हें भेजा गया है–दुष्टदलन, अपने लक्ष्य से टस से मस न होने वाली स्त्री-रोबो के रूप में इनकी छवि उभरती है। लोक-तत्त्व दशहरे पर इनके नैहर-ससुराल आने-जाने की कल्पना जोड़कर थोड़ी मानवीय गरिमा इन्हें जरूर देता है, पर वैसे, अपने उग्र प्रतिक्रियावाद के कारण इनका रूप प्रथम चरण के फेमिनिस्टों से मिलता-जुलता है, जबकि पार्वती और सीता-सावित्री का तीसरे चरण की समन्वयवादी, सुस्थिर (इंटिग्रेटेड) फेमिनिस्टों से!

सरस्वती ब्रह्मा की पुत्री थीं, पर ब्रह्मा ने उनसे समागम किया! 'इनसेस्ट' का यह आदिकालिक उदाहरण है और अपने-आप में बड़ा सांकेतिक भी। जो विद्या का वरण करती हैं, उनके पथ का सबसे बड़ा कंटक उनका अपना परिवार सिद्ध होता है। यहाँ आकर हम बलात्कार के बड़े प्रश्न से भी आ जुड़ते हैं–बलात् किसी की देह पर काबू पाने की कोशिश शरीर पर उतने घाव नहीं छोड़ती जितने मन पर। यह एहसास कि मुझे व्यक्ति नहीं, वस्तु समझा गया और एक ऐसे कार्य में भी मेरी सहमति जरूरी नहीं समझी गई जिसमें मुझे देह जैसे बड़े यथार्थ के साथ घसीटा जाना था, अपने-आप में बहुत मारक है; दैहिक हिंसा से कहीं अधिक यह मानसिक हिंसा है, खासकर वहाँ जहाँ पुरुष ने कम-से-कम यह सावधानी न बरती हो कि जिस स्त्री के साथ वह मनमानी कर रहा है, उसके गर्भ न ठहरे। अमरीका में इन सावधानियों के साथ रेप करनेवालों की सजा उनकी तुलना में कम है जो पशुता के चरमोत्कर्ष पर ठहरे हुए ये सावधानियाँ भी नहीं बरतते।

देह के स्तर पर यह वैसी ही दुर्घटना है जैसी किसी के लंगी लगाने पर औंधे मुँह गिर पड़ना। अब एकाध बार औंधे मुँह गिर भी गए तो वैसे ही पड़े तो नहीं रहेंगे! आखिर देह-हाथ झाड़कर उठना ही होता है। देवी सरस्वती ने भी यही किया होगा, और इसलिए वे संपूज्य हुईं और ब्रह्मा की आज तक कहीं पूजा नहीं होती। एक वितृष्णाकारी हादसे से किसी की शुचिता बाधित होने का प्रश्न ही नहीं उठता।

गौतम ऋषि ने जिस पर इतना बड़ा बवंडर उठा दिया और आज तक जीवन में जिस हादसे के कारण औरतें इतनी लांछित-प्रताड़ित होती हैं–कुछ मिनटों का वह तन-घर्षण क्या उतना ही बेमानी और महत्त्वहीन नहीं जितना बस या ट्राम में कन्धे से किसी का कन्धा टकरा जाना? जहाँ प्रेम होता है, वहाँ समर्पण-जैसे बड़े भाव के एक प्रतीक के रूप में दैहिक संस्पर्श एक महत्त्वपूर्ण घटना के रूप में जीवन

की आह्लादकारी लय बन जाता है, वरना देह लड़ जाने का क्या मतलब? लोकजीवन में अंगों के कुछेक अमानवीय झटकों को इज्जत जाना या इज्जत लुट जाना कहते हैं, पर मेरी समझ में बिलकुल नहीं आता कि इज्जत जैसी बड़ी चीज के साथ अंगों के अमानवीय घर्षण का हादसा क्यों जोड़ा जाता है! देह पर कीचड़-बिष्टा पड़ जाने से उसकी इज्जत नहीं जाती तो आखिर किस तर्क से एक ताकतवर पशु के अंगविशेष के बीमार स्राव की कुछ बूँदें गिर जाने से उसकी इज्जत चली जाएगी? यौन-शोषण की शिकार लड़कियों के सामने सरस्वती बहुत बड़ा आदर्श हैं।

लक्ष्मी तो शुरू की आधुनिक हैं क्योंकि वे कभी कैद नहीं रहतीं और उल्लू की सवारी करती हैं जो बहुत सांकेतिक है। सांकेतिक तो दरअसल अपने यहाँ का सारा मामला है। देवी-देवता, शास्त्र-पुराण के सारे मिथक, कर्मकांड और त्योहार आदि भी गौर से देखने पर एक बड़े कवि की नटखट लिमरिक के बिम्ब-प्रतीक दीखते हैं। इस सन्दर्भ में बिहार और पूर्वी उत्तर प्रदेश में प्रचलित गोधन-पूजा की चर्चा हो सकती है।

भैयादूज के दिन मुहल्ले की सब औरतें गोल घेरा बनाकर बैठ जाती हैं और रेंगनी के काँटे उँगलियों-नाखूनों से खूँटकर दबी-जुबान घर के सभी पुरुषों का नाम ले-लेकर उनके मरने की दुआ करती हैं कि ये मरे, वो मरे, भाई मरे, पिता मरे, पति मरे, ससुर मरे, नंदोई, देवर और जेठ मरें...धीरे-धीरे काका-ताऊ-फूफा-मौसा...सबको मार गिराया जाता है—दूर-दराज के भी मर्द-रिश्तेदार इस बतौर याद कर लिए जाते हैं, किसी को भी बख्शा नहीं जाता और इस 'सराप' का अन्त होता है इससे कि 'इसरे-बिसरे' सब लोग मर जाएँ यानी भूले से भी 'अत्याचारियों' की फेहरिस्त से कोई छूट गया हो तो वह भी मर जाए! अचेतन के स्तर पर यह एक तरह का मानसिक प्रतिशोध है या एक तरह की मानसिक शुद्धि कि साल-भर में संचित जितनी भड़ास है, सब एक बार में निकल जाए : बचपन में मैं अक्सर यही सोचने लगती थी; पर अब इसी शाप-यज्ञ के आगे की प्रक्रिया पर ध्यान ज्यादा जाता है, जो इंटिग्रेटेड फेमिनिज़्म के निकट है।

आगे की प्रक्रिया यह है कि एक-एक कर सबको जिलाया जाता है कि ये जिए, वो जिए...इसरे-बिसरे सब लोग जी जाएँ और जिस जीभ से हमने आत्मीय जनों की मृत्यु-कामना की, उस नीच जीभ में काँटे गड़ें और सचमुच ही रेंगनी का काँटा उठाकर जीभ में चुभा लिया जाता है। फिर बालों की एक लट उँगलियों से सामने खींची जाती है, उस पर सामने बैठी कोई औरत लुटिया से जल ढालती है और पूछती है कि क्या पी रही हो तो आर्त्त कण्ठ से औरतें कहती हैं—"बाप-भाई-दूल्हे की रोग-बलाएँ और यमराज का खून।" (अब इस बाप-भाई दूल्हे में अन्य रिश्तेदार

भी आ गए।) जाहिर है कि इसके पीछे भावना यह है कि जीवन देने वाली जीवन ले कैसे सकती है। समय आने पर वह आत्मीयजनों पर असमय झपटने वाले यमराज का ही खून पी लेगी और उन्हें सब रोग-बलाओं से बचाए रखेगी! जॉन डन के 'डेथ, दाउ शैल्ट डाई' से भी बड़ी यह परिकल्पना है। यमराज का खून पीनेवाली, मृत्यु पर विजय की ऊर्ध्वबाहु घोषणा करनेवाली इन देहाती स्त्रियों का तेज देखते ही बनता है।

मिथकों की एक बड़ी भूमिका यह है कि वे लोकजीवन में गूढ़ स्थितियों का आदर्श निराकरण करनेवाले पेटेंट चरित्र (रोल मॉडल्स) देते हैं। कोई भी काल हो, कोई भी भूखंड–कुछ दुरूहताएँ होती हैं जिनसे समाज बार-बार टकराता है। इनमें कुछ प्रेम की पेचीदगियों से सम्बद्ध होती हैं, कुछ प्रशासन की पेचीदगियों से (दुष्टदलन, दलितोद्धार, भिन्न सामाजिक-आर्थिक-राजनीतिक, धार्मिक और सांस्कृतिक संगठनों के बीच सामंजस्य की स्थापना आदि)! प्रशासन की पेचीदगियों से सम्बद्ध बातों में तो नहीं, पर प्रेम की पेचीदगियाँ निबटाने में मिथकीय स्त्री-चरित्र अक्सर आगे कर दिए गए हैं। क्यों?–यह समझने की कोशिश भी जरूर करनी चाहिए।

सिर्फ भारत के ही नहीं, रोम और यूनान के मिथकीय चरित्रों के अध्ययन से भी यह मजेदार तथ्य सामने आता है कि जो प्रमुख नायक हैं–एकिलस, एनीज, अपोलो, प्रोमिथियस, हेक्टर, थीयस और पिलोसेट्स–वे विश्व-हित की बात सोचते हैं, एक बड़ा मिशन उनके सामने है और उनके एकल संघर्ष और अन्तर्दाह मुख्यतः उसी से सम्बद्ध हैं। यदि वे प्रेमी भी हैं तो प्रेम उनके जीवन का सिर्फ एक पक्ष है (बकौल बायरन : ऐन एपिसोड)! दूसरी ओर मिथकीय महिला-चरित्रों (हेरा, इको आदि) का आदि-अन्त बस प्रेम ही है। संस्कृति यहाँ कठघरे में खड़ी किसी धर्मग्रन्थ की शपथ लेती-सी दीखती है कि स्त्रियाँ जब करेंगी तो प्रेम ही करेंगी, प्रेम के सिवा कुछ नहीं करेंगी! और जो किया तो वह बस विनाश हो सकता है–विनाश, जैसा 'नेमेसिस' (प्रतिशोध-भावना) मचाती है या कुछ और क्रूर भावनाएँ जिनका प्रतिनिधित्व मिथकीय महिला-चरित्रों के सिर डाल दिया गया है! गनीमत यह है कि कम-से-कम कला-विभाग सात म्यूज़ेज़ के हाथ में है, जो स्त्रियाँ हैं, पर इन कलाओं का अन्तिम ध्येय भी आखिर क्या है–प्रिय को प्रसन्न रखना ही तो!

माधवी-शकुन्तला-दमयन्ती-वासवदत्ता हों या राधा-रुक्मिणी-द्रौपदी–जीवन के प्रति इनका रुख खुला हुआ है और ये नायिकाएँ हैं तो इसलिए कि इनमें पिटी-पिटाई लकीर लाँघने के तेज हैं, अपने सिद्धान्त पर अटल रहने की दृढ़ता है, पर यह दृढ़ता कभी उनके व्यक्तित्व को अनावश्यक कठोरता या कटुता नहीं देती (अपवाद एकाध हैं–जैसे द्रौपदी का दुर्योधन के गिर पड़ने पर किया गया यह हृदयहीन कटाक्ष कि अन्धे का बेटा अन्धा ही तो होगा)। सबका आत्मसम्मान प्रखर

है, पर मन उदार–इस दृष्टि से भी वे फेमिनिज्म के तीसरे चरण, इंटिग्रेटेड फेमिनिज्म के निकट दीखती हैं। मथुरा और वृन्दावन के बीच दूरी ही कितनी है, पर गोपिकाएँ आत्मसम्मान धो-पोंछकर कृष्ण से मिलने नहीं चल पड़तीं। वे रो लेती हैं, पर काम-काज छोड़कर पस्त नहीं पड़ जातीं, इसलिए त्रिकोण की आधुनिक स्थितियों में भी उनसे तादात्म्य सम्भव है।

यह भी मैं बार-बार कहना चाहूँगी कि अभंग साहचर्य और एकनिष्ठ समर्पण ही प्रेम का एकमात्र सच नहीं है। व्यक्तित्व की अनेक अन्तर्धाराएँ हो सकती हैं और उन अलग-अलग धाराओं का जुड़ाव अलग-अलग बिन्दुओं से हो सकता है–मिथकों की सारी प्रक्रिया नायिकाएँ इस बड़े सत्य का संवहन करती दीखती हैं। उनका द्वन्द्व आधुनिक जीवन का बड़ा द्वन्द्व है और राधा के साथ कृष्ण की पूजा भारतीय समाज की बड़ी स्थापना। राधा, ऐना कैरिनिना और चेखव की 'डार्लिंग' आदि को किस छल-छद्‌म और 'फ्रेल्टी' के घेरे में बाँधा जा सकता है भला? प्रेम की उन 'एमोरल' (नैतिक-अनैतिक से परे) स्थितियों का ये प्रतिनिधित्व करती हैं, जिनमें उत्तरशती की स्त्री को बार-बार जूझना पड़ता है।

भारतीय मिथकों का एक अन्य रोचक वर्ग अप्सराओं का है। कल्पना है कि यौवन उनसे रूठता नहीं और वे किसी से बँधकर नहीं रहतीं, ललित कलाओं में दक्ष होती हैं और पत्नी-माँ आदि के दायित्वों से सर्वथा मुक्त–मॉडलिंग आदि सौन्दर्यधर्मी व्यवसायों से सम्बद्ध स्त्रियों के चाक्चिक्यपूर्ण (ग्लैमरस) जीवन की तस्वीर पेश करनेवाली मीडिया के बराबर की मक्कारी यहाँ मिथक करते दीखते हैं।

यूनान में विश्वास है कि केऑस (शोरोगुल) नामक भीमाकार दैत्य के पहाड़ से लुढ़क पड़ने पर उसका सिर फट गया और उससे एक धुएँ का बादल उठा, जिसमें से उसकी पत्नी इरिकस (कालिमा) और बच्चे ईथर और हैमेरा (रोशनी और दिन) उभरे। हैमेरा की बेटी जिया (धरती) थी जिसने अपनी कल्पना एकाग्र कर यूरेनस (स्वर्ग) की सृष्टि की और फिर उसके समागम से बारह टाइटनों की माता बनी जो मनुष्यों की पहली जाति थी और मिथकीय चरित्रों का अंडकोष! केऑस से मनुष्य गढ़ने का बड़ा दायित्व जो महत् स्त्री-तत्त्व निभाता है, मिथक भी उसका सम्मान करते हैं, पर यह सम्मान क्या मिथकीय परिकल्पना का घेरा कभी नहीं लाँघेगा?

डायनों का मिथ और प्रताड़नापूर्ण है। सभी जानते हैं कि जो भी औरत चोरी-छुपे कुछ पढ़ जाती थी और ज्ञान का प्रभुत्व गाहे-बगाहे लोगों पर जमा देती थी, उसे लोग डायन कहकर जाति-बहिष्कृत कर देते थे, तरह-तरह की अफवाहें उसके चारों ओर बुन दी जाती थीं, उसकी विद्या काली विद्या घोषित हो जाती थी, उसे पुत्रहन्ता, पतिद्रोहिणी और भयावह बताते हुए कई बार सार्वजनिक रूप से जिन्दा जला भी दिया जाता था।

आज भी स्थिति बहुत बदली नहीं है। पढ़ी-लिखी तेजस्वी स्त्रियाँ बहुधा आजीवन अकेली रह जाती हैं। लोग उनसे खार खाते हैं और उनके साथ कटखनी कटुता का जो मिथ जोड़ दिया जाता है, वह डायनपने के आरोप से बहुत भिन्न तो नहीं! आज यह बात चर्चा में है कि बहुत जल्द विज्ञान पुरुषों को उस प्रविधि से भूषित कर देगा जिससे वे अपना एक्स-फैक्टर जब्ब कर सिर्फ वाई-फैक्टर स्त्रियों के गर्भ में भेज सकें! न आएगा एक्स-फैक्टर, न पैदा होंगी बेटियाँ! न रहेगा बाँस, न बजेगी बाँसुरी! मगर सोचिए–बाँसुरी का बजना क्या इतना बुरा है? जरूरी है कि हर बाँसुरी बाँस का फट्टा ही बन जाए?

पूँजी की ललमुनिया

वैसे तो सत्तर के दशक में ही न सिर्फ 'श्रम' के अध्येताओं का बल्कि विश्व-बैंक आदि संस्थाओं का भी ध्यान श्रमिकों के तथाकथित सुविधाभोगी तबके के समान्तर पनपे अकुशल और असंगठित कामगारों के वृहदाकार अनौपचारिक क्षेत्र की ओर जा चुका था, पर भूमंडलीकरण के बाद 'हायर एंड फायर' की व्यवस्थात्मक नीतियों के महत्तम प्रसार के कारण शहरों में, खदानों-मिलों-कारखानों के हाशिये पर न सिर्फ उसका अमीबा-पिंड बढ़ा है, बल्कि उसकी समस्याएँ भी गहनतर हुईं और जैसा कि हर नव-विस्थापित समूह के साथ होता है—यहाँ भी आर्थिक भावनात्मक असुरक्षाओं से उद्भूत बहुस्तरीय दोहन का सबसे स्पष्ट शिकार उसकी महिलाएँ हुईं। कम पगार और उपभोक्तावाद के आग्रह से क्षण-क्षण आर्थिक महत्त्वाकांक्षाओं का समाधान 'अनौपचारिक' सेक्टर के मजदूर दो-दो पालियों का काम ढूँढ़कर करते हैं जिसके कारण उनका मन-शरीर थककर ढूह हुआ रहता है, कहीं भी लुढ़क जाने को तत्पर-प्लेटफॉर्म, फुटपाथों पर, वेश्यालयों में, ठर्रे की दुकानों पर। समय की भी इतनी कमी रहती है कि 'थकान' उतारने के नाम पर ज्यादातर तो इतना ही हो पाता है कि प्याली की चाय तश्तरी में डालकर सुर्र-सुर्र पी गए या इसी लय में मिनट-दो-मिनट अपनी या पराई किसी औरत का शरीर सुड़का और अगले ही क्षण उसे परे धकेलकर, मार-पीटकर, 'पंचिंग बैग' के रूप में उस पर अपनी खुदरा खुंदकें निकालकर भाग गए काम पर वापस। कमाई का दूसरा आसान स्रोत मोटे असामियों के हाथ नन्ही-नन्ही बच्चियों का विक्रय भी है ही—नन्ही बच्चियाँ इसलिए कि उनके साथ की मनमानी 'एड्स' के खतरों से उबारे रखती हैं।

भूमंडलीकरण ने दूसरा बड़ा बखेड़ा उठाया है 'उत्पादन' को 'बाजार' से काटकर—पण्यों का उत्पादन कहीं और होता है और उपभोग कहीं और, जिसका नतीजा यह है कि 'उत्पादकों' और 'उपभोक्ताओं' के बीच नाम का भी सम्बन्ध नहीं रहता—कई बार तो उपभोक्ताओं की कल्पना में भी नहीं समाता कि 'उत्पादक' उनके उपभोग की चीजें तैयार करते हुए कैसी मारक स्थितियों से गुजरे हैं। एक प्रसिद्ध विज्ञापन के अनुसार 'हीरा है सदा के लिए' किन्तु हीरा पॉलिश करनेवालियों

का जीवन सूरत की तंग कोठरियों में तिल-तिलकर गलता हुआ उन मालिकों को भी नहीं दीखता जो वातानुकूलित कमरों में बैठे-बैठे वीडियो कैमरे की आँखें लगातार इन्हीं पर टिकाए रखते हैं कि काम करते हुए हीरे की एक कणिका भी मार तो नहीं ली गई।

वैसे तो 1860 के दशक से 'सोशल डार्विनिज़्म' का 'सर्वाइवल ऑफ द फिटेस्ट' वाला नारा अपने रंग दिखा रहा है, इस क्रूर स्थापना द्वारा कि जो हाशिए पर हैं, किसी कारण जिनका आर्थिक-नैतिक-सांस्कृतिक-शैक्षिक विकास नहीं हो पाया—वे 'अनफिट' और फालतू हैं—पर भूमंडलीकरण के बाद तो इसके विद्रूपीकरण का कोई हद-हिसाब ही नहीं रहा। एक विडंबनापूर्ण बात इस संदर्भ में यह भी हुई कि भूमंडलीकरण ने पूँजी के पाँव में पंख बाँध दिए, वह तो लोकगीत की 'ललमुनिया' की तरह विश्व भर में फुदकने-चहकने को स्वतंत्र हो गई 'उड़ि-उड़ि बैठी हलवैया दुकनिया', 'बर्फी के सब रस ले लिया रे'—पर बर्फी तो दूर, सूखी रोटी के लिए भी तरस गए मजदूर। आर्थिक-भावनात्मक—दोनों संरक्षणों के लिए अधिक से अधिक 'स्थानीय' होते चले गए। उनकी और उनके सहयोगियों की स्थिति खूँटे में बँधी गाय-गोरू की ही हो गई—एक निश्चित वृत्त में ही घूम-टहलकर वे चर सकते थे। कोल्हू का बैल बन गए वे और 'मोबिलिटी' (गत्यात्मकता) उनके लिए आँख का धोखा हो गई।

'पूँजी' की तरह 'मजदूरों' को तो अन्तर्राष्ट्रीय क्षितिज का फ्री वीजा मिला नहीं...पर हाँ, उनकी औरतें और लड़कियाँ अरब शेखों और दूसरे अन्तर्राष्ट्रीय गिरोहों के हाथ बिकती चली जाने को स्वतंत्र हो गईं। उपभोक्तावाद क्षणवाद को बढ़ावा देता गया—'टू मिनट्स प्लीज', 'फिल इट, शट इट, फॉर्गेट इट' आदि के प्रचारात्मक संकेत (कैप्शन) अन्तरंग मानवीय सम्बन्धों पर भी घटित होते दीखने लगे। यह उस हृदयहीन उपयोगितावाद का ही नया रूप था जो औरत को 'पानी के एक गिलास' और 'लदे हुए एक गर्भ' के सिवा कुछ मानता नहीं था। और दलित कवयित्री सरूपारानी की पंक्ति नए-नए सन्दर्भों में खुलती चली गई।

घर में पुरुष-अहंकार एक गाल पर थप्पड़ मारता है
तो गली में वर्ण-आधिपत्य दूसरे गाल पर।

आज भी ईंट-पर-ईंट-पर-ईंट माथे पर और नौ महीने का बच्चा गर्भ में लादे बीच सड़क खड़ी मजदूर औरत का बिम्ब 'उत्पादन' और 'प्रजनन' का एक आदिम घाल-मेल हमारे सामने जगह-जगह खड़ा करता है—चूँकि पगार की दर प्रति ईंट के हिसाब से तय होती है, इसलिए मजदूर औरतों का जोर रहता है कि एक बार में ही अधिक से अधिक ईंटें उठा लें और कभी-कभी तो उनके सिर का बोझा 30

किलोग्राम तक हो जाता है। उनके लिए कौन-सी सदी बदली, कौन-सा नया विज्ञान आया—यह सोचने की बात है।

मध्यवर्गीय सन्दर्भ में 'भूमंडलीकरण' कहते ही स्त्री के तीन रूप सामने उभरते हैं—

(क) तरह-तरह के मेकअप से दबी-ढकी, बेहद दुबली, अक्षतयौवना बॉर्बी गुड़िया का;

(ख) हार्लिक्स, मैगी, सॉस, तरह-तरह के साबुनों और शैम्पू, खिलौने, बिस्किट, फैंसी ड्रैस खरीदती सुपरबॉयर, सुपरममी का;

(ग) कम्प्यूटर ऑपरेटर, रिसेप्शनिस्ट, विमान परिचारिका, सेल्सगर्ल, मॉडल, दूसरी हॉस्पिटैलिटी सेवाओं में नियुक्त लड़कियों या निम्न श्रेणी क्लर्क, टाइपिस्ट, स्टेनो आदि का जिनके सिर ठुँकी पड़ी है बस की धक्का-मुक्की, सुबह से शाम, शाम से सुबह तक एक नए तरह की, पर उतनी ही नीरस अरचनात्मक कार्यावलि; तरह-तरह की डाँट-फटकार या बॉस-गॉडफादर का यौन-दोहन, तज्जन्य अपराध-बोध, कुंठाएँ, अन्य विकृतियाँ, गृह-कलह, खंडित मातृत्व आदि कलंक।

उत्तर-फोर्ड समाज के दोहरे श्रम बाजार का ही यह कमाल है कि एंड्रोजेनी (स्त्री-पुरुष तत्त्व में समानुपात) की आदर्श स्थिति की अवहेलना करते हुए लड़के अति-मर्द होते जा रहे हैं, लड़कियाँ अति-नारी। लड़कों का आदर्श हिंसा के प्रति इम्युनिटी जगाते डब्ल्यू.डब्ल्यू.एफ. के मुस्टंडे खिलाड़ी, दूसरे क्रिकेट स्टार या लड़ाकू फिल्म स्टार, स्पाइडरमैन, मैचो मैन, सुपरमैन, ही-मैन, लड़कियों का आदर्श सिगरेट-सी टाँगें, मुट्ठी-भर कमर और मटकती आँखोंवाली बॉर्बी गुड़िया! वैविध्य का, अपनी खास वैयक्तिक आभा का तो कहीं कोई स्कोप ही नहीं दिखता। जैसे चॉकलेट के किसी ब्रांड के पचास खंड (स्लैब्स) एक रंग-ढंग, एक पैकिंग के—वैसे ही पचास आदमी भी एकदम एक-से—एक जैसी भाषा, एक जैसा हाव-भाव, एक-जैसी सोच-समझ जैसे आदमी न हुए, टॉफियाँ ही हो गए—लेकिन याद रहे जो आदमी की अस्मिता टॉफी-चॉकलेट में तब्दील हुई तो उसकी भी नियति होगी—या तो किसी दुकान के एयर-टाइट मर्तबानों में सज जाना या किसी धृष्ट, अधीर, लोलुप मुख में तिल-तिलकर घुलते चले जाना। और घुल ही रही हैं लड़कियाँ : क्रैश डायटिंग और दूसरे स्लिमिंग कोर्सेज का बढ़ता बाजार डराता है कि अपनी लम्बाई-चौड़ाई घटाते-घटाते धरती की सतह से लुप्तोप्मा अलंकार की तरह गायब ही न हो जाएँ कहीं ये बेचारियाँ!

अमिनोसिन्थेसिस जाँचें इन्हें धरती पर आने से रोक ही रही हैं, अतिशय धन-लोलुपता की आँच कभी तन्दूर में, कभी चौके में इन्हें जिन्दा जलाकर मार ही रही

हैं, ऊपर से अक्षतयौवना दीखने के यत्न में ये खाना-पीना भी जो छोड़ें तो इनका तो सचमुच खुदा मालिक। रूप-यौवन और बाहरी चाकचिक्य पर जरूरत से ज्यादा बल एक तरह का पागलपन ही तो है।

माँ बनने के बाद भी एक विशेष प्रकार के 'साँचे' में फिट हो पाने की सुध अक्सर बनी रहती है। ऊपर से टेलीविजन के विज्ञापन बताते हैं कि सुपरमम्मियाँ तो वही हैं जो सुपरबायर्स हों–बच्चों को तरह-तरह के उपहार खरीदकर दे सकनेवाली, साफ-सुथरी, मुस्कुराती, सदाबहार। जो माँ इस कसौटी पर खरी नहीं उतरती, वह भी कोई माँ है! उसे तो कुछ भी कहा जा सकता है, कहीं भी लताड़ा जा सकता है, आँखें दिखाने पर बराबरी में आँखें भी नहीं निकालेगी वह, क्योंकि वह माँ है, पिता तो है नहीं, कमाती भी हो तो पिता से कम, और जो कमाती है–उसे खर्च करने का अधिकार तो पिता को ही है...पिता ही है सुप्रीमो...।

तीसरी स्थिति ज्यादा विषम है–उत्तर-औद्योगिक भूमंडलीकृत समाज में लगातार निचले पायदानों पर औरतों को रोजगार सुलभ हो रहा है। अर्थशास्त्र जिसे 'फेमिनाइजेशन ऑफ सर्टेन जॉब सेग्मेंट्स' कहता है–उससे एक तरह के सारवाद के खतरे तो उभर ही रहे हैं, यह भी हो रहा है कि स्त्रियाँ पदानुक्रम में लगातार 'नीचे ही बैठी हुई' छवि के साथ रूढ़ हो रही हैं–वर्चुअली चरणों में बैठी हुई। द्वितीयक बाजार में जहाँ पदोन्नति के स्कोप बेहद कम होते हैं, स्त्रियाँ हर जगह मौजूद हैं–'वह कौन-सी महफिल है जहाँ तू नहीं मौजूद' वाली स्थिति में, पर ऊपर के पदों पर वही ढाक के तीन पात, कुछ 'टोकेन वीमेन', विशिष्ट स्त्रियाँ, बड़े व्यापारिक घरानों की साहबजादियाँ जिन्हें गाँव-देहात, कस्बे-शहर की साधारण स्त्रियों की तकलीफदेह जीवनचर्या की हलकी भी समझ नहीं होती, फिर उनसे 'प्रतिनिधित्व' का सवाल सुलझेगा भी कैसे?

पर जैसे बाढ़ की विभीषिका के साथ कुछ उपजाऊ मिट्टी भी किनारे आ लगती है, भूमंडलीकरण के मूलतः विनाशकारी वशीकरण मंत्र ने चाहते-न-चाहते स्त्रियों की अस्मिता का विकास भी थोड़ा कर डाला है। निचले पदों पर ही सही, स्त्रियाँ रोजगार पा तो रही हैं, तरह-तरह की दुर्धर्ष स्थितियों से जूझने का आत्मविश्वास भी आ ही गया है, तरह-तरह के 'एक्सपोजर' से।

यह ठीक है कि हम आज तक अतिरेकों में जी रहे हैं, लेकिन हमारा जो आनेवाला कल है, वह विशेषकर स्त्रियों के सन्दर्भ में, सारे प्रचलित मिथक ऐसे तोड़ेगा जैसे कभी निराला की नायिका ने पत्थर तोड़े थे। यह कम बड़ा परिवर्तन नहीं है कि पढ़ी-लिखी तेजस्वी स्त्रियाँ आज बहुधा अकेली रह जाती हैं और खासे ठस्से के साथ। गए वे दिन जब बड़ी उम्र की कुँवारियों, परित्यक्ताओं, विधवाओं और माँ न बन पा सकनेवालियों के साथ डायनपने और कटखनी कटुता का मिथ

जोड़ दिया जाता था। आज तो घर के पड़ोस के अनादृत बूढ़े और बच्चे, बेसहारा स्त्रियाँ बतरस का सुख और थोड़ा चाय-पानी भी इन अकेली स्त्रियों की गृहस्थी में ही पाते हैं। खुद अपने पैरों पर ही ये खड़ी नहीं हुईं, दूसरों के सिर साया करने की स्थिति में भी आ गई हैं। पक्के गृहस्थों के घर तो 'हम दो, हमारे दो' की संकीर्ण हृदय मतलबपरस्ती ही ज्यादा दीखती है क्योंकि 'काम से काम, बाकी सब हराम' वाला दर्शन उनका हो गया है। दूधवाले, सब्जीवाले, पंसारी, कबाड़ी, राह चलते परिजन-पुरजन तक जहाँ घर के सदस्य ही हों—यह अकेली स्त्रियों की गृहस्थी में आपको कहीं ज्यादा दीखेगा।

आधुनिकता के पहले दौर में संयुक्त परिवार टूटे; टूटने ही थे। आज आर्थिक कारणों से और विश्व-ग्राम की अधुनातन स्थितियों के कारण भी न्यूक्लियर परिवार के इलेक्ट्रॉन, प्रोटॉन और न्यूट्रॉन (पति-पत्नी और बच्चे) अक्सर तीन दिशाओं में छिटक गए से दीखते हैं जो अपने आप में बहुत बड़ा विस्फोट है—बच्चे छात्रावासों या डे-केयर सेंटर्स में और अन्ततः सात समुन्दर पार, माँ-बाप अलग-अलग नौकरियों पर, बहुधा अलग-अलग शहरों में। इससे भी जीवन की जटिलताएँ बढ़ी हैं, मानसिक बीमारियाँ और स्वार्थपरता भी! हमने ऐशो-आराम के साधन बढ़ा लिए हैं, पर कुल मिलाकर देखा जाए तो यह तकलीफ की बात है कि हम ऐसे समाज में जीने को अभिशप्त हैं जहाँ दूसरों का हक छीनकर शान से रहने में हमें शर्म नहीं आती, कभी मिनट-दो मिनट के लिए आती भी है तो रेडक्रॉस में चन्दा देकर, अनाथालयों, सुधारगृहों में आमदनी का थोड़ा हिस्सा डाइवर्ट कर या थोड़े-बहुत तात्कालिक खुदरा सुधारों द्वारा परोपकारी पन्नालाल बनकर रहे-सहे अपराध-बोध से भी उबर लेते हैं हम! किसी का हक उसे 'कृपा-भाव' से दिलाना नवधनाढ्य वर्ग की अहमन्यता को सन्तुष्ट रखनेवाला ऐसा खतरनाक खेल है जिससे कम-से-कम होना नहीं चाहिए। हम किसी भी समुदाय-जाति-वर्ण-नस्ल-वर्ग की हों—हमारी समस्याओं के सूत्र कहीं तो जुड़ते हैं और हमें हर सामाजिक अन्याय के बिन्दु पर सम्मिलित प्रतिकार की शक्ति यहीं से मिलती है। रत्नाकर डाकू (वाल्मीकि) की पत्नी की मनःस्थिति में रहना तो खैर, हमें बिलकुल छोड़ देना होगा। हमारे घर में पैसा कहाँ से आता है, किस स्रोत से आता है, अतिरिक्त पैसा आता ही क्यों है—इन प्रश्नों पर तो हमें सजग तो रहना ही होगा।

अपने 'रत्नाकर डाकुओं' से अब तो हम नहीं ही कह सकतीं कि हमारा पेट पालना तुम्हारा कर्तव्य है, तुम पैसे लूटकर लाओ या खसोटकर—इससे हमें कोई मतलब नहीं! मतलब हमें भरपूर है और क्यों नहीं होगा, घर साझा है, दुनिया साझी है।

मुक्ति और फँसाव के बीच का द्वैत (डायलेक्टिक्स) समझ लेना जरूरी है। 'बहुत कठिन है डगर पनघट की।' रस्सी पर चलने की ठानी है तो एक-एक कदम

फूँककर रखा तो होगा! देह पूँजी जरूर है, मगर क्रूर पूँजीवादी तो नहीं बन जाना हमें इस पूँजी के खेल में, घर में, स्कूल में पुराने लोगों के मुँह से एक कहावत हम सबने सुनी होगी 'वेन वेल्थ इज जॉस्ट/नथिंग इज लॉस्ट/वेन हेल्थ इज लॉस्ट/समथिंग इज लॉस्ट वेन कैरेक्टर इज लॉस्ट/एवरीथिंग इज लॉस्ट।' देह विमर्श 'वेल्थ', 'हेल्थ' और 'कैरेक्टर'–तीनों की बहुमूल्य धारणाओं पर प्रश्नचिह्न लगाता है! और तीनों की नई परिभाषाएँ गढ़ता है, यह उसकी उपलब्धि भी है!

सही समाधान वैश्वीकरण नहीं, सार्वभौमीकरण

औरत का बाजार या मंडी से रिश्ता हमेशा ही पेचीदा रहा है। पहले औरतें दीखती कम थीं। विश्व बाजार में हर जगह नजर तो जरूर आ जाती हैं। मगर किस स्थिति में? जबरदस्ती हँसती रहने को मजबूर बॉर्बी गुड़िया के रूप में। रिसेप्शनिस्ट, कम्प्यूटर-परिचालक, अनस्किल्ड लेबर और अन्य छोटे-छोटे पदों पर, जहाँ बॉस/गॉड फादर हरदम ही देह या नौकरी और फिर पूरी अस्मिता सुड़क जाने को तैयार हों।

आर्थिक सम्बन्धों का अन्तर्राष्ट्रीय विस्तार आज की स्थिति में रोका नहीं जा सकता था, पर इसके साथ जुड़ी, पैसों को खुदा मान लेने की मनोवृत्ति स्त्री का ही नहीं, गरीब और साधनहीन पुरुषों का भी पण्यीकरण कर गई। एक जीता जागता व्यक्ति *यूज एंड थ्रो* की नियति झेलना सस्ता पण्य बन जाए–इससे बड़ी शर्मनाक बात क्या हो सकती है!

पैसों को खुदा मान लेने की यह मनोवृत्ति हिप-हॉप कल्चर की नींव डालती गई। यहाँ सेक्स एक न्यूज बुलेटिन हो गया, ब्यूटी क्वीन्स कहलाने लगीं सांस्कृतिक राजदूत, दुनिया हो गई एकध्रुवीय। अमरीका की दादागीरी बढ़ती ही गई, बढ़ती ही गई दक्षिणपंथी टुच्ची घेरेबंदियाँ। यह एक ओर औरतों के लिए ड्रेस कोड रचती है, दूसरी तरफ 'वर्चुअल सेक्स का-इरेटो इलेक्ट्रॉनिक्स' जो औरतों को एक बिकाऊ उपादान भर मानता है।

इस नवउपनिवेशवाद द्वारा प्रायोजित 'ट्रैफिकिंग', पिछड़े देशों की नन्ही, गरीब बच्चियों का माल-असबाब की तरह एड्सभीत उन्नत देशों में निर्यात, ब्यूटी पेजेन्ट्री की अन्तर्राष्ट्रीय स्पांसरशिप, सौंदर्यमिथ के अक्ष पर स्त्रीत्व का और बम (और बोल बम) के अक्ष पर पौरुष का ध्रुवीकरण विश्व बाजार से जुड़े कुछ प्रश्न हैं, जिनके बृहत्तर आयाम खोले जाने हैं। प्रभा खेतान ने इनमें से कुछ पर ध्यान दिया है। श्रम के स्त्रीकरण और यौनकर्म की कीमत पर विस्तार से चर्चा की है। पर पुस्तक का नाभिकीय केन्द्र है भोग और भोगा जाना। इसकी कुछ सूचनाएँ और टिप्पणियाँ दिलचस्प हैं। भूमंडलीकरण की प्रक्रिया...एक ऐतिहासिक

डिजनीलैंड...का निर्माण करती है।...एक ओर भिन्नताओं को समाविष्ट करती है तो दूसरी ओर पहचान के आग्रह में ये भिन्नताएँ और अधिक मुखर होती हैं। आगे उन्होंने फिल्मों के वर्ल्ड प्रीमियर को भूमंडलीय मेला कहा है। सोदाहरण बताया है कि कैरो हम स्थानीय से उठकर सीधे भूमंडलीय स्तर नापने का दावा करते हैं।

यहीं मुझे यह सूचना भी मिली कि वेनेटल नामक बहुराष्ट्रीय कम्पनी कपड़ों के शेड कार्ड में मुम्बई के सूर्यास्त और अफ्रीकी सूर्यास्त का लाल रंग अलग-अलग पहचानने का दावा करती है। उन्नीसवीं शती में औद्योगिक विकास एवं औपनिवेशीकरण के कारण साधारण आदमी द्वारा लूट में मिले धन से यानी नव धनाढ्य वर्ग द्वारा निर्मित हुए ये सार्वजनिक म्यूजियम, नाट्यशालाएँ, ओपेराघर नाटक कम्पनियाँ...उसके समानान्तर आज इक्कीसवीं सदी में एक उच्चस्तरीय भूमंडलीय जनसंस्कृति विकसित हुई है जहाँ कोई भी अभिव्यक्ति और घटना (जैसे वॉन गॉग की तस्वीर) आपके ड्राइंग रूम में हाजिर...'खरीदो-खरीदो' की गुहार लगी है मगर कितना खरीदो!

स्वतंत्र बाजार की आड़ में हर देश नुकसान में है—अमेरिका का व्यापार-घाटा 400 अरब डॉलर है और अकेले चीन को बकाया देना है लगभग 80 अरब डॉलर।

और अन्त में जब वे आती हैं स्त्री-प्रश्न पर तो नव स्त्रीवाद की आलोचना करती हुई ब्रांड को स्त्री का चारण-भाट बताती हैं और जायजा देती हैं उस पूरी प्रक्रिया का जिसमें उपभोक्ता को एक ऐसी पोटली पकड़ा दी जाती है जिसमें उसके सपने हैं, चाहत हैं, अपराधबोध और विवेकहीन कुंठाएँ...और मीडिया इंटरनेट के वृहद स्तर पर उसे प्रेरित किया जाता है और अच्छा उपभोक्ता बनती जाने को।

यह एक तरह की चेतावनी है—'लुक बिफोर यू लीप' वाली। आगे एक बहुलतावादी रणनीति की उड़नछू चर्चा भर है। पर क्या होंगे उस रणनीति के मुद्दे और वे कैसे कार्यान्वित होंगे? इस तरह की कोई दृष्टि उभरकर नहीं आती। स्त्रीवादी अर्थशास्त्र और संस्कृतिकर्म का मिला-जुला ब्लू प्रिंट बने—भूमंडलीय स्तर पर—स्त्रीवादी यूएनओ गठित हो—तब हो यह सांस्कृतिक प्रतिकार पूरा, तब हो यह बड़ी लाल किताब पूरी जो दुनिया की सब स्त्रियाँ मिलकर लिख रही हैं : *धरती सब कागद करौं, लेखनी सब बनराई* की तर्ज पर ग्लोबल गवर्नेस के प्रस्तावों और वर्ल्ड सोशल फोरम के अन्य प्रस्तावों के तहत। इमोशनल इंटेलिजेंस (ई क्यू) द्वार ऊर्जा संतुलन और शक्ति समन्वय का प्रस्ताव भी स्त्री-आन्दोलन का एक विचारणीय प्रस्ताव है।

महिला संगठनों के एक विशेष सेक्टर की भी बात चलाई जा सकती है। जाहिर है कि स्त्रियों के विकास के अन्तर्गत उनके आँचल के नीचे पलनेवाले बच्चों

और वृद्धों का विकास भी अन्तर्भुक्त होगा जो किसी भी देश की आबादी का एक बड़ा हिस्सा है।

आधुनिकता के दौर में प्रस्तावित 'मैन ऑफ रीजन' से उम्मीद की जाती थी कि गदहे की सींग की तरह गायब हों उसके सर से कल्पना और अन्तःप्रज्ञा, फन्तासियाँ, स्वप्न और स्मृतियाँ। इस यंत्रीकरण की प्रक्रिया का सहज समाधान ग्लोबल स्तर के स्त्री-संगठनों द्वारा सम्भव है! यह भी समझना जरूरी है कि सार्वभौमिकता, राष्ट्रवाद, नस्लवाद, लिंगवाद की प्रतिरोधी होती तो है पर इसके इस प्रतिरोध के अन्तर्गत मनुष्य की स्नेह–सुरक्षाधर्मी गैर-बौद्धिक जरूरतों का दमन हीनतर और विकृत घेरेबंदियाँ (पैरोकियल लॉयल्टीज) भी पैदा कर सकता है।

आधुनिकता और प्रबोधन के प्रमुख उद्देश्य हैं स्वायत्त व्यक्ति! और तर्कशीलता के उत्थान पर भूमंडलीकरण द्वारा परोक्ष तौर पर सुलगा दी गईं ये विकृत घेरेबंदियाँ स्वायत्तता और तर्कशीलता–दोनों का राम नाम सत कर डालती हैं। यहीं से शुरू होता है इसके अन्तर्विरोधों का सिलसिला, जो स्त्री-आन्दोलन द्वारा प्रायोजित ई क्यू सन्तुलन से ही सम्भव है।

एक स्त्री-आन्दोलन ही है जो ठीक से समझता है कि वैश्वीकरण का सही समाधान सार्वभौमीकरण है। वैश्वीकरण एकध्रुवीय विश्व का उत्पाद है। इसका दर्शन संक्षेप में यह है कि एक दर्शन, एक बिम्ब, एक विश्व दृष्टि दुनिया के विशिष्ट कोने से उठे और पूरी दुनिया पर छा जाए। जस का तस। अस्मिता आन्दोलन द्वारा प्रस्तावित सार्वभौमीकरण मानता है कि दुनिया के हर कोने से अपना विशिष्ट अनुभव खंड 38 और वह छन-छनाकर मानव मात्र का उभयनिष्ठ अनुभव बने। कोई किसी पर दादागीरी न छाँटे। जो हो, साझा हो। पर पदानुक्रम न हो कायम और चीजें परिवर्तन को प्रस्तुत रहें। संवाद सबका सबसे हो। मुश्किल यहीं तो घिर आई है कि सबसे अनुभव संचारित नहीं हो रहे, इसके बिना संचार-क्रान्ति क्रान्ति कैसे?

इसका खुशनुमा व्यतिक्रम स्त्री-आन्दोलन ही घटित कर रहा है। क्यूबा से अभी-अभी प्रकाशित 'विटरेल' नामक स्त्रीवादी जनरल दक्षिणेशिया का बातिक आन्दोलन कैनोनियल और कोलोनियल–दोनों पर एक सुखद प्रतिघात घटित कर रहा है!

कोलोनियल और कैनोनियल दोनों पर पहला प्रतिघात स्त्री-आन्दोलन ने किया। पर यह प्रतिघात चाकू या डंडे का प्रतिघात नहीं है। यह प्रतिघात है लकड़ी के उस लट्ठे का जिससे पीट-पीट कर औरतें रजाई के खोल, पुराने स्वेटर, चादरें, पोंछे का कपड़े वगैरह का जिद्दी मैल आज भी निकालती हैं–देश के एक बड़े हिस्से में ग्लोरिलस आन्दोलन के बाद स्त्री-आन्दोलन ही एक ऐसा आन्दोलन है जिसमें

एक बूँद भी रक्तपात नहीं हुआ। पटखनियाँ दी भी गई हैं। तो जैसे कपड़ों को दी जाती है–चीकट पूर्वग्रह को धो डालने की खातिर।

स्वास्थ्य, शिक्षा और दुनिया के आर्थिक विकास में स्त्रियों की भागीदारी

यूनाइटेड नेशन्स पॉपुलेशन फंड (यूएनएफपीए) तथा वर्ल्ड इकोनॉमिक फोरम की सद्यः प्रकाशित दो रपटें इस बात का सजग साक्ष्य वहन करती हैं कि स्त्री छू दे तो मिट्टी भी सोना हो जाए! स्त्रियों की भागीदारी जहाँ भी रही है, उन संस्थानों का कुल उत्पाद पहले से कई गुणा बढ़ा है!

यू.एन.एफ.पी.ए. की रपट 'रीचिंग कॉमन ग्राउंड : कल्चर, जेंडर एंड ह्यूमन राइट्स' इसकी पुष्टि में कई आँकड़े देती हुई अन्ततः इस बात पर अफसोस जताती है कि दुनिया के एक बिलियन लोगों में 60% लोग स्त्रियाँ हैं, 66% वयस्क निरक्षर भी! जिनका स्कूल असमय ही छुड़ा दिया गया, उन स्कूल ड्राप-आउट्स में भी 70% लड़कियाँ ही हैं।

डब्ल्यू.ई.एफ. का 'ग्लोबल जेंडर गैप इंडेक्स' 130 विकासशील देशों के बीच 113वें स्थान पर भारत को रखता है। तीन श्रेणियों (सबइंडिसेज) में तो भारत का स्थान और भी नीचा है। ये श्रेणियाँ हैं : आर्थिक सहभागिता और अवसर (125), शैक्षिक उपलब्धि (116), स्वास्थ्य और बचाव (128)! किन्तु राजनीतिक सम्बलन की चौथी श्रेणी में भारतीय महिलाएँ ऊपर हैं। अन्य भूमंडलीय चुनौतियों की तरह लिंग समदर्शिता (जेंडर इक्वैलिटी) भी एक बड़ा मुद्दा है जिस पर खर्च न के बराकर हो रहा है!

सबसे शोचनीय हालत तो जच्चा-घरों की है! दुनिया में 66% बच्चे प्रशिक्षित दाइयों या डॉक्टरों की निगरानी में पैदा होते हैं, भारत में सिर्फ 47% राष्ट्रीय ग्रामीण स्वास्थ्य मिशन की एक रपट यह भी है कि बालिका भ्रूण हत्या की दर पढ़े-लिखे, समृद्ध नागर समाज और न्यून सेक्स अनुपात वाले राज्यों में ज्यादा है! गाँवों में तो सुरक्षित और साफ-सुथरे प्रसव की व्यवस्था और सामान्य पोषण का अभाव ही जच्चा-बच्चा दोनों को असमय काल-कवलित कर लेता है।

बचपन में हम चुड़ैलों के किस्से सुना करते थे कि जचगी के दौरान मरनेवाली स्त्रियाँ चुड़ैल बन जाती हैं! उनके पाँव के पंजे पीछे की ओर होते हैं और गर्मी की रातों में घर की छत पर या बरामदे पर फट्टों में मसहरी लगाकर जो सोते हैं, उन्हें वे मसहरी के पार से झाँक-झाँककर देखती हैं कि कहाँ गया उनका वह बच्चा, किस मसहरी में सोया है, कोई उसे तंग तो नहीं कर रहा! चूँकि वे अपने बच्चे का भी

चेहरा ठीक से नहीं जानतीं, कोई भी बच्चा कहीं तंग होता है तो वे तंग करनेवाले को कच्चा ही चबा जाती हैं!...स्कूल के मरखंड मास्साहबों और सख्त बापों से वे कुछ भी नहीं बोलतीं क्योंकि गाँव के रिश्ते से वे उनके 'जेठ' लगते हैं। यानी कि उतनी मारपीट से तो बेचारे बच्चों को न भगवान बचा सकते हैं, न चुड़ैलें।

लोकमनीषा, जहाँ ये किस्से मुकुलित होते हैं, बच्चों की कुछ मार-पीट तो जायज समझती हैं! पर चुड़ैलों को भी पोएटिक जस्टिस दिलाकर कम-से-कम न्याय की देवियाँ बताना वह जरूरी नहीं समझतीं! इसको कहते हैं आभ्यान्तीकरण! किसी को इतना मारो कि उसकी चमड़ी ही सख्त हो जाए, चोट लगनी ही बन्द हो जाए! थोड़ा मारा, रोए, बहुत मारा, सोये! इसी नींद से जगाता है यह स्त्री-आन्दोलन! यह चुड़ैल के उल्टे पाँवों की सही व्याख्या करता है! उल्टे पंजे वाला व्यक्ति पीछे की ओर ही चलेगा यानी कि अतीतजीवी होगा! अतीत में ही कहीं अटके होंगे उसके प्राण! अटकेंगे कैसे नहीं; इतना गहरा सदमा जो कीलित है उस काले अतीत में! कैसे समाज में वे जी रही थीं कि जिन्दगी का सबसे अधिक खूबसूरत जो दिन होना था, जिस दिन उनकी गोद हरी होनी थी, उसी दिन उन्हें शरीर छोड़ना पड़ा—सिर्फ इसलिए कि साफ-सुथरे, सुरक्षित प्रसव की व्यवस्था उनके लिए नहीं थी!

सिर्फ अपनी गोद हरी करने या अपना जीवन ही हरा-भरा करने की स्त्रियाँ नहीं सोचतीं, धरती की गोद भी हरी-भरी रखने की उनको हमेशा से चिन्ता रही है। स्त्री-विकास को निवेदित ज्यादातर संस्थान पर्यावरण-प्रबंधन को मूल मुद्दा मानते हैं। भोपाल और चर्नोबिल विपत्तियाँ; मिट्टी, हवा और पानी पर बायोस्फेरिक दबाव; ग्रीनहाउस प्रभावों से मुरझाती फसलें, ग्लोबल वॉर्मिंग और अन्य सम्बद्ध विषय सन् 80 के बाद से स्त्रियों की सोच का मुख्य मुद्दा रहा है!

चारा, ईंधन और पानी की मूलभूत सुविधाओं से विरत ग्रामीण और पर्वतीय स्त्री-समुदाय सिर्फ इन्हीं की खातिर नहीं, शराब-बंदी, शिक्षण-प्रशिक्षण, परिवार-नियोजन, संसाधनों पर स्त्रियों के प्रभुत्व की माँगें भी उठाने लगा है! स्त्री हो या धरती—उससे गैर-जिम्मेदार दुर्व्यवहार तुरन्त बन्द हो—यह जरूरी है! उड़ीसा के समुद्रतटीय गाँवों में धरती भी महीने के चार दिन रजस्वला घोषित करके आराम करने को छोड़ दी जाती है! धरती और स्त्री का धीरज, धरती का 'गर्भ' आदि संदर्भ भी धरती और स्त्री को एकात्म करके देखते हैं! एक लोकगीत कहता है :

'स्त्री का बलात्कार धरती का बलात्कार है और बालिका का बलात्कार ब्रह्मांड का।'

पारम्परिक मार्क्सवाद से स्त्रियों को एक शिकवा यह भी है कि वह आधुनिकता को स्थानीय संस्कृतियों की छब में नहीं ढालता! प्रकृति के अलग-अलग रंगों से

उसका संवाद ही नहीं है! पश्चिमी सभ्यता के आलोक में पूरी दुनिया को देखना बहुत न्यायसम्मत तो नहीं! धरती के रंग की तरह आधुनिकता के भी कई रंग हैं–कम-से-कम स्त्री-दृष्टि यह पहचानती है, क्योंकि धरती के अलग-अलग रंगों से उसका साबका पड़ता है! और जेन पारपार्ट जिसे स्त्रियों की "powers of persuation, discussion and inclusion"[1] कहती हैं, हठ करने, आश्वस्त करने, पीछे लगकर बतियाने, चर्चा करने और सबके सुख-दुख समेट लेने की उनकी उद्‌धुर शक्ति ही आधुनिकता के उत्तर-विकासवादी चरण को वैकल्पिक जीवन पद्धतियों से समृद्ध करेगी–ऐसा लगता है।

कई ऐसे अलग-थलग पर्वतीय प्रदेश हैं जहाँ स्त्रियाँ आधुनिकता का एक नया धुर देसी-सा संस्करण मॉडल के रूप में लिये खड़ी हैं! प्रसिद्ध स्त्रीवादी कार्यकर्ता नॉरवर्ग हॉडगे ने विमेन्स अलायन्स ऑफ लद्दाख (डब्ल्यू.ए.ई.) के सौजन्य से कई ऐसे 'रिऐलिटी टुअर' (यथार्थान्वेषी दौरे) प्रायोजित किए जिससे आधुनिकता के चाकचिक्य का विभ्रम ढूँढ़ा और धरती, परिवार तथा समुदाय की आदि अभिभावक-शक्ति के रूप में स्त्रियों की अनमोल भूमिका रेखांकित हुई।

औपचारिक अनौपचारिक और गैर-वैधानिक श्रम-मंडियों में स्त्रियों की डगमग स्थिति दुर्गति के दौर तक पहुँच गई–भूमंडलीकरण के बाद जब राष्ट्रीय बाजारों से जुड़े छोटे और मध्यवित्तीय विनियोग अचानक मुँह के बल गिर पड़े, देह का धंधा और दूसरे घरों का चौका-बरतन, ब्यूटी पार्लरों और हेल्थ-पार्लरों में मालिश-वालिश करके जीवन-यापन करती स्त्रियों को मुम्बई में शिवसेना के लोग फोड़ने लगे, दिल्ली में अन्यान्य पार्टियों के लोग...पर किसी राजनीतिक पार्टी की सत्ता इनको सामान्य जीवन की वे मूलभूत सुविधाएँ जुटाने का विशेष उपक्रम करती नजर नहीं आईं जिनकी अपेक्षा किसी भी प्रजातंत्र का संविधान जगाता है!

जिस्मफरोशी का प्रतिशत निम्नमध्यवर्गीय लड़कियों में भूमंडलीकरण के बाद काफी बढ़ गया है। क्योंकि यौन-पर्यटकों की संख्या बढ़ी है और कालाधन भी–राजस्थान जैसे पर्यटक-बहुल स्थानों में दूर-दराज की जगहों और दिल्ली, मुम्बई जैसे महानगरों से भी इंटर में पढ़ती या कई तरह के पत्राचार कोर्स करती/मामूली पढ़ी-लिखी, चुस्त-दुरुस्त लड़कियाँ महीने-दो-महीने की जिस्मफरोशी के लिए आती हैं! 'माइग्रेटरी बर्ड्स' की यह नई श्रेणी है! माता-पिता से ये कहकर निकलती हैं कि उन्हें नौकरी मिल गई है और साल में कुछ महीने 'टुअर' में बिताकर सर्वेक्षण जुटाने हैं, उसी की उन्हें एक मोटी तनख्वाह मिलेगी!

---

1. पारपार्ट जेन, लेसन्स फ्रॉम द फील्ड, रीथिंकिंग एम्पावरमेंट, जेंडर एंड डेवेलपमेंट फ्रॉम अ पोस्ट डेवेलपमेंट पर्सपेक्टिव, फेमिनिस्ट पोस्ट डेवेलपमेंट थॉट, क्रीमाइल्ड साउंडर्स, एंड बुक्स, लंडन एंड न्यूयॉर्क, 1988

मोटी तनख्वाह उन्हें मिलती भी है किन्तु उन पर्यटकों या धन्ना सेठों से जो अपनी बड़ी-बड़ी कम्पनियों/फर्मों से कुछ दिन की छुट्टी पर यहाँ आते हैं!

जयपुर पुलिस की एक रपट के अनुसार सम्भ्रान्त परिवारों के नवयुवक/युवतियाँ भी मात्र 'किक' के लिए इस 'कार्पोरेट सेक्स' का हिस्सा बन जाते हैं। व्यापारिक संस्थानों के समानान्तर चल रहे इन सेक्स-रैकेटों में कई ऐसी घरेलू महिलाएँ भी शामिल हैं जिनके मन में अपने हिंसक पतियों के प्रति किसी-न-किसी तरह का आक्रोश है! मार-पीट, गाली-गलौज झेलती जब वे थक जाती हैं, एक सूक्ष्म प्रतिशोध की मुद्रा में और स्वतंत्र आर्थिक अन्तर्व्यवस्था खड़ी करने का सपना लिए वे दोपहर में उन दलालों के साथ 'शॉपिंग-वॉपिंग' के नाम पर निकल पड़ती हैं जिनके पास पहले से ही घर-गृहस्थी से असंतुष्ट महिलाओं की (पूरी मेहनत से तैयार) सूची होती है। डांस पार्टियों के बहाने जिस्मों की नुमाइश होती है और युवती की देह-यष्टि और सेक्स-अपील के अनुसार उसकी दर/या तनख्वाह तय होती है।

एक ऐसी युवती ने बातचीत के दौरान बताया कि उसका शरीर उसका अपना 'धन' है—वह उसका चाहे जो उपयोग करे! दान, भोग और नाश—धन की तो तीन ही गतियाँ होती हैं; नाश से बेहतर है दान और भोग! बड़ी उमर तक अकेला रहना होता है; वातावरण में तरह-तरह के स्नायविक तनाव जगानेवाले स्पन्दन बिखरे पड़े हैं। दवा की दुकानों पर कन्डोम मिलता है! सुरक्षित स्थान की व्यवस्था उन्हें खुद नहीं करनी पड़ती, उनका वह 'परदेशी प्रेमी' करता है जिसके लिए पैसा 'हाथ का मैल' है! घर के लोगों को भी शिकवा क्योंकर होना चाहिए? उनकी तो आर्थिक मदद ही हो जाती है—'और दस कामों की तरह यह भी एक काम है।' रहा 'पॉजेसिव इंस्टिक्ट्स टैकल करने' का सवाल तो इसका हम ध्यान रखती हैं कि उन्हें पता न चले, हम कहाँ जाती हैं! अपराध-बोध भला क्यों होगा? पतियों का यौन-जीवन भी हम संतुष्ट रखती हैं। 'फिर वो ही कौन रामजी का अवतार हैं कि हम सीता सावित्री होने का ढोंग करती रहें! चार दिन की चाँदनी है जवानी! रोते-झींकते बिताने से अच्छा है, मौज-मस्ती में बिताना—लेकिन सावधानी बरतते हुए...क्योंकि समाज तो अभी तक पिछड़ा है, समय के साथ व्यक्ति की मानसिकता जितनी जल्दी बदलती है, समाज की नहीं बदल पाती! व्यक्ति समाज से हमेशा दस कदम आगे चलता है!'

तर्क का जो स्तर है, उससे कोई भी समझ लेगा कि लड़की मामूली पड़ी-लिखी नहीं, अच्छी पढ़ी-लिखी है। 'कार्पोरेट सेक्स' में चुस्त-चुटीली बातें कर सकनेवालियों की दर ज्यादा है। इनके गाहक गाहक नहीं कहलाते, 'क्लाएंट' कहलाते हैं और चूँकि वे भी पढ़े-लिखे तबके से आते हैं, कुछ घंटों की 'डेटिंग' का मजा 'शिष्ट व्यवहार' से बरकरार रखने का गुर उनको आता है! कोमल व्यवहार

की आकांक्षी स्त्रियों में वे ये भ्रम भी पैदा करते हैं कि अगर उनसे शादी हो पाती तो वे उन्हें 'बहुत अच्छी तरह' रखते!...इस तरह 'आह' और 'वाह' की कश्तियों पर सवार वे अपने 'बेशकीमती घंटे' बिताते हैं और वो जो एक बहुत चालू-सा मुहावरा है 'पार्टिंग ऐज फ्रेंड्स'—बहुत अच्छी तरह अभिनीत होता है!

मैंने उत्सुकतावश यह पूछा कि दोस्ती तो बहुत बड़ा जज्बा होता है : सुख और दुख—दोनों में साथ खड़ा होने का जज्बा तो वह बोली, "मैडम, मेरे पति जब अस्पताल में भरती थे, वह लगातार मेरे पीछे खड़ा रहा : हर तरह से उसने हमारी मदद की!...मुझसे भी जो बन पाता है, मैं उसके लिए करती हूँ!"...इस तरह के और कितने जटिल केसों से हम गाहे-बगाहे गुजरते हैं जो हमें यह सोचने पर विवश करें कि एकनिष्ठता एक बड़ा भाव तो है, एकनिष्ठ रिश्ते अधिक इंटेंस हो सकते हैं—यदि दोनों प्राणियों का मूल-तत्त्व एक हों, कम्पैटेबिल हों दोनों, अन्यथा 'जो भी प्यार से मिला, हम उसी के हो लिए' का दर्शन स्त्रियों में भी परवान चढ़ रहा है, पुरुषों में तो यह हरदम से था! बाजारवादी ताकतें इसी ढंग से हमें सम्बलित कर रही हैं : छोटे-बड़े कई रंगीन झूठ, क्रिस्टल के महँगे खिलौनों की तरह हर ड्रॉइंग रूम में सजे हैं।...क्या अपने बच्चों के लिए भी ऐसा जीवन चाहते हैं हम? सत्य की सबसे बड़ी ताकत ये है कि झूठा भी खुद को सच्चा ही प्रमाणित करना चाहता है।

इसी के समानान्तर एक वर्ग ऐसी लड़कियों का भी है जो सौन्दर्य के 'बाजारू' निकष पर खरी नहीं उतरतीं! दुनिया की सारे 'वाइटिनिंग क्रीमें' और 'रिवाइटलाइजिंग शैम्पू', कॉन्टैक्ट लेंस और 'वेट लॉस केन्द्र', एज्युकेशन लोन, कैट और मैट और सैट और जीमैट, पब्लिक सर्विस कमीशन के तमाम कोचिंग सेंटर जिन्हें मुक्ति की अलग-अलग राहें दिखाते रहते हैं! बीच-बीच में उन्हें मुक्ति के रास्ते दिखाते हैं कई आवधिक पाठ्यक्रमः योग, रेकी, विपासना, शोकागाकाई, आर्ट ऑफ लिविंग, तरह-तरह के ध्यान-केन्द्रों के! दुनिया की सारी निबन्ध प्रतियोगिताएँ और वाद-विवाद प्रतियोगिताएँ उनके लिए हैं! वे विवाह करना ही नहीं चाहतीं क्योकि उन्हें ढोर-डंगरों की तरह दिखाया जाना, टो-टोकर, मोल-तोलकर छाँटा जाना बिलकुल पसन्द नहीं। उनके स्वाभिमान को यह बात खटकती है कि उन्हें पिता और भ्राता सम्पत्ति में हिस्सा नहीं देकर 'दहेज' का हरजाना दें, जैसे कि वे लँगड़ा घोड़ा हों...और जब वे ससुराल जाएँ तो अलग लात खाएँ कि यह दिया, वह नहीं दिया...विवाह को गैर-रूमानी पचड़ा बनाने में 'लड़की दिखाई' और 'दहेज'—दोनों का इतना अवदान है कि गम्भीर, पढ़ी-लिखी लड़कियों का उससे जी ही उचट गया है! वे पढ़-लिखकर अपने पाँवों पर खड़ी भी हुईं तो विवाह नहीं करना चाहतीं : वहाँ उन्हें फरेब ही फरेब दीखता है, शारीरिक सौन्दर्य को जरूरत से जयादा तूल

देनेवाला ढोंग और दिखावा! जहाँ ढोंग और दिखावा, दुराव-छिपाव नहीं, वहाँ जीवन को नर्क बनानेवाले दूसरे तत्त्व हैं : सम्बन्धों की टुच्ची राजनीतियाँ, कलह, क्रोध, हिंसा...!...जीवन के किसी मोड़ पर कहीं कोई मिल गया तो कुछ दिनों का सुखद सहजीवन उनके स्वप्न का एक हिस्सा अभी भी है किन्तु गाजे-बाजे वाला विवाह नहीं। इसी तरह की कुछ लड़कियाँ समलैंगिक साहचर्य में विश्वास करती हैं, लेकिन ज्यादातर सामाजिक हित के बृहत्तर सरोकारों में अपना जीवन अकेले ही काट लेती हैं : वर्किंग विमेन्स हॉस्टल ऐसी साधु-सदृश्य लड़कियों से भरे पड़े हैं जहाँ छोटी-मोटी नौकरियाँ करती हुई लड़कियाँ शान से अकेली ही जीती हैं और जितना बन पड़ा—उतना लोगों के काम भी आती हैं! आर्थिक सम्बलन का यह भी एक गौरतलब पक्ष है!

एक वैयक्तिक सर्वेक्षण के आधार पर मैंने यह भी पता किया कि चूँकि ये बाखबर लड़कियाँ होती हैं, रोज अखबार ठीक से पढ़ने वाली, आदर्श का तबोताब इनमें बहुत होता है और जल्दी ये कोई भी काम ऐसा नहीं करतीं जो इनके अपने मानदंडों से इनको गिराए! इसका एक छोटा-सा उदाहरण यह कि हॉस्टल का एकरस खाना ये खा लेती हैं पर बगल के 'मैक्डोनल्ड' के 'हैम्बर्गरों' की तरफ आँख उठाकर नहीं देखतीं!

1994 में पेप्सी फूड लिमिटेड ने भारत में 60 रेस्तरां खोले : 30 किंचुकी फ्रायड चिकेन केन्द्र और 30 पीज़ा हट! प्रोसेस्ड मांस और चिकेन को अमरीकी सीनेट कैंसर के उस प्रकार का मान्य स्रोत घोषित कर चुकी थी जिससे अमरीकी हर सात सेकेंड पर ग्रस्त होते हैं! 'वेन्कीज़' नाम की भारतीय फर्म से फ्रोजेन चिकेन मँगाए जाने लगे जिन्हें तरह-तरह की ऐंटी-बॉयटिक्स, सल्फर ड्रग, हारमोन, डाई और नेट्रोफ्यूरन देकर पाला जाता था! कई मुर्गों को ल्यूकोसिस नामक कैंसर हो भी चुका होता था और सेल्मॉलिलॉसिस नामक असाध्य रोग जिसके कीटाणु साधारण ढंग की उबाल से मरते नहीं! फिर भी वे काटे और कूटे जाते थे—डब्बाबन्द होने की खातिर! लाइसेंस पाने के पहले के.एफ.सी. और पीज़ा हटों ने रोजगार मुहैया करने का वादा किया था, किन्तु पर्यावरण मंत्रालय के एक सर्वेक्षण के अनुसार अल-कबीर ने 3,00,000 लोगों की छँटैया की और सिर्फ 300 लोगों को 500 से 2000 रुपये तक की मासिक आय पर नौकरी दी। के.एफ.सी. और 'पीज़ा हट' से कॉन्ट्रैक्ट पाने के बाद वेंकी का मशीनीकरण इतना बढ़ा है कि हर केन्द्र सिर्फ एक व्यक्ति के आश्रय चल जाए!

मुर्गों की बेहिसाब बढ़ोत्तरी जमीन और जल की अशुद्धि में भी लगातार अपना योगदान दे ही रही है! लाल मांस, सफेद मांस, अंडे आदि के प्रति पाउंड उत्पाद पर जमीन की पाँच पाउंड ऊपरी मिट्टी, अविस्थापनीय उर्वर मिट्टी नष्ट होती है

और पानी प्रति पशु 130 गैलन जाता है जो किसी पूरे परिवार के प्रतिदिन के पानी-इनटेक से दस गुणा ज्यादा है!

स्त्रीवादी तेवर की लड़कियाँ ये सारे तथ्य जानती हैं और प्रकृति और दूसरी स्त्रियों के प्रति उनका रवैया इसलिए सहानुभूतिशील बहनापे वाला होता है क्योंकि उन्हें जन्नत की हकीकत पता है और आटे-दाल का भाव भी। ज्ञान संज्ञान देता है और संज्ञान ही अनुभूति-पुष्ट होकर उस बृहत्तर प्रज्ञा में विकीर्ण होता है जिसे विमर्श या दर्शन कहते हैं। स्त्री-प्रज्ञा लोकप्रज्ञा के रूप में लोकसाहित्य में सदा से टिमकती रही है, पर उसे विशेष मान और गौरव पिछली शताब्दी के उत्तरार्द्ध में ही मिल पाया है, कुल मिलाकर यह तो शुरुआत ही है!

उसकी साड़ी मेरी साड़ी से सफेद कैसे

विज्ञापन-विज्ञान ने कुछ शब्द नए गढ़े हैं—उनमें एक है 'चमकार'। एक प्रसिद्ध विज्ञापन साबुन प्रदत्त चमकार की चमत्कारपूर्ण चर्चा के पहले एक स्त्री के मन में दूसरी स्त्री के लिए ईर्ष्या की हल्की-सी कौंध जगाता हुआ कहता है—'उसकी साड़ी मेरी साड़ी से सफेद कैसे?' साड़ी का साफ होना, किसी चीज का साफ-सुथरा होना तो मूल्य हो सकता है, पर उसे दूसरों की साड़ी या किसी 'पण्य' से अधिक या उसके बराबर 'सफेद' या 'जगमग' या 'सुन्दर' कर लेने की होड़ एक वाहियात बात है। सौन्दर्य किसी का मुखापेक्षी नहीं होता, ऊपरी कलेवर के किसी लटके-झटके का मुखापेक्षी तो और नहीं। हर व्यक्ति/हर स्त्री/उसका छोटा-बड़ा संसार सजानेवाली हर वस्तु अपने ढंग से सुन्दर हो सकती है।

दूसरों का सौन्दर्य सराहना भी एक मूल्य हो सकता है। यदि किसी ने बहुत मेहनत और मनोयोग से कोई काम किया हो तो उसके लिए प्रशंसा के दो शब्द कह देना भी एक मूल्य हो सकता है, पर असंगत है उसकी तुलना अपने काम या अपनी 'चीज' से करते हुए मन में कोई ग्रन्थि पाल लेना या यह मान लेना कि उस अतिरिक्त 'चमकार' (चमत्कारपूर्ण चमक) के पीछे बाजार से खरीदी जा सकने वाली 'वस्तु' का पराक्रम मौजूद है। पहली बात तो यह कि बाहरी चाकचिक्य या लकदक बढ़ानेवाली किसी चीज (कपड़े-लत्ते, गाड़ी, बंगला, बैंक-बैलेंस) की चर्चा एक अश्लील चर्चा है। होता तो ऐसा कई बार है कि आन्तरिक गुणों के कारण नहीं, बाहरी चमक-दमक बढ़ानेवाले इन अवान्तर कारणों से लोग अतिरिक्त चर्चा या 'चमकार' (चमत्कारपूर्ण सफलता) पा जाते हैं। चीजों की तो छोड़िए, यदि किसी शक्तिमंत या साधनसम्पन्न व्यक्ति के साथ, 'चमकार' वाले व्यक्ति के साथ आपका उठना-बैठना भी होता है तो उसका लाभ आपको मिल जाता है जिसे अंग्रेजी की दुनिया एक अर्से से 'रिफ्लेक्टेड ग्लोरी' कहती आ रही

है। 'परावर्तित प्रभामंडल' इसका कामचलाऊ अनुवाद हो सकता है, पर हमारी भाषा की बनक ऐसी है कि ऐसी भारी-भरकम, आयातित अवधारणाएँ उसे हजम ही नहीं होतीं, गले में अटक गई-सी जान पड़ती हैं। एक अच्छी-खासी सामासिक संस्कृति का आईना रही हमारी यह भाषा एक अश्लील किस्म के व्यक्तिवादी रोने-गाने का प्रतिबिम्बन जो आज करती दिखाई देती है—उसके मूल कारणों पर विचार करना क्या जरूरी नहीं?

मेरे पिता मुझे रोज रात कहानी सुनाकर सुलाते थे! 'रिन की चमकार' वाला विज्ञापन सुनकर मुझे अचानक याद आई दो बहनों की कथा! लोककथाओं की अधिकांश बहनों की तरह एक दुखिया थी, एक सुखिया। एक का ब्याह गरीब किसान से हुआ था, दूसरी का धनी सामन्त से। एक बार धनी सामन्त के घर भोज हुआ! सारे गाँव के लोग जुटे, पर छोटी बहन को निमंत्रण ही नहीं। सास-ननद ने ताना मारा तो बेचारी बिना बुलाए ही अपनी बहन के घर की ओर चली—मन को यह समझाती हुई कि अपनों को निमंत्रण क्या, दीदी ने यही सोचा होगा कि यह अपनी है, चौके-चूल्हे में मदद के लिए खुद ही आ जाएगी—'अपनों' के सहयोग के बगैर कोई यज्ञ थोड़े ही होता है। ये ही सब सोचती-विचारती, मन में तरह-तरह के ख्वाब-ख्याल सजाती बेचारी दीदी के दरवाजे पहुँची। कपड़े-लत्ते लकदक नहीं थे। चप्पलें टूटी थीं। देह पर गहने के नाम पर एक सूत नहीं था। देहरी पर ही दीदी से टकराई तो दीदी ने हल्के से मुँह फेरा, सोचने लगी कि इस सम्भ्रान्त समाज में इस कंगली का परिचय दूँ भी तो क्या, बात टालने के लिहाज से कहा, 'जाओ, जाकर भंडारा सँभालो!' लोग समझे, काम-धाम करनेवाली उट्ठा महरी होगी। किसी ने परिचय भी नहीं पूछा। छोटी बहन सारा समय नौकरों के बीच खटती रही। रात को जब भोज निबटा, किसी ने उसे खाने को भी नहीं पूछा और अँधेरे में रास्ता टटोलती वह रात ही रात में अपने गाँव लौट गई।

पति चिंतित भाव से बाहर ही टहल रहा था! उसे देखते ही उससे लिपटकर वह रो पड़ी। पति पति ही था—बिना बताए सब कुछ समझ गया। उसने उसके उलझे-पुलझे बाल सुलझाए, हाथ-पाँव धुलवाए, खुद पकाकर कुछ खिलाया और उसे गुदड़ी में ढककर रात-भर सोचता रहा कि कैसे इस मुफलिसी से निबटे...! संयोग की बात, अगले ही दिन अपना खेत तामते हुए उसे मिला बाप-दादों का गड़ा हुआ धन और रातों-रात वे अमीर हो गए।

रातों-रात बहन के अमीर होने के चर्चे बड़ी बहन के कान में पड़े तो उसने सोचा कि बिगड़ी बनाने का यह वक्त अच्छा है, बचपन की कुछ मीठी यादें भी तभी उसके मन में कौंधीं! कुछ लोगों का लेटेंट पीरियड हाई होता है! यादें भी उनके मन में तभी कौंधती हैं जब कौंधनी चाहिए, वैसे मुन्नी मारे पड़ी रहती हैं—गुम अँधेरों में। इस बार उसने छोटी बहन और बहनोई के सम्मान में एक अलग भोज किया। हरकारे भिजवाए! पालकी भिजवाई! और इस बार जो छोटी बहन आई तो

खूब सारे गहने और 'चमकार' वाले लक-दक कपड़े पहनकर! खूब आवभगत हुई। शहनाइयाँ गूँजीं लेकिन जब खाना परोसा गया–एक अजब घटना घटी।

छोटी बहन ने लड्डू झुमके से सटाकर कहा–'ले, झुमके, यह जल्दी खा ले।' फिर कंगन से, बनारसी साड़ी के पल्लू और दूसरे उपादानों से सटा-सटाकर वह खाद्य पदार्थ वापस थाल में रखती गई। बड़ी बहन ने समझा–धनागम की खुशी में बहनिया मेरी पागल हो गई। छोटी बहन ने उसकी सोच भाँपी और हँसकर कहा–'यह सारा आयोजन, दीदी, है तो इन्हीं गहने-कपड़ों की खातिर : और मुझमें भला क्या बदला है! मैं तो वही हूँ जो थी।'

'निस्सार' को 'सार' समझने की भूल तो तथाकथित 'साधु-'महात्मा' भी करते हैं, तभी उनके आश्रमों में आधुनिक महलों का चाकचिक्य होता है, चन्दे की रसीदें लिये उनके चेले लोगों के पीछे भागा करते हैं, पर यह काफी हास्यास्पद-सी स्थिति है जिससे निबटने में स्त्रियाँ महत्त्वपूर्ण पहल कर सकती हैं। काला धन कमानेवाले पकड़े जाने पर अक्सर यह कहकर अपनी सफाई देते हैं–रिन की 'चमकार'-सी सफाई कि पत्नी की एषणाएँ ले डूबीं, वरना हम भी आदमी थे ढंग के–'इश्क ने हमको निकम्मा कर दिया।' इश्क के बारे में मेरी यह दृढ़ मान्यता है कि इश्क निकम्मा तो कर सकता है पर बेईमान नहीं बना सकता। अगर इश्क सच्चा है तो यह मारे नैतिक और सामाजिक सरोकार और गहरे करता है! 'अपने प्रिय की आँखों से न गिर जाएँ'–यह चिन्ता एक वाजिब चिन्ता है जो हर वक्त आदमी को सतर्क रखती है कि भूले से भी हम कुछ ऐसा न कर बैठें जो 'चुनरी में दाग' लगा दे। इश्क में तो होता ऐसा है कि एक व्यक्ति के बहाने आप सारी दुनिया से प्यार कर बैठते हैं, सिर्फ एक व्यक्ति के दम से कितनी सुहावनी और प्यारी लगने लगती है दुनिया, उसे और प्यारा और बेहतर बनाने का मन भी होने लगता है।

झूठ है यह कि औरतें, जो खुद किसी पद पर कभी घूस-वूस लेती नहीं पाई जातीं–अपने पतियों/भाइयों/बेटों को बेईमानी का पैसा कमा लाने को उकसाती हैं।

'टूट टाट, पर टपकत, खटियो टूट'...की स्थिति में भी स्त्रियाँ अधीर नहीं होतीं!

स्कूल के कोर्स में भारतेन्दु का 'सत्य हरिश्चन्द्र नाटक' था। शैव्या के बहाने पूरी स्त्री-जाति का मन टटोलने वाली वे पंक्तियाँ बारह-तेरह की उम्र में पढ़ी होंगी पर अब तक याद है तो इसलिए कि ये पंक्तियाँ हमारे अन्तर्मन के एक बड़े सच का प्रतिनिधित्व करती हैं। औरतें बेचारी तो प्यार की ऐसी भूखी होती हैं कि दो बोल प्यार के बोलकर लोग उन्हें जिन्दगी भर नाच नचा देते हैं। गाड़ी मोटर, बँगला, साड़ी आदि खेल-खिलौनों पर ध्यान उसी का जाता है जिसने प्रेम का स्वाद ही नहीं चखा! एक अदम्य-सी अतृप्ति उसके चित्त को व्याप जाती है और वह इन

खेल-खिलौनों में ही सुख ढूँढ़ने का मूर्ख प्रयास करता रहता है। 'दिल को खुश रखने का गालिब यह ख्याल' बिलकुल अच्छा नहीं है कि प्रेम नहीं मिलता तो बेकार की चीजों की 'चमकार' की चिन्ता में आप दिन-रात घुला करें। 'और भी गम हैं जमाने में मुहब्बत के सिवा/राहतें और भी हैं वस्ल की राहत के सिवा', पर यह कोई राहत में राहत नहीं हुई कि रैट-रेस का चूहा हो जाएँ, मुसदौड़ में जीतकर भी आप रहेंगे तो मूस ही ('कुरआन' वाले मूसा नहीं, पुनर्मूकोकी भव' वाले मूसा, मूषक यानी चूहा!)

स्त्रीवाद जिम्मेदारी लेता है और चूँकि यह हर तरह से बेहतर समाज की जिम्मेदारी लेता है–बाजारवाद से पनपने वाले काले धन की 'चमकार' इसे लुभानी नहीं चाहिए।

बिना दीवारों का घर : आओ घर-घर खेलें

जब दो लोग प्यार करते हैं, सबसे पहले एक घर के बारे में सोचते हैं, स्थायित्व, सुरक्षा, अपनत्व और ऊर्जा देनेवाले 'होम, स्वीट होम' के बारे में क्योंकि कितना भी खुला समाज हो, खुले आकाश के नीचे प्रेम करने और करते चले जाने की अपनी सीमाएँ हैं। जंगल, पहाड़, चाँद और नदी का किनारा अलभ्य मोटिफों के रूप में हमें चाहें जितना आकर्षित कर लें–प्रेम चाहे जितना निराकार और अनन्त हो–उसकी परिणति के पार्थिव घटक-देह और घर, खासे संकुचित और ससीम हैं। 'अनन्त' और 'ससीम' का यही द्वंद्व उन सारे पारिवारिक तनावों की जड़ है जिनसे ऊबकर लोग परिवारिकता से ऊपर उठ लेने की बात आज कह रहे हैं। 'वसुधैव कुटुम्बकम्' की अवधारणा हमारे लिए नई नहीं है। रक्त सम्बन्धों से कहीं अधिक मधुर और सार्थक आत्मा के रिश्ते होते हैं–रिश्तेदार तो हम चुन नहीं सकते, पर मित्रों का चुनाव हमारा अपना होता है। स्नेह, सौहार्द, धीरज, सहानुभूति, भावात्मक सम्बल, आर्थिक-सामाजिक सुरक्षा और पारिवारिक मूल्यों का पूरा पैकेज मित्र भी हमें प्रदान करते हैं और कहीं अधिक निःस्वार्थ ढंग से। फिर 'बंधु-परिवार' की धारणा क्यों न बलवती हो भला? विज्ञान ने कृत्रिम गर्भधारण की अनेक प्रविधियाँ विकसित की हैं, ली नामक एक पुरुष भी माँ बनने की तैयारी में है–उसका शायद आठवाँ महीना चढ़ा है–उत्तराधिकार-पुत्राधिकार के कई कानून बदले हैं या बदलने की प्रक्रिया में हैं–इन सब परिवर्तनों के दम से परिवार सम्बन्धी धारणाओं में परिवर्तन आ जाना खासा लाजमी है।

पूँजी पर एकाधिकार स्त्री पर एकाधिकार का पोषक बना और परिवार की धारणा का पोषक भी। अर्जित धन के प्रति पुरुषों का इतना मोह होता है कि मृत्यु के बाद भी वह किसी और के हाथ न जाए–उनके अपनी औरत, अपनी संतान के हाथ ही रहे–इसकी व्यवस्था उन्होंने स्त्रियों की स्वतंत्रता पर पहरे बिठाकर और परिवार का दुर्ग और मजबूत बनाकर की। बाद में औरतें जब खुद अपना धन अर्जित करने लगीं और विज्ञान ने सुरक्षित सम्भोग और स्वतंत्र गर्भधारण के कई साधन विकसित किए, तब इन प्रतिबंधों का अर्थ खास कुछ रहा ही नहीं। इस संदर्भ

में एक रोचक पुस्तक सामने आई–'Mama's Baby : Papa's May be'! पर पश्चिम की बात फिलहाल हम जाने ही दें और सिर्फ इतना ही देखें कि अपने यहाँ के संक्रमणशील समाज में परिवारवाद के नाम पर क्या घट रहा है तो मन बिफर जाएगा। औरतों की दैहिक-आर्थिक मानसिक परतंत्रता की जड़ें तो खैर, परिवारवाद द्वारा प्रश्रित हुईं ही, भाई-भतीजावाद, पुत्र-पुत्रीवाद और कुछ अर्थों में जातिवाद, प्रान्तवाद और धर्मवाद आदि संकीर्णताओं के मूल में यह परिवारवाद ही है जिसे ध्वस्त करने के लिए मनीषियों ने 'वसुधैव कुटुम्बकम्' की बात कभी की होगी।

हमारी त्रासदी यह है कि हम आज तक अतिरेकों में जी रहे हैं, लेकिन हमारा जो आनेवाला कल है वह, विशेषकर स्त्रियों के संदर्भ में सारे प्रचलित मिथक ऐसे तोड़ेगा जैसे कभी 'निराला' की नायिका ने पत्थर तोड़े थे। यह भी कम बड़ा परिवर्तन नहीं है कि पढ़ी लिखी तेजस्वी स्त्रियाँ आज बहुधा अकेली रह जाती हैं और खासे ठसक के साथ। गए वे दिन, जब बड़ी उम्र की कुँवारियों, परित्यकताओं, विधवाओं और माँ न बन पा सकने वालियों के साथ डायनपने और कटखनी कटुता का मिथ जोड़ दिया जाता था। आज तो घर के, पड़ोस के अनादृत बूढ़े और बच्चे, बेसहारा स्त्रियाँ बतरस का सुख और थोड़ा चाय-पानी भी इन अकेली स्त्रियों की गृहस्थी में ही पाते हैं–पक्के गृहस्थों के घर तो 'हम दो हमारे दो' की संकीर्णहृदय मतलबपरस्ती ही ज्यादा दीखती है क्योंकि उनका दर्शन 'काम से काम, बाकी सब हराम' वाला हो गया है।

दूसरी तरफ यह हो रहा है कि बने-बनाए परिवार भी बड़ी तेजी से टूट रहे हैं–कहीं अहं के टकराव से, कहीं मन में किसी और के आ बसने की बेचारगी के कारण। अभंग साहचर्य और एकनिष्ठ समर्पण बड़े मूल्य हैं, किन्तु जीवन का एकमात्र सच ये नहीं है। व्यक्तित्व की अनेक अन्तर्धाराएँ हो सकती हैं और उन अलग-अलग धाराओं का जुड़ाव अलग-अलग बिन्दुओं से हो सकता है–मिथकों की सारी परकीया नायिकाएँ इस बड़े सत्य का संवहन करती दीखती हैं। उनका द्वंद्व आधुनिक जीवन का बड़ा द्वंद्व है, और राधा के साथ कृष्ण की पूजा भारतीय समाज की बड़ी महत्त्वपूर्ण स्थापना। राधा, ऐना केरेनिना और चेखव की 'डार्लिंग' आदि को किस छल-छद्म और 'फ्रेल्टी' के घेरे में बाँधा जा सकता है भला? पारिवारिकता के घेरे के बाहर पड़ते प्रेम की उन एमोरल (नैतिक-अनैतिक से परे) स्थितियों का ये प्रतिनिधित्व करती हैं जिनसे उत्तरशती की स्त्री को बार-बार जूझना पड़ता है।

स्त्रियों से सम्बद्ध बहुत सारे मिथक तो पहले ही टूट चुके हैं, पर जो होनेवाला है, वह बहुत ही रोचक है। परिवार तेजी से टूट रहे हैं–आधुनिकता के पहले दौर में संयुक्त परिवार टूटे, टूटने ही थे; आज न्यूक्लियर परिवार के इलेक्ट्रॉन, प्रोटॉन, न्यूट्रॉन (पति-पत्नी और बच्चे) भी अक्सर तीन दिशाओं में छिटक गए से दीखते

हैं जो अपने-आप में बहुत बड़ा विस्फोट है—बच्चे छात्रावासों या डे-केयर केन्द्रों में और माँ-बाप अलग-अलग नौकरियों पर, बहुधा अलग-अलग शहरों में। भारत में भी रिमोट-कंट्रोल विवाहों का प्रतिशत कुछ कम नहीं, जहाँ महीने-दो महीने में एक बार दम्पतियों का मिलना होता है और फिर अपनी-अपनी घरौंदा-गृहस्थी (एकल परिवार : सोलो फैमिली) में वे मग्न हो जाते हैं। भारतीय पुरुषों के लिए अकेले डेरे (भूत के डेरे) की बात कुछ नई नहीं—परदेशी पिया कलकत्ता में, रंगून में, बनारस में और पटना में अपनी एकाध कमरे की मर्दाना (कामचलाऊ) गृहस्थी बसाए हुए, बीच-बीच में गाँव-घर से जूड़ा-ठेकुआ-शकरपारे-नमकपाड़े-अचार और तेल तक ढोते-ढवाते और फिर वापस सिन्दूर-टिकुली-चुनरी-जम्पर—दिलरुबा-चोला-झुमके और चूड़ियाँ पहुँचाते हुए एक अर्से से दीखते रहे हैं। (रेल-विभाग इन्हीं के आसरे तो चलता है), पर स्त्रियों का संयुक्त परिवार के संरक्षण के बाहर पति से वियुक्त रहते हुए नौकरी करना और पारिवारिक सम्बन्धों की अन्तर्व्यवस्था निभाए चलना उपेक्षाकृत नई घटना है।

समन्वयवादी फेमिनिस्ट मॉडल का मिथ इसी स्थिति से आकर जुड़ता है, पर यह स्थिति कब तक चल पाएगी, कहा नहीं जा सकता! नया मुल्ला बहुत प्याज खाता है और तुरन्त-तुरन्त स्वतंत्र्य हुआ व्यक्ति भी 'मैं सब सँभाल लूँगा' के आदर्शवाद की चपेट में वह जी-धुनकर काम करता है, पर कब तक? आज तो ज्यादातर घरों में स्त्रियाँ नव-स्वातंत्र्य के उल्लास में तिहरे दायित्व निभा रही हैं। वे नौकरी करती हैं, गृहस्थी चलाती हैं और बच्चों को पढ़ा-लिखाकर बड़ा वे भी करती हैं। ऐसा नहीं है कि पुरुष निखट्टू हैं और वे नौकरी के सिवा कुछ कर ही नहीं सकते, पर उन्हें चूल्हा-चौका चलाना और रोता हुआ बच्चा डुलाना हेय और ऊबाऊ दिखता है और शरीर-बल के आधिक्य का दावा करने के बावजूद वे स्त्रियों की तरह खट नहीं पाते। जिन घरों में स्त्रियाँ नौकरी करती हैं—बिजली-पानी-टेलीफोन का बिल जमा करवाना, बैंक, पोस्ट ऑफिस, एल.आई.सी. के सारे काम, बच्चों का स्कूल आना-जाना, उनकी फीस भरना, आए-गए को देखना-भालना, सौदा-सुलुफ करना ज्यादातर उन्हीं के जिम्मे रहता है औरं इसके समर्थन में एक सीधा तर्क यह दिया जाता है कि अधिकारों के साथ कर्तव्य क्यों नहीं बढ़े भला!

हो सकता है कि यह स्थिति बहुत दिन न चले और मातृत्व के मिथ पर शहीद होना स्त्रियाँ भी छोड़ दें, तो क्या पुरुष ये सारे दायित्व उठा लेंगे—नौकरी, गृहस्थी, बाल-बच्चे? बालिका वध जिस तरह से बढ़ रहा है, उस हिसाब से वह दिन दूर नहीं कि एक स्त्री के कई-कई पति हों और सब मिल-जुलकर एक कम्यून-सा बना लें कि यह काम मेरा, यह तुम्हारा। यह भी हो सकता है कि किराए के गर्भ से बच्चे खरीदकर मर्द स्त्रियों के बिना ही जीने की सोचें। अमरीका के तीन-चार

टेलीविजन-सीरियलों ने इधर स्त्री-विहीन घरों का माहात्म्य खूब बखाना है और वे लोकप्रिय भी बहुत हुए हैं–'माई थ्री संस', 'द राइफलमैन', 'बोनान्जा' और 'बैचलर फादर'! समलैंगिकता पर जोर है ही, किराए के गर्भ भी मिल जाएँगे–फिर, 'यूनिवर्सल सिस्टरहुड' की तरह 'यूनिवर्सल गेहुड' क्यों न पनपे! ऐसा भी हो जाना असम्भव नहीं कि रक्त-सम्बन्ध परिवार को बाँधनेवाला तत्त्व न रह जाए और दोस्तों की तरह कुछ 'रिश्तेदार' भी साथ रहने के लिए चुन लिए जाएँ जिसमें कुछ बच्चे भी शामिल हों–कुछ घर के, कुछ बाहर के परित्यक्त अकेले बच्चे! वर्किंग विमेन्स हॉस्टलों के सुखद परिवेश को देखते हुए कहा जा सकता है कि यह व्यवस्था वैसी बुरी भी न होगी।

आज महानगरों में नई तरह के एक लॉज-बेस्ड परिवार का विकास भी तेजी से हो रहा है जिसमें गाँव या छोटे शहरों के अलग-अलग कोने से पढ़ने या नौकरी-व्यवसाय आदि करने आए नवयुवक-नवयुवतियाँ अच्छे सामंजस्य के साथ गृहस्थी चला रहे हैं। तेजी से फैलती हुई इस दुनिया में ऐसे कम्यून-सदृश परिवारों का चलन बढ़ेगा ही, जिसमें स्त्रियों की भूमिका किसी अलग 'श्रेणी' की मुखापेक्षी नहीं होगी और बाबा मनु 'मनुस्मृति' की चेतावनियों के साथ अतल विस्मृति (ऐमनीसिया) के गर्भ में जा धँसेंगे। स्त्रियाँ वैसी ही होंगी–उतनी ही अच्छी या उतनी ही बुरी, जितने पुरुष, और कुछ दिन अधिकार, कर्तव्य सब साझे चलेंगे। इससे जीवन का रस-तत्त्व कम भी हो सकता है–एकरूपता एकरसता को जन्म देती ही है; वैविध्य है तभी सौन्दर्य है; पर कुछ दिन ऐसा हो भी सकता है कि स्त्री-पुरुष के बीच किसी यूनिसेक्स मल्टीपर्सन की धारणा बलवती हो उठे। ऐसा थोड़े ही है कि करुणा, क्षमा, ममता, प्रेम आदि मानवीय गुण सिर्फ स्त्रियों के ट्रेडमार्क हों; पुरुषों में भी ये गुण होते हैं–उन्हें सिर्फ धरातल पर लाने की आवश्यकता है। यदि वे धरातल पर आ गए तो 'नई स्त्री' से समायोजन में उन्हें कोई कष्ट न होगा और वे उतने ही संतृप्त रहेंगे जितने मिथकीय स्त्रियों के पुरुष रहते थे।

मैं बार-बार कहती हूँ कि नारीवाद के आग्रह से स्त्रियों का स्नेहतत्त्व मर गया हो, यह भी गलत है। पहले की स्त्रियाँ सम्बन्ध निभाती थीं तो आर्थिक परतंत्रताजन्य विवशता उनके साथ रहती थीं, पति आदि से विरोध भी है तो चुप सहना है, निभाना है–इसके सिवा उपाय भी क्या है। अब आर्थिक स्वतंत्रता है तो उपाय बहुतेरे हैं। ब्यूटीकल्चर आदि के जोर से और बच्चे कम होने के कारण भी स्त्रियों का दैहिक आकर्षण अधिक दिनों तक बरकरार रहता है; और पढ़ी-लिखी होने के कारण आत्मिक-बौद्धिक और नैतिक परिष्कार भी उनमें आया ही है; पति अनेक न भी हों तो अक्सर उनके प्रशंसक अनेक होते हैं। इसके बावजूद ज्यादातर स्त्रियाँ परिवार सँजोकर रखना चाहती हैं। क्यों? साहचर्यजन्य स्नेह के आग्रह से

ही तो, और इस आरोपित चिन्ता के भार से भी कि पति-बच्चे उनके बिना गिर-पड़ जाएँगे। कोई किसी के बिना गिर पड़ नहीं जाता, गिरता-पड़ता भी है तो कुछ दिन के लिए; पर हाँ, स्नेह का यह आग्रह अपने-आप में एक बड़ी उपलब्धि है कि साथ रहा जाए और एक-दूसरे के दोष-गुण और दुख-सुख, जहाँ तक सम्भव हो, झेल लिए जाएँ। वैसे साल-दो साल की विवाह शृंखलाओं (मैत्री-करार/चन मैरेज) का चलन यहाँ भी हो सकता है जिसके बारे में ब्लैक अमेरिकन सिविल राइट्स की एक कार्यकर्ता ने हाल में ही एक दिलचस्प वक्तव्य दिया : "किसी हॉलीवुड सिनेमा के अन्त की तरह विवाह गोरी चमड़ीवाले प्रतिष्ठित समाज में जीवन की सँभावनाओं का भी 'द एंड' होता है...अपने पूरे जीवन का वादा एक बार में कर देने की हिम्मत मुझमें नहीं। इस साल, हो सकता है मैं विवाहित रहना चाहूँ, पर अगले साल? ऐसा नहीं है कि विवाह नामक संस्था में मैं अनास्था व्यक्त कर रही हूँ, बल्कि यह दृष्टिकोण उसके प्रति मेरे विनम्र सम्मान का प्रतिफल है और सिविल राइट्स मूवमेंट की सीख कि चीजों और पदों को अस्थायी समझो और उनसे तब तक ही जुड़ो जब तक तुम्हें लगे कि तुम इन्हें अपने व्यक्तित्व का सर्वोत्तम दे रहे हैं!"

यह स्थिति और सब दृष्टियों से ठीक भी हो, पर बच्चों के समुचित विकास की दृष्टि से घातक है—ऐसा मानना ही होगा। और यह मुख्यतः बच्चों के प्रति जिम्मेदारी का एहसास ही है कि इंटीग्रेटेड फेमिनिज्म की धारणा ऐसी लोकप्रियता पा रही है। टिली ऑलसन ने बहुत मजेदार किन्तु सोच को उकसानेवाले ढंग से यह बात अपनी पहली कहानी में रखी थी! प्रसंग है कि स्त्री बहुत जल्दी में है, हजार काम उसके सिर पर सवार हैं और लोग हैं कि हर दिशा से उससे कुछ पूछते हुए ही प्रकट होते हैं; लम्बी चुप्पी के बाद उसकी पहली पंक्ति है : "आई स्टैंड हियर आयरनिंग, एंड वॉट यू आस्क्ड मी मूव्स टॉरमेंटेड बैक एंड फ्रंट विद् आयरन!" मैंने इसके अनुवाद की हिम्मत नहीं की, ज्यों का त्यों इसे उद्धृत कर दिया है इस आशा के साथ कि स्त्री की गरम इस्तिरी युगों से गठरिआए पड़े प्रश्नों की सिलवटें शायद कुछ सीधी कर पाए! आधुनिक स्त्री का दुर्भाग्य देखिए कि उसे अपनी लड़ाई खुली सड़क पर लड़नी पड़ रही है—इब्सन की नोरा की तरह न उसका कोई 'गुड़िया-घर' है जिसका दरवाजा वह किसी के मुँह पर बन्द कर सके और न ही महाराष्ट्र की भक्त-कवि जनाबाई की तरह का कोई 'हरि' है उसके पास जिससे वह मन खोलकर कह पाए :

हे माधव, देखो न—
कितने तो काम धरे हैं सिर पर,
इतना आटा गूँधना है अभी,
इतने कपड़े कूटने हैं—

आओ भी, हाथ बँटा दो थोड़ा
या फिर तुम हेर दो जुएँ ही जरा–
कुछ तो करो न, कुछ करो!"

(मराठी की एक पंक्ति के आधार पर पल्लवित)

(ख) मातृत्व की नई चुनौतियाँ

भारतीय घरों में पुरुषों की आम शिकायत यह है कि नई माँओं ने अपने बच्चों पर वशीकरण मंत्र साध रखा है, किसी और की वे सुनते ही नहीं! कुछ घरों में तो पिता और पितृपक्ष के लोग यह भी शिकायत करते हैं कि माताएँ और मातृपक्ष के लोग बच्चों को 'घूस' देकर अपना बना लेते हैं। घूस यानी कि दुलार और उपहार, साथ बैठकर सुख-दुख बतियाने का धीरज! बकौल उनके यह घूस उन्हें पोटकर अपने पक्ष में किए रखने की खातिर दी जाती है ताकि पितृपक्ष को नीचा दिखाया जा सके!

माँ-बेटे के रिश्ते के अन्तरंग पक्षों पर एडिपस और 'सन्स एंड लवर्स' आदि के जमाने से बात चली आ रही है। इधर माँ-बेटी के रिश्तों पर भी कुछ नई टिप्पणियाँ सुनने को मिलती हैं। जब किसी का विवाह-विच्छेद होता है, सारी तोहमत लड़की की माँ पर आ जाती है कि वो ही घरफोड़ू थी! लड़केवालों के बीच एक चुटकुला चलता है कि लड़की न देखो, न सही, उसकी माँ को जरूर देख लो! जैसी माँ होगी, वैसी ही तो होगी बेटी भी : कम-से-कम संस्कार तो वैसे ही होंगे!

'सास' शब्द में ही 'आस' छुपी है किन्तु यह पदवी शुरू से ही औरतों को निराश करती रही है! इतने बेमेल विवाह हमारे यहाँ एक झटके में हो जाते हैं कि दाम्पत्य जीवन तो शायद ही किसी का उत्कृष्ट होता है। कम-से-कम स्त्री के लिए घर के बाहर कहीं प्रेम आजमाने के काफी खतरे हैं! अब वह करे तो करे क्या? आत्मा का सारा प्रकाश अपनी सन्तान पर लुटाती है; सन्तान ही उसके जीवन का केन्द्रीय सच होती है...यही सन्तान बड़ी होकर अपनी नई एक दुनिया बसाती है तो एक सुनसान-सा घिर ही आता है! यही वह समय होता है जब मध्यवय के अन्य संकट स्त्रियों का आत्मबल तोड़ने लगते हैं।

पितरसत्तात्मक व्यवस्था ही ऐसी है कि स्त्री के रूप और यौवन को जरूरत से ज्यादा तूल दिया जाता है! मध्यवय तक यह भी छिनने लगता है तो स्त्रियों को लगता है कि अब वे गईं काम से! मध्यवय तक पति भी जरूरत से ज्यादा व्यस्त हो जाते हैं–बाहर की दुनिया में। रूप और यौवन का सूर्यास्त भी एक तरह की बेचैनी उनमें भरता है। लगता है कि कुछ तो ऐसा करना चाहिए कि घर में उनकी स्थिति सुदृढ़ बनी रहे!

जो औरतें पढ़-लिखकर अपनी दुनिया बड़ी कर लेती हैं या जिनमें भक्तिभाव और देवी-सिंड्रोम जग जाता है, या जो अपने किसी विशेष हुनर के चलते बृहत्तर परिवार और समाज में भी लोकप्रिय होती हैं, या जिनमें सेवा-भाव बहुत ज्यादा होता है–उनकी दिक्कत एक दूसरी तरह की दिक्कत होती है! उनकी बहुओं के मन में उनको लेकर एक ग्रंथि-सी बैठ जाती है कि वे इतनी अच्छी क्यों हैं। हीनता-ग्रन्थि से ग्रस्त बहुएँ 'मेरा पति सिर्फ मेरा है'–सिंड्रोम का शिकार हो न सिर्फ भाई-बहनों-दोस्तों से बल्कि माँ-बाप से भी पतियों को लगती हैं काटने! ऐसे चकरचाल चलाती हैं कि हिम्मत नहीं होती माताओं की कि वे बेटे के साथ दस मिनट भी अकेले बैठकर कुछ बतिया लें!

यह क्रूर और भयानक स्वत्व-बोध (ब्रूटल पॉजेसिवनेस) अच्छे-खासे बेटों को भी डरपोक, भयाक्रांत, भुतहा (पॉजेस्ड) बना देता है! चूँकि बाहर की दुनिया भी उनको देखनी-सँभालनी होती है और रात में आकर अच्छे माहौल में खाना भी खाना होता है, चूँकि बच्चों के आगे भी कलहक्लांत परिवार का मॉडल वे रखना नहीं चाहते, व्यावहारिक लोग पत्नियों की भावनात्मक असुरक्षा को हवा नहीं देते, उनसे कुछ कहते नहीं और माँ से ही उम्मीद करते हैं कि वे समझदार और शालीन बनी रहें : एक शब्द चूँ-चपड़ किए बिना कर्तव्य सारे करें और अधिकार बिलकुल भी नहीं जताएँ : बटुए का मुँह खुला रखें और अपना मुँह बन्द! ड्रॉइंग रूम में नहीं आएँ, फोन न करें, कहीं आए-जाए नहीं, पड़ोस से भी कोई सम्पर्क नहीं रखें ताकि किसी को हवा भी नहीं लगे कि उनकी क्या-क्या गत बनती है!

इसके विपरीत जहाँ सासें दबंग हुईं, वे बुढ़ापा आते-आते पितरसत्तात्मक व्यवस्था के सब दाँव-पेंच जान जाती हैं; उन्हें लगने लगता है कि शक्तिमान होने का, घर में वर्चस्व बनाए रखने का एक सिद्ध तरीका है कि पितरसत्ता की एजेंसी ले लो, आत्मसात कर लो वे सब दाँव-पेंच जो तुम्हारे साथ लगातार खेले गए। पुरुष भी प्रसन्न रहेंगे और सब नई बहुरियाँ इशारों पर नाचेंगी। बैठे-बिठाए कैसे अपनी अर्जित सम्पत्ति और बेटा–दोनों वार दें इन पर?

प्रेमचंद की एक मजेदार कहानी है–'गृहनीति' जिसमें नायक भी एक खेल खेलता है! माँ के पास पहुँचकर समझ लेता है कि घर में दिन भर हुआ क्या-क्या! फिर पत्नी के पास पहुँचता है, जब दाँत पिंजाती हुई पत्नी सास की शिकायत शुरू करती है, वह भरी आँखों से उसकी ओर देखता है और बात आधी ही दूरी पर इस तरह मोड़ता है कि पत्नी का किया हुआ कोई एक ठीक-ठाक काम प्रकाश में आ जाए, बाकी अनर्गल चला जाए पृष्ठभूमि में...वह दंग होकर पूछती है कि हाँ, यह किया तो था लेकिन तुम्हें कैसे मालूम! वह कहता है कि माँ तो तुम्हारी तारीफ कर रही थी! हालाँकि यह सफेद झूठ है, माँ ने तो

शिकायती लहजे में ही दिन भर के ब्यौरे दिए थे, लेकिन अच्छे सम्पादक की तरह वह कुछ तथ्यों की 'सॉफेनिंग' करके एक अलग 'बॉक्स' में डाल लेता है...यही खेल वह माँ के साथ भी खेलता है...और धीरे-धीरे दोनों का मनोमालिन्य धोने में सफल भी हो जाता है—थोड़ी-सी उस शुभ्र मिथ्या के सहारे जिसे प्रेमचंद 'गृहनीति' कहते हैं! राजनीति नहीं है, यह कूटनीति है—एक सुखद डिप्लोमेसी : दो पूर्वग्रहग्रस्त पड़ोसी राज्यों के बीच एक 'विवादित क्षेत्र' को लेकर झगड़ा हो तो राजदूत की भूमिका महत्त्वपूर्ण होती है और ऐसे कई पवित्र झूठ उसे आजमाने पड़ते हैं जिनका उद्देश्य अच्छा हो!

इन दिनों इसी तरह की 'नीतियाँ' पढ़ी-लिखी उन औरतों को भी आजमानी पड़ती हैं जिनके माता-पिता, भाई-भाभी से उनके पति या परिवार के अन्य महत्त्वपूर्ण सदस्य किसी कारण चिढ़ गए हों! बातों के कील-काँटे निकाल फेंकने की कला में ये स्त्रियाँ माहिर हो जाती हैं और बाद में जब बच्चे बड़े होने लगते है और पिता हर बात में उनके पीछे डंडा लेकर पड़ जाता है, एक नई तरह का सद्भाव-मिशन इन्हें चलाना पड़ता है जिसके तहत यथातथ्य रिपोर्टिंग कभी नहीं होती, दोनों पक्षों की मारक टिप्पणियाँ कुशल सम्पादन के बाद ही एक दूसरे को सुनाई जाती हैं ताकि खून-खराबा न हो जाए, घर 'घर' बना रहे!

स्थापनाएँ तो अपने यहाँ इतनी सुन्दर-सुन्दर हैं कि क्या बोलें! 'पंच वर्षाणि लालयेत, दसवषार्णिताडयेत, प्राप्तेषोडषेवर्षः मित्रवत् समाचरेत' के पहले दो प्रस्ताव कहीं-कहीं माने भी जाते हैं लेकिन सोलह बरस के पड़ोस में जैसे ही बच्चे पहुँचते हैं, पिता उनसे 'मित्रवत' आचरण क्या करेगा, उन्हें अपना सबसे बड़ा दुश्मन ही समझने लगता है और तुर्रा यह कि जो कर रहा है, उनके ही हित में कर रहा है, माताएँ तो सिर्फ बर्बाद करती हैं, आबाद करती हैं सिर्फ पिता की सख्तियाँ, उनसे ही परिवार में अनुशासन कायम रहता है!

इस तरह के मुगालते हर तानाशाह को होते हैं, हिटलर को भी थे, पर समय ने सिद्ध कर दिया कि सबसे टिकाऊ व्यवस्था प्रजातंत्र ही है और परिवार में प्रजातंत्र का पालन अगर नहीं होगा तो देश को अच्छे नागरिक मिलेंगे कैसे! पुलिसिंग से सिर्फ चूहा-बिल्ली वाला रिश्ता कायम होगा। आपके स्कूटर का हॉर्न सुनते ही बच्चे पढ़ने की मेज पर मुद्रा बनाकर जा बैठेंगे और आपके जाते ही हो-हल्ला शुरू हो जाएगा—'वेन द कैट इज अवे, द माडस विल प्ले' का सीधा तर्क! आश्वस्त किए बिना 'आदेश' लादे जा सकते हैं, लेकिन मनवाए नहीं जा सकते! और बच्चे आश्वस्त होते हैं उस प्रजातांत्रिक संवाद से जो माँएँ तो साध लेती हैं, पितरसत्तात्मक विकृतियों के कारण पिता नहीं साध पाते और बिन मौसम की बरसात की तरह गरजते-तरजते रहते हैं!

यदि आत्मीय सम्बन्धों का कोई 'कॉम्पिटिशन सक्सेस रिव्यू' निकले तो सफल माताएँ विफल पिताओं से अपनी सफलता का राज बाँटती हुई बस इतना कहेंगी कि वे प्रजातांत्रिक थीं, उन्होंने सुनी भी, सिर्फ सुनाई नहीं, बच्चों का पक्ष समझने की भी कोशिश की, उन्हें गोदी में लिटाकर समझाया कि ऐसा नहीं करना चाहिए तो क्यों...धीरज के बिना कोई बात नहीं बनती! जो अभी जनम के खड़ा ही हुआ है, उससे क्या बराबरी करना, वह खुद को जितना भी बड़ा शेख समझे, है तो बच्चा ही, आपका ही बच्चा...बात-बात पर 'गेट आउट', 'शटअप' करिएगा तो विकल्प के अभाव में घर के बाहर भले ही न जा पाए, चुपचाप जाकर सो जाए एक कोने में पर आपके जीवन से तो समझिए, वह चला ही गया और दुबारा उससे आपका सहज बातचीत का रिश्ता शायद ही बन पाए! ऐसे ही बनती हैं जीवन में गाँठें!

माताओं का उज्ज्वल पक्ष यह है कि वे गाँठें खोलना चाहती हैं। पक्की नहीं करना चाहतीं। चाहती हैं सबकी खातिर एक उत्फुल्ल जीवन! करुणा सम्बलित न्याय-दृष्टि ही सच्ची स्त्री दृष्टि है! यहाँ क्षमा की भूमिका इतनी बड़ी हो जाती है कि अक्सर ही स्त्रियाँ हँसकर कह देती हैं–'मेरे पति? वे तो मेरा सबसे छोटा बच्चा हैं!'

(ग) होना उनकी 'सहचरी, प्राण'

इस दुनिया में आँखें खोलने के साथ ही एक अव्यक्त-सी प्रतीक्षा हृदय में लहर लेने लगती है–एक अभंग साथ की! सबसे पहली उम्मीद माँ से जगती है! एक क्षण को वह नजर से ओझल हुई नहीं कि बच्चा करता है–कें! गर्भावस्था का वह नाभिनाल सम्बन्ध पुरइन कट जाने के बाद भी उसके नन्हे-से हृदय में धड़कता रहता है! जल्दी ही दूसरी सन्तान हो गई तो वह दुधकट्टू हो जाता है! दूध छुड़ाने की प्रक्रिया 'वीनिंग' कहलाती है–डॉक्टर कहती हैं कि इसका ढंग से पालन हो तो ही बच्चे का सही मनोवैज्ञानिक विकास हो पाता है : बारह फीड के बाद दस, दस से आठ, आठ से छः, छः से चार, चार से दो, दो से एक, फिर दो-एक दिन के अन्तराल पर...इस तरह धीरे-धीरे दूध छूटना चाहिए और ठीक उसी वक्त (दूध छुड़ाते वक्त) उसे अन्य गोदियों का भी अभ्यास करा देना चाहिए जोकि संयुक्त परिवार में तो बहुतायत से उपलब्ध होती हैं–पिता लजाए भी तो चाचा की, दादा की, दादी की, बुआ की...बीच-बीच में नाना-नानी की, मामी की, मौसियों की, मामू की...इन गोदियों की बहार उसे बहला देती है और बहलाए रखती है तब तक जब तक कोई 'विशिष्ट' दृश्य उसकी नजर से गुजरकर उसके मन में अव्यक्त वियोग की वही हूक न जगा दे जो वसन्त की दोपहरी में कोयल

की कूक से जगती है! वह विशिष्ट दृश्य कुछ भी हो सकता है! किसी सिद्ध जोड़े की प्रफुल्ल हँसी, सुखी परेवा का विलास, नदियों में दो दीयों का साथ मिलकर बहे जाना...।

कभी मेरे एक संवेदनशील मित्र ने बताया था कि खेत तामते-तामते उनके एक मित्र ने बारह बरस की उमर में उन्हें साँप का एक केंचुल दिखाया! दोनों मित्र हाथ में केंचुल उठाकर निरखते-परखते बढ़े तो अगले ही कदम पर उन्हें और एक केंचुल दीखा, इस पर उनका वह समवयस्क मित्र, जो अधिक गरीब होने के चलते और अधिक प्राकृतिक जीवन जीता रहा था और उनसे भी अधिक अनुभववृद्ध था, उनको समझाकर कहने लगा—"यह देखो, यह इसका जोड़ा है। हर जीव जोड़े में होता है! हर जीव का एक जोड़ा होता है...तुम्हारा भी होगा...कहीं-न-कहीं...कभी-न-कभी तो वह तुम्हें मिल ही जाएगा ।"...उसी क्षण वे कहते हैं, वे अचानक धक् से बड़े हो गए और एक अव्यक्त उल्लासमय पीड़ा से उनकी छाती लगी ऐंठने कि कहाँ होगा उनका जोड़ा, किस हाल में होगा!

'रामचरितमानस' का पुष्पवाटिका प्रसंग और उसके बाद तुलसी का महावाक्य 'जेहि के जेहि पर सत्य सनेहू, सो तेहि मिलहि न कछु सन्देहू'...उनका यह कहना कि राम का नाम उनको उतना प्यारा है जितना कामी को कामिनी प्रिय होती है—'कामिहिं नारि पियारि जिमि', लोक में प्रचलित शिव-पार्वती के अद्भुत दाम्पत्य के वे सारे प्रसंग जहाँ करुणाभिषिक्त पार्वती शिव से जिद करती हैं कि वे सारे दीन-दुखियों का भाग्य बदलें...कालिदास, जयदेव, विद्यापति, तरह-तरह के रसीले लोकगीत, फिल्मी गानें, ग़ज़लें...भारत के किसी भी युवा-मन में संकल्प तो यही रहता है कि वह एकनिष्ठ प्रेम को समर्पित जीवन जिएगा!

हर स्त्री सोचती है कि सीता का धीरज, राधा की कमनीयता, पार्वती का अद्भुत वाग्विलास, लक्ष्मी की घरपोसू विपुलता—सब अपने दूल्हे पर वारेगी! 'चलनी से चालल दुलहा, सुपली से फटकल हो'...दुनिया का सबसे सुयोग्य वर फटक-चुनकर उसके माता-पिता उसकी खातिर ले आएँगे और उसके बाद 'राजा-रानी' की तरह अपने नन्हे-से साम्राज्य पर दोनों राज करेंगे : सारी दुनिया का विलास उनके कदमों में होगा...उसका दूल्हा औरों से एकदम अलग होगा—धीरोदात्त/धीरप्रशान्त/धीरललित नायकों जैसा—कभी जोर से नहीं बोलेगा, एक थप्पड़ भी नहीं मारेगा, हर बात में राय लेगा, जीवन भर उसकी आँखें उसके प्रेम से नम रहेंगी, एक ही थाली में खाएँगे दोनों, एक ही तकिए पर सोएँगे रोज...बाकी दुनिया से भी स्नेह-सौहार्द्र रखेगा, सबका ही भला करेगा, पर 'प्रेम' का नाता तो मुझसे ही होगा, मेरे लिए ही वह नीलकुसुम लाएगा, मैं उसके जीवन का केन्द्रीय सच होऊँगी...ऐसे ही छोटे-छोटे सपनों की खुराक पर हर स्त्री-मन पलता है—'बाप के राज अगरधत राज,

दुलहा के सगरधत राज, बेटवा के अनेरुआ राज!' (पिता के राज्य में दोनों जहान मेरे चरणों में थे, पति के राज्य में तीनों जहान मेरी गोदी में...बेटे के राज्य में ही मैं अनाथ हो गई...इसके कुछ स्पष्ट उदाहरण हैं–प्रेमचंद की 'बूढ़ी काकी' और उदय प्रकाश की 'छत्तीस तोले का करधन!')

अब जब स्थिति कुछ बदल-सी रही है और थोड़ा-सा राजपाट कुछ स्त्री के हाथों में आ गया है, आर्थिक स्वावलम्बन और शिक्षा-समृद्ध विवेक उसके वजूद का आकर्षण और घनीभूत कर गए हैं,–होना तो यह चाहिए था कि दाम्पत्य और भी सुन्दर-सुखद होता, दैहिक विलास के अतिरिक्त, बौद्धिक और मानसिक विलास भी उससे जुड़ जाते! तरह-तरह की अन्तरंग चर्चाएँ उसे चारों खूँटों से समृद्ध रखतीं जैसे शिव-पार्वती के दाम्पत्य को रखती हैं जहाँ शिव-पार्वती–दोनों खासे अन्तरंग क्षणों में भी 'लोक' को भुलाते नहीं, तरह-तरह से जीवन का रहस्य सुलझाना चाहते हैं, कभी शिव प्रश्न करते हैं और कभी पार्वती–दोनों मिल-जुलकर जीवन और सृष्टि के कई सूत्र खोलते हैं–गुह्य सूत्र भी...ये सूत्र हासिल करने की पात्रता सबमें नहीं होती, लेकिन जो दुर्वृत्तियों के क्रमिक उन्नयन द्वारा उन जैसा हो जाता है...यानी कि लोकमंगलकारी और सहज-सुन्दर सच्चा (सत्यं शिवं सुन्दरं) उनके सामने गंगा की छल-छल धारा–जैसा सत्य प्रवाहित होने लगता है–उसका हृदय फूलों की वाटिका हो जाता है और उसका दिमाग फलों का बगीचा! फूल यानी उदात्त भाव! फल यानी वैचारिक सूत्र! तर्क और अन्तर्दृष्टि का यह महावलय ही सच्चे दाम्पत्य के रूप में सृष्टि में फूले-फले–भारतीय दर्शन कुल मिलाकर शायद ऐसा ही कुछ कहता है!

किन्तु जन्नत की हकीकत कुछ और है! दाम्पत्य की वह लोकमंगलकारी एकात्मकता जल्दी कहीं भी नजर नहीं आती! घर के बाहर जैसे कलहकारी हिंसक प्रसंग घटित होते हैं, घर में भी! बमबारियों का स्वरूप दूसरा होता है–बलात्कार भी किसी और द्वारा नहीं, पति के ही हाथों–पीट-पाट लेने के एक मिनट बाद, यौन-शोषण के भी वही पचपन सिलसिले (इन्सेस्ट आदि), वैसी ही छीछालेदर, गाली-गलौज, मगजमारी...वैसा ही नृशंस आतंक!

ऐसे में क्या होगा? मन ऊब जाएगा! पिंजरा टँगा भी रहा घर में तो पंछी गायब–मन का पंछी...ये उड़ा, वो उड़ा! दस द्वारे का पींजरा तामे पंछी पौन/रहिबे को है आचरज गए तो अचरज कौन...! कबीर के इस दोहे की घोर भौतिक व्याख्या भी सम्भव है ही!...एक बार उड़ ही गया तो चाहे जिस डाल पर बैठे...नीड़ का निर्माण फिर हो या नहीं–फर्क क्या पड़ता है! जो भी प्यार से मिला, हम उसी के हो लिए! एक दर्शन यह भी बनता है और दूसरा यह कि एक अवान्तर (सबटेरेनियन) धारा गुपचुप-सी चलती रहे (क्लैंडेस्टाइन)! मोबाइल, इंटरनेट,

होटेल-मोटेल, टुअर, पार्क और घरनुमा बड़ी गाड़ियाँ प्रेम की चल-चलन्त फल्गु-धारा को बालू की ओट तो दिए ही रहते हैं!

अभिसारिकाओं का इतिहास वैसे तो बहुत पुराना है, पर कॉल-सेंटर, दौरे वाली पचास नौकरियाँ, प्राइवेट चैम्बरों की सुविधा और भी कुछ नवीन जीवन-स्थितियाँ अतृप्त या दुखी दाम्पत्य के समानान्तर एक झिलमिल-सा एकान्तलाभ आसानी से सम्भव कर देती है जहाँ कोई हमदर्द सहकर्मी किसी प्रताड़ित स्त्री के आँसू पोंछता हुआ अपने भाग्य पर इतराता है, सोचता है कि वह कितना बड़ा शेख है कि मिर्ज़ा गालिब वाली स्थिति में आ गया–'मजनू को बुरा कहती है लैला मेरे आगे'–एक्स मजनू या पति को ही सही, बुरा तो कहती है–तभी किसी तीसरे का स्पेस बना, शब्दों से ज़ाहिर नहीं भी करती है कुछ तो आँखों से जाहिर हो जाता है कि कोई रंध्र है इसके जीवन में। आप हँसकर स्वीकार करें चाहे छाती पीटकर, पर 'तीन बुलावे तेरह आवै' की स्थिति में आज हर वह स्त्री है जिसने अपने व्यक्तित्व में कोई ओछापन आने नहीं दिया है! एक उदात्त-सी समरसता की तलाश में ज्यादातर लोग हैं! इसलिए, 'जो भी आए है, तेरे पास जाके बैठे है' कि स्थिति घिर आई है और पति परेशान हैं–'हम कहाँ तक तेरी कुरबत से खिसकते जाएँ!'

जी, पहले तो पत्नियाँ ही परेशान रहती थीं–अपने पति की प्रेमिकाओं/प्रशंसिकाओं आदि-आदि से! हँसकर या रोकर उन्हें सबके साथ एक खट्टा-मीठा रिश्ता कायम करना होता था, अब पतियों का कलेजा भी हलर-हलर करता है! ड्रॉइंग रूम में अक्सर पत्नी के ही रिश्तेदार/दोस्त/सहकर्मी/प्रेमी/प्रशंसक/पाठक/निर्देशक/सम्पादक/सीनियर/जूनियर/टीचर/विद्यार्थी/शोधार्थी/बसमेट/क्लासमेट आदि-आदि आ बैठते हैं इतवार को! पहले घुड़कियों से जरा डर भी जाते थे! अब बिलकुल घर-घरौआ कर लिया है–पतियों से भी दोस्ती गाँठ ली हैं, बच्चों से, बच्चों के दादा-दादी से भी–'जैसे पवन-पानी!' जो पवन-पानी बन जाएगा, घर से बाहर कैसे धकेलाएगा!

'आधे-अधूरे' के तीन पुरुषों की तरह का कुछ आपत्तिजनक या अशोभन वे कभी नहीं करते, इसलिए भी उनको खदेड़ना मुश्किल है! अबकी सावित्रियाँ पुराने ढंग की सावित्रियाँ भी इस अर्थ में हैं कि उनका किसी भी पुरुष-मित्र से नर-मादा वाला रिश्ता नहीं है! रूमानी या अर्द्धरूमानी रिश्ता यह हो सकता है लेकिन विशेष किसी क्षण में, बाकी वह तर्क-वितर्क या भावोद्दीपित बौद्धिक चर्चा का ही रिश्ता है। किसी की किसी पर आर्थिक निर्भरता भी नहीं है कि आप 'रखैल' आदि कह दें!

पते की बात यह है कि इस बृहत्तर बंधु-परिवार की सजग देख-भाल निजी परिवार की देख-रेख में भी बाधा नहीं बनती क्योंकि हर औरत दस हाथों से काम करती है–दुर्गा के से दस हाथ हैं औरत के–दस दिशाओं में फैले हुए, लगातार

घर-बाहर–दोनों के काम निबटाते, सारे बने और अधबने सम्बन्धों को अपने व्यक्तित्व का सर्वोत्तम देते हुए। पारम्परिक भूमिकाएँ नई औरत ने छोड़ी नहीं हैं! और नए दायित्व भी ले लिए हैं तो एक तरह की होलटाइमर वह हो गई है!

पहले की औरतें घर चलाती थीं तो विवशता में, क्योंकि विकल्प नहीं थे! ध्यान देने की बात यह है कि औरतों के आर्थिक सम्बलन के बाद भी घर चल तो रहे हैं–बल्कि और अच्छी तरह! मैं फिर से कहती हूँ पहले की स्त्री सिर्फ तन-मन से सेवा करती थी, अब की स्त्री तन-मन-धन तीनों से करती है और किसी मजबूरी में नहीं–स्वेच्छा से! यही इस बात का सबसे बड़ा प्रमाण है कि स्त्री आन्दोलन ने स्त्रियों का स्नेह-तत्त्व बाधित नहीं किया! स्नेह का घेरा बढ़ाया जरूर है पर बाधित नहीं किया! इस बात पर गौर करने की पूरी जरूरत है और नई स्त्री के कद का पुरुष बनने की भी : लगातार अपना बौद्धिक–आध्यात्मिक विकास किए जाने की ताकि :

"दुख का दिन डूबे, डूब जाए,
तुमसे न सहज मन ऊब जाए!"

एक मीठी-सी चुनौती बनी रहनी चाहिए–एक-दूसरे के योग्य बने रहने की–मिलकर आदर्श विश्व गढ़ने की, वरना यह जीवन क्या जीवन है!

(घ) अबकी बरस भेजो भैया को बाबुल

पालि का एक दोहा है जिसमें राजा से बंदी की बहन फरियाद करती है कि हे राजन, मेरी खातिर मेरे भाई को छोड़ दो...संतान का क्या, वह तो मैं जब चाहे, जन लूँ; पति का क्या, वे राह चलते (थोक के भाव) मिलते हैं (पथे धावत्या पति), ईश्वर की बनाई अनूठी धरा पर (रूपवती स्त्री को) भाई तो दूसरा नहीं मिलता।

अपने ढंग से सुन्दर हर स्त्री होती है और पुरुष की मानसिक, शारीरिक बनावट कुछ ऐसी होती है कि प्रकृति में हो या स्त्रियों में–सौन्दर्य पहले तो उसको अभिभूत करता है, फिर आविष्ट और अन्ततः आक्रांत। जो भी इस कायनात में सुन्दर है, कोमल है, वह उसके अधीन रहे, उसके अँगूठे के नीचे-अपनी मर्जी से नहीं तो जबरदस्ती, बलात्! स्त्री-देह के औपनिवेशीकरण का सूत्र यही है और इस औपनिवेशिक दासता से मुक्ति का जो गांधीवादी/अहिंसक संग्राम विश्व भर में छिड़ा है–स्त्री आन्दोलन के नाम पर–भाई या दोस्त जैसे उन पुरुषों की भूमिका उसमें अहम है जो स्त्री-पुरुष के बीच भेड़-भेड़िया वाला रिश्ता नहीं चाहते; एक स्वस्थ, प्रजातांत्रिक, संवादधर्मी रिश्ता चाहते हैं और जो भेड़-भेड़िये वाला रिश्ता कायम करना चाहता है, उसे आड़े हाथों लेना नहीं भूलते।

रक्षा से भाई को सूत्रबद्ध करने की कुछ समस्याएँ भी हैं! परम्परा की भाषा में ही बात करें तो स्त्रियाँ शक्तिरूपा हैं, स्वयं समर्थ...भाई के रूप में अंगरक्षक उन्हें चाहिए भी तो इसलिए कि इससे शक्ति और समय का अपव्यय रुकता है। युद्ध मिलकर ही लड़े जाते हैं। भाई बहनों की गुंडों से रक्षा करते हैं तो बहनें भाइयों की दुर्वृत्तियों और बदनामियों से। घर की अदालत में भाइयों के पक्ष से कितने अनाम केस बहनें ही लड़ती हैं (इंसेस्ट की भुक्तभोगी बहनें भी)।

भारतीय कानून संहिता में माता-पिता की सम्पत्ति में बेटियों का हिस्सा निर्धारित करके एक स्वस्थ कदम उठाया गया। इससे दहेज के उन समर्थकों का मुँह बन्द हुआ जो चीख-चीखकर कहते थे कि दहेज 100 फीसदी जायज है, क्योंकि दहेज के सिवा माँ-बाप बेटियों को देते ही क्या हैं, पर दूसरी तरह की समस्या खड़ी हो गई। भाइयों का रुख बदल गया। अपनी परेशानियों का हवाला देते हुए वे कहने लगे कि भाई-बहन के पवित्र रिश्ते के बीच 'सम्पत्ति' जैसी वाहियात चीज आनी ही क्यों चाहिए, मुसीबत आएगी तो भाई देख लेंगे, वरना छठे-छमाहे बहनें आती रहें, नेग-वेग पाकर अपने घर (?) लौटती रहें—यही सिलसिला ठीक है।

यथास्थितिवाद के समर्थन में तर्क तो हजार दिए जा सकते हैं। भाई-भाभी के सामने ये तर्क रहते भी हैं...भाई-भाभी तो भाई-भाभी, वृद्ध माता-पिता भी घर के आक्रामक रुख से घबराकर बेटियों को ये ही समझाते हैं कि राखी के नाजुक बंधन में पैसे जैसी मामूली चीज के लिए गाँठ डालोगी? मुश्किल यही है कि सारी नसीहतें उनके लिए हैं, जो नसीहतें सुनती हैं, यानी कि बेटियाँ! मानव मूल्यों का सारा कोष, सारे त्योहार और सांस्कृतिक आयोजन पुरुषों ने ही अपनी सुविधा के लिए बनाए। चूँकि भाई को वरिष्ठ माना जाता था, इसलिए बहन की रक्षा की जिम्मेदारी भी उसी की होती थी, यह माना जाता था कि वह रक्षा सूत्र से बँधा रहेगा, कभी भी विमुख नहीं होगा!

रक्षा करनेवाली बात तो अब खत्म हो गई है, लड़कियाँ अब कॉल सेंटरों में काम कर रही हैं और पुलिस में भी पर ज्यादातर भाई दबदबा बनाते हैं। बंदिशें लगाते हैं। बहन यदि आज भी अन्तरजातीय विवाह करना चाहे तो पिता से पहले भाई उसे रोकने आता है।

परिवारों के बिखराव और एकल परिवारों के बनने के बाद रिश्ते भी बदले। ऐसे में यह अहम हो गया कि भाई की पत्नी बहन को कितना स्पेस देती है। कुछ घरों में तो भाभियों का ऐसा आतंक होता है कि भाई-बहन क्या, माँ-बेटा या पिता-पुत्र भी साथ बैठ नहीं पाते!

मैंने तो गाँव में यह कहावत भी सुनी है, *भैया बिस लेना, भतीजे बिस देना* यानी रक्षाबंधन या किसी त्योहार और शादी-ब्याह के मौके पर भाई से जो कुछ

मिला है, उसे भतीजे की आड़ में लौटा देना वरना भाभी भाई को तंग करेगी! भाभी के आतंक से भाई को बचाने की चिन्ता एक तरफ तो दूसरी तरफ पति की मुँहछुट्टी गालियों से भाई को बचाने की चिन्ता! मैंने तो कई दफा यह भी देखा है कि आर्थिक रूप से स्वायत्त बहनें मायके से ससुराल लौटते हुए खुद कुछ महँगा खरीदकर भाई-भाभी की सौगात में मिला देती हैं ताकि लालची पति भाई को ताने न दे!

वास्तव में रिश्ते पवित्र तब होते हैं जब भाई और बहन दोनों बराबरी पर हों, सामाजिक, आर्थिक और ज्ञान की बराबरी हो। स्नेह का सार्वजनिक प्रदर्शन अक्सर अश्लील हो जाता है, पर अश्लीलता से बचते हुए यानी किसी को नीचा दिखाए बिना यदि प्रेम की अभिव्यक्ति होती है—अच्छे शब्दों से, छोटे उपहारों से, उपवास आदि छोटे-मोटे प्रतीकात्मक त्यागों से, धागों से, कलीरों से तो यह अपने आप में भी अच्छी बात है। दुनिया को एकध्रुवीय बनने, एक ही रंग में रंग जाने से बचाने की खातिर तो और भी जरूरी है खान-पान, रहन-सहन, त्योहार आदि में व्याप्त प्रतीकों से दुनिया के अलग-अलग भूखंडों का सांस्कृतिक प्रतिरोध : 'लेट अ हंड्रेड फ्लावर्स ब्लूम' की शक्ल में!...इसलिए त्योहार मना लें मगर यह ध्यान रखते हुए कि यह किसी को नीचा दिखाने का उपक्रम तो नहीं बन रहा।

अभी-अभी मेरी एक सहकर्मिणी की सरकारी अस्पताल में दर्दनाक मौत हुई, उसके आईएएस भाई उसे पलटकर देखने नहीं आए क्योंकि कचहरी में उसने माँ-बाप की सम्पत्ति में अपने हिस्से का दावा किया था। मेरी एक अत्यन्त परोपकारी डॉक्टर मित्र जिसने अपने छोटे भाई को बेटे की तरह पालकर बड़ा किया था और अन्त समय में माँ की दत्तचित्त सेवा की थी (जब भाई को बिलकुल फुरसत नहीं थी माँ के लिए)—इन दिनों इस कदर दुखी हैं कि क्या कहूँ! उनके पति भी प्रतापी डॉक्टर हैं, बेटा-बेटी तेजस्वी...पैसों की उन्हें कोई कमी नहीं, न सम्पत्ति से कोई ऐसा लगाव ही है क्योंकि अपने पैसे भी तो वे दोनों हाथों से लुटाती रहती हैं...पर उनका मन था, उनका क्या, उनकी दिवंगत माँ का मन था उस बड़े घर का एक हिस्सा उन्हें भी मिले जिसमें उनका बचपन बीता। वहाँ वे स्त्री स्वास्थ्य केन्द्र खोलें या उसे उन अनन्त सेवाओं की केन्द्रस्थली बनाएँ जो वे वैसे भी चलाती रहती हैं। भाई को बहन के यश से ईर्ष्या हुई या माँ के प्रेम पर उसके एकाधिकार से—उसने माँ की सम्पत्ति का एक कोना भी बहन को देना मंजूर न किया...और स्वाभिमान पर चोट खाकर ये भी कचहरी चली गईं। कौरव-पांडव की कहानी का यह उत्तर आधुनिक संस्करण है जिसमें पांडव बहन है, जो लड़ना नहीं चाहती...पर धर्मभाव से या दबावों में कभी लड़ना भी पड़ जाता है तो राखी के धागों की तरह ही लगातार मन कसकता है कि इसकी नौबत ही क्यों आई।

हमारे समाज का यह दारुण सच है कि प्रेमिका/पत्नी या बहन मातहत और 'बेचारी-सी' हो तो अच्छी और रक्षणीया लगती है वरना आँख का काँटा। हरियाणा की एक महिला कांस्टेबल यह बताते-बताते बिलकुल रो पड़ी कि जब तक वह एक साधारण लड़की थी, भाई उसे प्यार करते थे। पुलिस में उसके चुनाव के बाद भाइयों का व्यवहार उसके प्रति एकदम ठंडा हो गया है, वे कहते हैं कि अब तो तू खुद मर्द हो गई है, अब तुझे हमारी क्या जरूरत!...पहले बहनें किसी विजातीय से प्रेम कर बैठती थीं या विधर्मी से या फिर उनके साथ कोई हादसा हो जाता था तब घर की इज्जत की दुहाई लगाते हुए भाई बहनों से सम्बन्ध तोड़ते थे। अब सफलता के, सेवा के नए मानदंड कायम करके वे घर की इज्जत बढ़ाती हैं तो यह भी कुछ भाइयों को बर्दाश्त नहीं होता। क्या इस रक्षाबंधन पर आप आत्मविश्लेषण का सूत्र बहनों की कलाई पर बाँधने को तैयार हैं तो आइए, यह कलम आपको रक्षा तिलक लगाती है। मैं उन बहन जी टाइप औरतों में हूँ, 'बहन जी टाइप' होना जिन्हें खलता नहीं क्योंकि बहनापे का मर्म वे समझती हैं। फ्रांसीसी क्रांति ने जिस भाईचारे की बात की थी—बहनापा उसका ही अर्थविस्तार है क्योंकि धर्म-वर्ग-नस्ल-वर्ण-राष्ट्र आदि कृत्रिम विभेदों के पार जाकर मनुष्य मात्र में आई.क्यू. के समानांतर ई.क्यू.। (इमोशनल कोशेंट-भाव कोष) और एस.क्यू. (सोशल कोशेंट-सामाजिकता कोष) का विकास चाहता है ताकि तरह-तरह की आर्थिक-सामाजिक-राजनीतिक असुरक्षाओं की मारी इस दुनिया में स्नेहजन्य भावात्मक सुरक्षा दिलों का अटूट बंधन बनकर उभरे : *तुमुल कोलाहल कलह में/मैं हृदय की बात रे मन।*

साहित्य में भी त्यागमयी बड़ी बहन और 'बेचारी, निरीह, मुसीबत की मारी' छोटी बहन की छवि रूढ़ हो गई है। हिन्दी फिल्मों में *मँझली दीदी की मीना कुमारी, मेघे ढाका तारा* पर आधारित हिन्दी फिल्म (तपस्या) की राखी इसी तरह की बड़ी बहनें और नाज़िमा, तबस्सुम, नंदा, फरीदा जलाल आदि इसी तरह की छोटी बहनें बनकर हिन्दी मानस पर राज कर रही हैं। अभी लिखते-लिखते ही मुझे लगा कि क्या जाने क्यों, ये ज्यादातर छोटी बहनें मुसलमान रही हैं, हीरोइनों के रूप में मीना कुमारी, मधुबाला आदि को अपनी मुस्लिम इयत्ता छुपानी जरूरी लगी, पर बहनों की जीवन में कोई निर्णायक भूमिका मानी नहीं जाती, उनका मुसलमान नाम से प्रसिद्ध होना लोकमानस को ग्राह्य हो गया है। लिखते-लिखते यह भी लगा कि पिछले कुछ वर्षों से ऐसी कोई भोली-भाली, आदर्शीकृत बहन भी परदे पर प्रोजेक्ट नहीं हुई, तो क्या बहनों की वह मार्जिनल भूमिका भी जनमानस से लुप्त हो रही है? सामने आ रही है सिर्फ कुटिल, विवाहित बहनें—सीरियलों की षड्यंत्रकारी ननदें! यह सब क्या है? सहज मानुषियों और सच्चे साथी के रूप में बहनें आपका भाव-कोष, बुद्धि-कोष, दोनों समृद्ध कर सकती हैं—सही ढंग के भाई-बहनों का जोड़ा

देखना हो तो रोमेश थापर–रोमिला थापर की बात की जा सकती है, आलोक राय–सारा राय, ज्ञान पांडे और गीतांजलि श्री की भी।

दुनिया में दोस्ती से बड़ा कोई रिश्ता नहीं, भाई-बहनों में यह दोस्ती और भी मजबूत हो जाती है क्योंकि उनके बीच बचपन की स्मृतियों का, दुख-सुख का साझा कोष होता है। भाई-भाई या बहन-बहन से भी ज्यादा समृद्ध भाई-बहन का रिश्ता हो सकता है क्योंकि पढ़ी-लिखी, आधुनिक बहनों से अभंग, भास्वर संवाद लगातार आपका भावपक्ष-बुद्धिपक्ष और भाषापक्ष (अभिव्यक्ति पक्ष) भी लगातार समृद्ध करता रहेगा–इस बार राखी बँधवाने को बढ़ा हुआ हाथ बराबरी की दोस्ती के लिए बढ़ा हुआ हाथ हो जाए तो देखिए, जीवन कितना सरस, निष्कंटक हो जाता है। 'देवता जिन प्रतीकों से कर गए हैं कूच' उन्हें उच्चाशय संकल्पों से रीचार्ज करना जरूरी है! देवता क्या है। उच्चाशय भाव ही देवताओं के रूप में प्रकल्पित है! उच्चाशय भाव का बिम्बन हैं देवता। बहनें और दूसरी मानुषियाँ (सहपाठी, सहकर्मी) यौन सम्बन्धों से आजाद अन्य सार्थक दोस्तियाँ चूँकि आपको सब्लिमेट करना (यौन सम्बन्धों से ऊपर उठकर स्त्री को मनुष्य रूप में जानना-मानना) सिखाती हैं, आपके जीवन में समाज-सापेक्ष उच्चाशय भाव इनके जगाए सहज ही जग सकते हैं।

दोस्त तो माँ भी हो सकती है, पत्नी, प्रेमिका भी! पर माँ से पीढ़ी का अन्तर होता है और बाद में बने रिश्तों के साथ बचपन की स्मृतियाँ साझा नहीं होतीं। इसलिए भाई-बहन का रिश्ता कई दृष्टियों से अनूठा है–इसे नए और व्यापक आयाम देने की जरूरत है। राखी की एक-एक चिमकी दमककर यह कहती है। न देवकी और गान्धारी की तरह व्यक्तित्वहीन, न यमी, शूर्पनखा और द्रौपदी की तरह उग्र–बहनों को चाहिए कि वे अतिरेकों से बचकर रहें वरना कंसों, शकुनियों, रावणों, यमों और व्यर्थ के महाभारतों से भर जाएगी यह मही!

पश्चिम के स्त्रीवादी क्लासिक

पिछले हफ्ते हस्पताल में एक प्रखर मार्क्सवादी चिन्तक मिलने आए। तकिए के पास एक प्रमुख महिला उपन्यासकार की अद्यतन कृति देखकर बोले—'अब आपको स्त्रीवाद के घेरे से बाहर आना चाहिए'। डेढ़-दो घंटों में रुक-रुककर, पीक-वीक घोंटते हुए जो भी उन्होंने समझाया, उसका सारांश था—'और भी गम हैं जमाने में' जो गहनतर विमर्श चाहते हैं।

उनका मानना था कि स्त्रीवादी आन्दोलन क्षुद्र स्वार्थों के लिए की जानेवाली प्रतिशोधपीड़ित प्रतिक्रियावादी, अलगाववादी उछल-कूद है। स्त्रियों का वानर तत्त्व उभर आने से बृहत्तर समाज का कोई हित नहीं सधता! सस्ती पत्रिकाएँ, टी.वी., रेडियो पर प्रसारित चकर-पकर, सोप-ओपेरा, धनी औरतों और विदेशी पैसों के सौजन्य से गठित फैशनेबल एन.जी.ओ. आदि सस्ते नारे उछाल-उछालकर गृह-कलह तो बढ़ा सकते हैं—कोई बृहत्तर परिवर्तन घटित नहीं कर सकते। नारों और प्रदर्शनों की राजनीति कुल मिलाकर कैटवॉक ही हो जाती है—बालों में फूल लगाकर, ऑक्सिडाइज्ड मेटल के बड़े कर्णफूल धारकर, एम्पोरियम की महँगी सूती साड़ियाँ गाँठकर बड़ी-बड़ी बातें करते हुए आप अपना अहं तो सन्तुष्ट रख सकती हैं, असली परिपक्वता नहीं पा सकतीं। असली परिपक्वता लानेवाले गुरु-ग्रन्थ हैं ही कहाँ इस आन्दोलन के पास?

मैं आश्चर्य से उनका मुँह देखती रह गई। मुझे लगा कि जब पढ़े-लिखों का यह हाल है तो औरों से क्या शिकायत? आँखों के आगे बोउआ, मिलेट, ग्रीयर, ऐलमन, एलेन, म्योर, शोवॉल्टर, गिल्बर्ट-गुबन से लेकर दर्जन भर एशियाई, अफ्रीकी और लातिन अमरीकी स्त्रीवादियों के क्लासिक-कवर घूम गए। तभी महसूस हुआ कि यह बहुत जरूरी है हम सब, जिन्होंने व्यवस्थित ढंग से स्त्रीवादी क्लासिक पढ़े हैं, ककहरे के धरातल पर लोगों को बताएँ कि कितना गम्भीर काम हुआ है इस दिशा में।

आधुनिक विश्व का सबसे बड़ा कष्ट था कि उसने अपनी केन्द्रीय धुरी खो दी थी। उत्तर-आधुनिक विश्व ने अपना निर्वाण ढूँढ़ा है, पारे की बूँदों की तरह

अलग-अलग छिटक गए उपकेन्द्रों को भी केन्द्र की गरिमा दे देने में। हाशिए का सत्य भी एक पूर्ण सत्य है, इसी बड़े दर्शन के आलोक में स्त्रीवाद, दलित आन्दोलन, अश्वेत साहित्य और उत्तर औपनिवेशिक तृतीय विश्व के तमाम साहित्यिक और गैर-साहित्यिक मसविदे विश्लेषित किए जाते हैं।

जैसा कि सर्वविदित है, स्त्रीवाद की तीन मुख्य प्रपत्तियाँ हैं–

1. लिंग मुख्यतः एक सामाजिक गढ़न्त है।
2. पितृसत्तात्मक व्यवस्था में आचार संहिताएँ चूँकि पुरुषों की बनाई हुई होती हैं, इसलिए स्त्रियों की तुलना में पुरुषों के प्रति इनका रवैया पक्षपातपूर्ण होता है। स्त्रियों को विकास के समान अवसर भी 'कृपापूर्वक' ही दिए जाते हैं।
3. भविष्य का जो लिंगशोषणयुक्त समाज होगा–उसे गढ़ने में स्त्रियों के कार्यक्षेत्र, प्रेम, प्रजननादि से जुड़े विशेष अनुभवमूलक वृत्तान्त उनकी भाषा और शिल्प स्त्रियों के स्वतंत्र व्यक्तित्व के विकास के लिए बहुत निर्णायक सिद्ध होंगे।

इस प्रकार कुल मिलाकर स्त्रीवाद के दो दायित्व हो जाते हैं। पहला, जेंटर-स्टीरियोटाइप पर प्रहार और दूसरा, स्त्री-मन और स्त्री-शरीर की सही समझ का विकास! स्त्री की छवि, उसके अनुभवों, अनुभूतियों, मान्यताओं, अवमाननाओं को केन्द्र में रखकर पाठ की अन्तरपाठीय दरारों, उसके विरोधाभासों और स्खलनों का विश्लेषण जब होता है–उसके अनुज्ञामूलक (प्रेस्क्रिप्टिव) या सारवादी (एसोशियलिस्ट) हो जाने के खतरे नकारे नहीं जा सकते और स्त्रीवाद जो इतने सारे अन्तरविद्याशास्त्रीय औजारों का सहारा लेता है, वह इसी साखाद की काट के लिए।

क्या हैं वे औजार जिनका सहारा स्त्रीवाद लेता है? स्त्रीवाद पर समाजशास्त्र और मनोविश्लेषण का दाय नकारा नहीं जा सकता, पर अद्यतन स्त्रीवादी क्लासिक भाषाविज्ञान, परिवेश विज्ञान, भूगोल (पर्यावरण) अर्थशास्त्र, जीवविज्ञान और आयुर्विज्ञान तक के सार्थक संवाद कायम रखते हैं। इसका सबसे ज्वलन्त उदाहरण जर्मेन ग्रीयर और मेरी डेली की किताबें हैं।

पर कुछ लोग, स्त्रीवाद की इस संवादधर्मिता की आलोचना विनिमय वृत्ति के रूप में करते हैं : कहीं की ईंट, कहीं का रोड़ा, भानुमती ने कुनबा जोड़ा' कुछ औजार मिथकीय आलोचना से, कुछ मार्क्सवादी आलोचना से, कुछ मनोविश्लेषण से, कुछ उत्तर-आधुनिकता से, कुछ उत्तर संरचनात्मकता से स्त्रीवादी आलोचना लेती है–स्त्रीवाद पर 'क्रिटिकल क्रॉस ड्रेसिंग' का यह अभियोग लगा देखती हूँ, बचपन में सुनी एक घटना प्रतीक कथा के रूप में मुझे लगती है मथने।

किस्सा यह सच्चा है। मुझे माँ ने सुनाया था कि चम्पारण में गांधीजी आए तो घरेलू स्त्रियों में भी उत्साह जगा कि गांधीजी के दर्शन कर आएँ। एक घर में औरतें थीं चार और बाहर पहनकर जाने-लायक साड़ी सिर्फ एक। अब क्या हो? बहुत सोच-समझकर उपाय यह निकला कि एक-एक करके औरतें बाहर जाएँगी। इस तरह एक ही साड़ी में चारों का काम चल जाएगा और गांधीजी के दर्शन हो जाएँगे।

बहनें, ननद-भाभियाँ, माँ-बेटी, सास-बहू और सहेलियाँ एक-दूसरे के परिधान जिस चाव और स्नेह से अदल-बदलकर पहनती रही हैं, उसके कारण आर्थिक तो हैं ही, मनोवैज्ञानिक भी हैं। उच्चाशय सहकारिता के जिस मूल दर्शन पर आधुनिक विश्व के सारे महत्त्वपूर्ण 'वाद' टिके हैं, वह विश्वयुद्धों के तत्काल बाद के नैराश्य-तिमिर में पनपा। अलग-अलग डफली, अलग-अलग राग का प्रतिक्रियावाद कब का ध्वस्त हो चुका है। स्त्रीवाद ही क्यों, कोई भी दर्शन समझते समय सबसे आधारभूत बात तो यह ध्यान में रखनी चाहिए।

युद्धोत्तर विश्व में प्रजातंत्रविषयक जो अवधारणाएँ विकसित हुईं, उसमें सत्ता को चुनौती, राजनीतिक हिस्सेदारी, हाशिए पर पड़े अनादृत समूहों पर यथेष्ट ध्यान आदि प्रमुख हैं। स्त्री-आन्दोलन के अलावा छात्र-आन्दोलन, सिविल राइट्स आन्दोलन, न्यू लेफ्ट आन्दोलन भी सन् साठ के करीब ही परवान चढ़े और 'प्रासंगिक संस्कृति' उगाहने के सन्दर्भ में इन्होंने एक-दूसरे की मदद भी की।

पूर्वग्रह फटकने का युग

स्त्रीवादी चिन्तन के निम्नलिखित स्कूल हैं :

1. लिबरल
2. रैडिकल
3. मनोविश्लेषणात्मक
4. मार्क्सवादी/समाजवादी
5. फ्रैंकोफोन/भाषिक/उत्तर संरचनावादी
6. लेस्बियन–उत्तर-औपनिवेशिक (ब्लैक फेमिनिज्म या 'वुमनिज्म' आदि इसी के अन्तर्गत रखकर देखे जा सकते हैं)।

हर स्कूल में कुछ प्रमुख कृतियों का विश्लेषण स्त्रीवाद की क्लासिक परम्परा में एक अन्तर्दृष्टि विकसित करने में सहायक हो तो अपना श्रम सार्थक मानूँगी। वैसे, मैं यह नहीं मानती कि परम्परा बहुत बड़ी चीज है। किसी व्यक्ति या अवधारणा की पीठ पर 'समृद्ध परम्परा' की गठरी न हो, वह अज्ञातकुलशील हो तो भी महत्त्वपूर्ण और जोरदार हो ही सकती है।

स्त्रीवादी आग्रहों की कहानी शुरू होती है साठवें दशक में। नारीवादी आलोचना-सिद्धान्त की जड़ें तो इतिहास, मिथकादि में गहरी धँसी थीं, पर स्त्री मुक्ति आन्दोलन से इसे नई शक्ति मिली और समुचित पोषण भी मिला। अमरीका (1963) में 'इक्वल पे एक्ट' और ब्रिटेन (1967) में 'आबार्शन एक्ट' पारित हुए। इसके अलावा अमरीका के 'सिविल राइट्स' और 'न्यू लेफ्ट आन्दोलन' और ब्रिटेन के ट्रेड यूनियनिस्ट मार्क्सवादी आन्दोलन भी स्त्रियों में नया आत्मविश्वास जगाने में सफल हुए।

इस दिशा में पहली सार्थक पहल 1961 में जॉन एफ. कैनेडी की ओर से हुई थी–'कमीशन ऑन द स्टेटस ऑफ विमेन' उन्होंने गठित कराया था, पर उसकी कार्रवाइयाँ इतनी कच्छप गति से आगे बढ़ीं कि बेटी फ्राडन आदि असन्तुष्ट महिलाओं के एक समूह ने 'सिविल राइट्स संगठन' गठित कर लिया। यह 1966 की बात है। इसकी ज्यादातर सदस्य सफेद, सफेदपोश, मध्यवर्गीय,

कामकाजी महिलाएँ थीं और इसकी राजनीति थी लिबरल फेमिनिज्म। इस लिबरल की मूल प्रपत्तियाँ जॉन स्टुअर्ट मिल की क्लासिक रचना 'द सब्जेक्शन ऑफ विमेन' से ली गई हैं। इस स्कूल की अन्य प्रमुख कृतियाँ हैं सिमोन द बोउआ का 'द सेकेंड सेक्स', बेटी फ्रायडन का 'द फैमिनीन मिस्टीक', कैथरीन रोजर्स का 'द ट्रबलसम हेल्पमेट' और मैरी एलमेन का 'थिंकिंग अबाउट विमेन'।

'विमेल सफरेज' (मताधिकार) और परमाणु निरस्त्रीकरण जैसे बड़े लक्ष्यों के लिए अहर्निश प्रयत्नशील लिबरल स्कूल अपने आप में एक जीता-जागता प्रमाण है इस बात का कि स्त्री आन्दोलन कभी आत्मकेन्द्रित नहीं रहा। इसने बृहत्तर मुद्‌दे भी हमेशा सम्बोधित किए।

द सब्जेक्शन ऑफ विमेन : इस ग्रन्थ में मिल ने बताया था कि भार ढोना आदि कुछ गतिविधियाँ ऐसी हैं जिसमें स्त्रियाँ पुरुषों से उन्नीस पड़ती हैं, पर बौद्धिक और नैतिक क्षमताएँ दोनों की बराबर हैं। आगे चलकर उन्होंने कहा कि स्त्री और पुरुष की मानसिक और स्वभावगत जो विशिष्टताएँ हैं, वे भी साझे की हो जानी चाहिए, पुरुषों में स्त्रियोचित और स्त्रियों में पुरुषोचित गुणों का भी समावेश हो तो व्यक्तित्व आदर्श बनता है। पर ऐसा न हो, तब भी स्त्रियों को विकास के अवसर बराबर दिए जाने निहायत जरूरी हैं।

उभयलिंगी व्यक्तित्व (अर्द्धनारीश्वर?) का जो आदर्श मिल रखते हैं, विकास के समान अवसर मिले बिना उस तक पहुँचना असम्भव है। इसी सन्दर्भ में आगे बात हुई कि दफ्तर, मिल आदि सभी कार्यस्थलों पर काम के घंटे कुछ इतने लचीले होने चाहिए कि माँ और बाप दोनों बारी-बारी से बेबी सिटिंग कर सकें। बच्चों के विकास की दृष्टि से भी यह अच्छा है कि उनको माँ—बाप दोनों का साथ बराबर ही मिले। 'पब्लिक मैन/प्राइवेट वुमन' की धारणा बचपन के ही दिनों में से आदमी के मन में अपना घर बनाती है, इसे पनपने देने में यह कदम बहुत सहायक होगा—इसकी कल्पना लिबरल फेमिनिस्टों ने ही की। मिल ने स्त्रियों की कल्पना कार्यस्थली पर की थी, पर मर्दों की कल्पना नर्सरी में वे नहीं कर पाए थे।

द सेकेंड सेक्स : सिमोन की प्रमुख स्थापना यह थी कि स्त्री पैदा नहीं होती, बना दी जाती है। जीव-विज्ञान, समाजदर्शन और ऐतिहासिक भौतिकवाद की दृष्टि से बंजाराकाल से अब तक के स्त्री सम्बन्धी पूर्वग्रहों पर अपनी समीचीन टिप्पणी दे चुकने के बाद पाँच साहित्यकारों की समीक्षा के माध्यम से बोउआ समकालीन पाश्चात्य समाज में स्त्री की स्थिति का सही आकलन प्रस्तुत करती हुई कहती हैं कि अपनी नियति पलटना अब खुद स्त्री के हाथ में है।

द फेमिनीन मिस्टीक : यहाँ मध्यवर्गीय और उच्चवर्गीय महिलाओं की स्थिति का मूल्यांकन करते हुए बेटी फायडन ने यह निष्कर्ष निकाला है कि जैसे-जैसे पुरुष प्रभुत्वसम्पन्न हुए, स्त्रियाँ भोली, अबोध बच्ची (बेबी वुमन) के रूप में गौरवान्वित की जाने लगीं, ऐसी अबोध बच्ची जिसे लगातार संरक्षण की आवश्यकता है। इनके अभेद्य गुड़िया/परीतत्व, उनकी झिलमिल रहस्यमयता पर ऐसे अनूठे कसीदे पढ़े गए कि वे बेचारी उन्हीं को सुरक्षित रखने की फिराक में अपना मूल जागृत स्वरूप बिसरा बैठीं।

इनके अलावा कैथरीन रोजर्स और मेरी एल्मन ने भी साहित्यिक और सामाजिक इतिहास का साक्ष्य लेकर वे पूर्वग्रह उभारने की कोशिश की जिनके खिलाफ लगातार संघर्ष की जरूरत है। कुल मिलाकर यह युग सूप में पूर्वग्रह बीन-चुन फटक डालने का युग था।

रैडिकल फेमिनिज़्म : मानक ग्रन्थ

1968 में टाइग्रेस ऐटकिन्स के नेतृत्व में लिबरल ग्रुप से रैडिकल ग्रुप अलग हो गया—यह मानता हुआ कि छिटपुट सुधारों से कुछ होनेवाला नहीं है। पुरुषों के साथ 'साम-दाम-दंड-भेद' आजमाते जाने से स्त्रियों का दमन नहीं रुकता। यह सच तो है, मगर यह बात सबसे पहले पहचानी रैडिकल फेमिनिस्टों ने ही। यह बात उन्होंने ही समझी कि योजनाबद्ध ढंग से एक-एक संस्था में, खासकर परिवार, चर्च (कोई भी एक धार्मिक विकल्प) और एकेडमी (विश्वविद्यालय आदि में) वैधानिक, राजनीतिक और आर्थिक ढंग के संरचनात्मक परिवर्तन घटित किए जाने चाहिए। साहित्यिक समालोचना में 'इमेजेज ऑफ विमेन' आन्दोलन इन्हीं रैडिकल फेमिनिस्टों का सुलगाया हुआ है। त्यागमयी मातृशक्ति का बिम्ब ये स्त्रियों के लिए सबसे अधिक त्रासद मानती हैं। इनका कहना है कि इसे जरूरत से ज्यादा तूल देकर हर उस स्त्री के मनोबल पर प्रहार किया गया है जो बच्चे जन नहीं सकती या जनना चाहती नहीं और विवाह तथा मातृत्व आदि के बन्धन से आजाद रहकर दूसरी तरह का जीवन जीना चाहती है। पोर्नोग्रिफी, वेश्यावृत्ति, बलात्कार, मारपीट, सती, परदा, डायन-दहन इन बहुत सारे शोषणों की आधारभूमि चूँकि स्त्री की देह है, देह से जुड़े बहुत सारे सेक्स स्टीरियोटाइप तोड़ने की कोशिशें रैडिकल स्कूल ने की।

इस चिन्तन के समर्थन में एक बहुत ही रोचक पुस्तक है शुलमिथ फायरस्टोन की—'द डायलेक्टिक ऑफ सेक्स'। इसमें वे गर्भधारण को 'बार्बेरिक' कहती हैं और सामान्य प्रसव को 'ऐट बेस्ट नेसेसरी एंड टॉलरेबल, ऐट वर्स्ट लाइक शिटिंग पम्पकिन', सामान्य प्रसव होता है—जरूरी और बर्दाश्त कर लाने लायक मगर एक तरह से तो पेट से सीताफल निकालने जैसा वीभत्स! अपने शुक्राणु या डिम्ब में जन्मे शिशु के लिए अन्धप्रेम को भी सामाजिक न्याय की दृष्टि से वे बाधक मानती हैं। उनका कहना है कि किसी तकनीकी कुंडी (टेक्नोलॉजिकल फिक्स) से गर्भधारण को नियम नहीं, अपवाद बना डालना चाहिए।

बाद की रैडिकल स्त्रीवादियों ने इन अतिरेकों से प्रयाण किया और इस निष्कर्ष पर पहुँचीं कि स्त्रियों की गर्भधारण क्षमता उनके विकास में बाधक नहीं, साधक

है। प्रजनन और शिशु-संरक्षण (बियरिंग एंड रियरिंग) पर पुरुषों का सीधा नियंत्रण तोड़ने के लिए औरतों को निम्नांकित सुविधाएँ मुहैया कराने की बात की गई।

1. गर्भनिरोध और गर्भपात-सम्बन्धी सारे निर्णय उनके हों।
2. और यह निर्णय भी कि अपने बच्चों को वे अकेली पालना चाहती हैं अथवा पति, माँ या अपने किसी अन्य रिश्तेदार के सहयोग से या फिर सरकारी गैर सरकारी डे-केयर केन्द्रों में या फिर बेबी सिटर्स आदि की सहायता से।

स्त्रियों का अनुभव-परिसर ही नहीं, अनुभूति मंडल भी पुरुषों से अलग और विशिष्ट होता है—और कुछ ऐसा कि उनका सही प्रकाशन स्त्री रचनाकारों द्वारा ही सम्भव है। इस तथ्य पर जोर देते हुए ऋतुस्राव, गर्भधारण, मातृत्व आदि स्त्रीमूलक विश्लेषणों के आलोक में भी पाठकों का विश्लेषण होने लगा। 'मैं' शैली के यानी आत्मकथात्मक उपन्यासों को 'जीवन' और 'साहित्य' के बीच की दूरियाँ लाँघनी चाहिए कि इस बहाने भी कई महत्त्वपूर्ण तथ्य सामने आए। क्रेट पॉपिन के 'द अवेकेनिंग', रेनास स्मेडले के 'डॉटर्स ऑफ द अर्थ' और डॉरिस लेसिंग के बहुचर्चित उपन्यास 'द गोल्डेन नोटबुक' महत्त्वपूर्ण रैडिकल उपन्यास हैं।

'न्यू क्रिटिसिज्म' की पकड़ तब तक थोड़ी ढीली पड़ गई थी। वस्तुवादी विश्लेषणों का आधिक्य इतना अधिक हो गया था कि अतः प्रज्ञापरक सच्ची आत्म स्वीकृतियाँ, निर्बन्ध भावना-विस्तार, 'आपबीती' में गुँथी-बँटी जग-बीती लोगों को नई और नए ढंग की लगीं। अस्तित्ववाद और संरचनावाद के पल्लवन का भी कालखंड यही है—इस समय के स्त्री-लेखन पर तज्जन्य शिल्पगत प्रभाव भी स्पष्ट दिखाई देते हैं।

कुल मिलाकर देखा जाए तो स्त्रीवाद के इस दूसरे चरण में स्त्रियों का आत्म साक्षात्कार व्यक्तिवादी राजनीति के रूप में नहीं, बल्कि रहस्यमय 'तिरिया चरित्तर' (फेमिनीन मिस्टीक) की बद्धमूल धारणा के सार्थक सामूहिक प्रतिरोध के रूप में विकसित किया गया। आत्मकथात्मक उपन्यास (बिल्डसरूमां) आत्मविस्मृति से आत्मसाक्षात्कार तक के क्षणों की यात्रा है जिसका मूल प्रतिपाद्य होता है 'व्यक्ति' को 'सामाजिक अर्गलाओं' से बड़ा सिद्ध करना। पर ठीक से देखा जाए तो 'व्यक्ति' यहाँ 'व्यक्ति' नहीं रह जाता—'एक' का अनुभूतिमंडल 'अनेक' के अलग-अलग व्यक्ति सत्यों का प्रतिनिधित्व करता नजर आता है। इसलिए उसकी अपील कम नहीं होती! इसी अर्थ में कहते हैं—'पर्सनल इज पोलिटिकल।'

बोउआ का 'सेकेंड सेक्स' और केट मिलेट का 'सेक्सुअल पॉलिटिक्स' आदि पाठों के सांस्कृतिक (और नैतिक) प्रतिनिधि होने पर बहुत सारे प्रश्नचिन्ह पहले भी लगा चुके थे। डी.एच. लॉरेन्स के उपन्यासों का इस दृष्टि से विश्लेषण दोनों ने किया और दिखलाया कि कैसे स्त्रियों पर पुरुषों का सामाजिक वर्चस्व पाठ की

आन्तरिक राजनीति में अनूदित हो जाता है। कुल मिलाकर देखा जाए तो सातवें दशक में साहित्य के इतिहास पर ही प्रश्नचिन्ह लगे और एक शृंखला में बहुत सारे अल्पज्ञात और अज्ञान स्त्री-रचनाकारों की चीजें प्रकाश में आईं जिन्हें कैनन में रखा जा सकता था।

'द गोल्डेन नोटबुक'
सुनहरी जिल्द का तार-तार जीवन

रैडिकल फेमिनिस्ट दौर का सर्वाधिक चर्चित उपन्यास 'द गोल्डेन नोटबुक' 1962 में प्रकाशित हुआ था। दक्षिणी रेडिशिया में जन्मी डॉरिस लेसिंग यहाँ दो आत्मनिर्भर, प्रयोगप्रवण सखियों के आधुनिक जीवन-सम्बन्धी प्रयोगों का निस्संग आकलन करती हुई अपने समय के सभी बड़े प्रश्नों से दो-चार होती हैं।

मॉली और ऐवड़ा—दोनों कम्युनिस्ट हैं, पर अपनी राजनीतिक प्रतिबद्धता को लेकर तरह-तरह के सवाल हैं उनके मन में। 1956 में ख्रुश्चेव ने स्तालिन का जो पक्ष प्रकाशित किया, उसने उनकी आस्था पर नए प्रश्नचिन्ह उठाए। ऊपरी तौर पर वे काफी सफल, रैडिकल महिलाएँ हैं। मॉली अभिनेत्री हैं, ऐना वूल्फ लेखक। बहुत सारे प्रशंसक हैं उनके, पर्याप्त पैसा है! प्रेम भी जब-तब उनके दरवाजे दस्तक दे ही जाता है—उसके लिए वे दरवाजे खोलती भी हैं पर तभी तक जब तक प्रेम में ढोंग का प्रवेश न हो! तत्त्वहीन सम्बन्ध खींचते चले जाना उनकी दृष्टि में अनैतिक है। पर सम्बन्ध तोड़ने का अर्थ अमानवीय हो जाना नहीं—यह भी वे समझती हैं। उनके प्रेमी यह नहीं समझते। वैयक्तिक, अन्तर्वैयक्तिक और सामाजिक उथल-पुथल उनके अवचेतन पर इस तरह हावी हैं कि उन्हें मनोविश्लेषकों के पास भी जाना पड़ता है। पति तो उनका कोई नहीं है, पर मातृत्वग्रन्थि के कई तनाव हैं जिनसे उन्हें गाहे—बगाहे जूझना होता है।

ऐना चूँकि लेखिका है, लेखन ही उसकी सही थैरेपी है। मनोचिकित्सकों के इस शोध से वह वाकिफ है कि हमारे एक 'मैं' में कई छोटे-छोटे 'मैं' समाहित होते हैं। एकाधिक, अनिर्णीत, चल उपव्यक्तियों का समुच्चय हैं हम। 'एकलय, एकसूत्र, सम्प्रभु व्यक्ति' की पुरानी धारणा की धज्जियाँ उड़ चुकी हैं! हमारे बड़े 'मैं' में अनुस्यूत छोटे जो कई 'मैं' हैं—उनकी मौलिक इच्छाएँ, आस्थाएँ, सपने, स्मृतियाँ, द्वन्द्व और तनाव अलग-अलग नोटबुकों में समानान्तर दर्ज हों तो कैसा हो। यह सोचकर वह पाँच अलग-अलग रंग के नोटबुकों में अपने जीवन के अलग-अलग पक्षों, अपने उपचेतन के अलग-अलग तनावों का कच्चा चिट्ठा खोलती चली जाती है। यह एक तरह से अपने अन्तर्जगत—बहिर्जगत के बहुविध तनावों से रूबरू होने

की जटिल प्रक्रिया है। यहाँ हम इस बात से भी बेखबर नहीं रह सकते कि लांग के 'द डिवाइडेड सेल्फ' का प्रकाशन 'द गोल्डेन नोटबुक' के प्रकाशन के ठीक दो साल पहले ही हुआ था।

सच्ची अस्मिता की तलाश इस उपन्यास का केन्द्रीय सरोकार है और अन्तर्जगत बहिर्जगत से विच्छिन्न नहीं होता, यह उसकी मुख्य स्थापना। ऐना कई सामाजिक इयत्ताएँ ओढ़ती है–माँ की, राजनीतिक कार्यकर्ता, लेखक और प्रेमी की। ये अलग-अलग इयत्ताएँ अन्त तक एक-दूसरे से तादात्म्य नहीं बैठा पातीं–न ही दक्षिण अफ्रीका में बीते उसके अतीत से ही। अलग-अलग नोटबुकों की भाषा पर्सोना (ओढ़ी हुई इयत्ता) के अनुसार अलग-अलग ही है। इन सब नोटबुकों के अलावा उसकी एक डायरी भी है जिसमें एक दिन 17 सितम्बर, 1954 के एक-एक अनुभव, एक-एक क्षण का विवरण वह तटस्थता से दर्ज दिए चली जाती है। यही है पाँचवाँ नोटबुक जिसे वह 'सुनहरा नोटबुक' कहती है। इस 'सुनहरे' में चारों अलग-अलग रंगों के अनुभव-फलक का अन्तर्भुक्त प्रकाश दर्ज है। इसलिए शायद वह है सुनहरा।

बाकी जो अनुभवफलक है–उनके उपयुक्त अलग-अलग रंगों के नोटबुक चुने गए हैं। 'काली नोटबुक' ऐना की अफ्रीकी आत्मकथा है, 'लाल नोटबुक' में उसके एक्टिविज्म के किस्से हैं और 'ब्रिटिश कम्युनिस्ट पार्टी' छोड़ने के पहले के द्वन्द्व। 'नीली नोटबुक' में उसकी विशृंखल मनोवैज्ञानिक अनुभूतियों की मनोविश्लेषणात्मक व्याख्याएँ हैं और 'पीली नोटबुक' उसके आत्मिक और लेखकीय ऊहापोहों की दास्तान।

इसे ही लांग 'मैपिंग' का प्रतिरोध कहते हैं। जन्म, विवाह, मृत्यु और दूसरे निर्णायक क्षणों में परिवार, शैक्षिक और धार्मिक संस्थाएँ 'ए' को 'बी' पर चस्पां कर देने का षड्यंत्र रचती हैं। व्यक्ति-विनिमय का यही षड्यंत्र है 'मैपिंग'। एक व्यक्तित्व को दूसरे पर लाद देना व्यक्तित्व के मौलिक संवेगों का विरोधी तो है, और समाजीकरण की दुरूह प्रक्रिया का हिस्सा भी–हम इस तथ्य से भी तो आँखें नहीं मूँद सकते।

इन दोनों दृष्टिकोणों का संघात ऐना के सपनों में बखूबी मंचित होता है। 'ब्लू नोटबुक' में ऐना का प्रतिरूप 'एला' व्यापारियों को छलने का सपना देखती है। वह एक बक्से में भरकर उन्हें साम्राज्यवाद के अवशेष, कोरियन युद्ध में मरे सैनिकों के लुंज-पुंज अंग आदि दे आती है! बक्सा खोलने पर ये अवयव बन जाते हैं एक हरा मगरमच्छ। इन मगरमच्छों के जमे हुए आँसू हीरों के रूप में दमकते हैं, और व्यापारियों को इससे ही सन्तोष हो जाता है। सपने में एला को लगता है कि मगरमच्छ की दुष्ट मुस्कान उसकी अपनी उदास थकान का प्रतिबिम्ब है। इसे ही

शायद मनोविज्ञान में 'ट्रांस्फेरेंस' कहते हैं। युंग मिथकीय ढांचों से जोड़कर इसे 'ऐम्प्लिफिकेशन' भी कह लेते शायद।

यह किताब दुबारा पढ़ते-सुनते मेरे मन में बार-बार ये सवाल जगे कि जीवन तो प्रमेयों के पार जाता है, फिर संवेदनशील किताबें कैसे प्रमेयों में बँधकर बैठे भला। कुल मिलाकर तो किताब यही एहसास रेखांकित करती है जिसे निराला कैसी खूबसूरती से एक पंक्ति में बाँध गए हैं :

'दुखता रहता है अब जीवन'। तब क्या दुखते रहना ही स्थाई भाव हो जाए? न हो इस 'दुखते रहने से' निकलने का संघर्ष? भला कैसे न हो! समानान्तर कथा तो संघर्ष की है–बाहरी परिस्थितियों, रूढ़बद्ध संस्कारों और खुद अपने बनाए मकड़जालों से निकलने का संघर्ष, आत्मदया और आत्मसंशय के दलदल, झूठे आश्वासनों और खोखली दलीलों की मृगतृष्णा पूरा उपन्यास इसी की जीवन्त दास्तान है।

इस उपन्यास की दोनों नायिकाएँ आर्थिक और सामाजिक स्वायत्तता के बावजूद अपने-आप को पुरुष की निगाह से, उसके बनाए निकषों पर जाँचने-परखने को अभिशप्त हैं! उनसे अनुशंसा पाने की साध उनकी बनी ही हुई है, वे अपनी शर्तों पर उन्हें छोड़कर जाते हैं तो काफी दिनों तक अधूरा-अधूरा-सा लगता उन्हें, इसीलिए शायद और छोड़कर जाते समय वे खासे अमानवीय हो जाते हैं–'पैशन' चुक भी जाए तो 'गुडविल' (या कम-से-कम कृतज्ञता) अच्छे दिनों की याद कैसे चुक सकती है–देर तक वे धुँधलके से घिरी सोचती है, उसकी एक झलक देना मुझे उचित लग रहा है। ये कुछ पंक्तियाँ मैंने अनुवाद के लिए चुनी हैं, 'येलो नोट बुक' का हिस्सा है : 'भयानक बात यह है कि हर अनुभव के बाद मेरे मन में अपने बेवकूफ होने का एहसास टमकता है। हर क्षण मैं अपनी बेवकूफाना भावविदग्धता से ही जूझती नज़र आती हूँ। कभी सोचती हूँ कि पुरुषों की ही राह चल दूँ–काम से काम रखूँ, प्रेम-प्यार सब चटनी की स्थिति में स्वाद बदलने को एक ओर पड़े रहें...पर पता है मुझे। मैं ऐसा कर नहीं पाऊँगी। ऐसी मैं हूँ ही नहीं।' कोई क्या है, क्या नहीं है, किस बात से होती है उसे सच्ची खुशी-आत्मसंधान शायद इसको ही कहते हैं! हैं न?

मार्क्सवादी/समाजवादी स्त्रीवाद

हालाँकि मार्क्सवादी और समाजवादी नजरिए में थोड़ा फर्क है, पर स्त्री के सन्दर्भ में दोनों का मूल ग्रंथ है फ्रेडरिक एंगिल्स का 'द ओरिजन ऑफ द फैमिली, प्राइवेट प्रॉपर्टी एंड द स्टेट' जो यह मानता है कि स्त्री का शोषण वहाँ से शुरू हुआ जहाँ से वैयक्तिक सम्पत्ति का प्रावधान! उत्पादन के साधनों पर जिन थोड़े से लोगों का प्रभुत्व हुआ, वे मर्द थे, कार्पोरेट कैपिटलिज्म तथा 'साम्राज्यवाद' के पितृसत्तात्मक पूर्वग्रहों के मूल में है पूँजीवाद, और साधकों/अवसरों के सही आवंटन के लिए पूँजीवादी व्यवस्था ही ध्वस्त कर देनी होगी। समाजवादी व्यवस्था में किसी का किसी पर आर्थिक परावलम्बन होगा ही नहीं तो स्त्रियाँ भी पुरुषों के शोषण चक्र से मुक्त हो लेंगी और तब वे किसी पुरुष से अपना सम्बन्ध जोड़ेंगी तो उस वरण को परिसीमित और कलंकित करनेवाला कोई आर्थिक आधार नहीं होगा।

मार्क्सवादी फेमिनिस्ट्स मानती हैं कि औरतों की दुर्दशा का जिम्मेदार उत्पादन की संरचना है। पूँजीवादी और पितृसत्तात्मकता का गठबन्धन पुराना है, पर कई बार ऐसी स्थितियाँ भी उत्पन्न होती हैं कि स्त्रियों के बारे में पितृसत्तात्मक समाज और पूँजीवादी शक्तियों का स्वार्थशोधक सम्बन्ध अलग-अलग ढंग से विकसित हो जाता है। उदाहरण के लिए देखें तो उन्नीसवीं शताब्दी के इंग्लैंड में मजदूरों का निकाय चाहता था कि उनकी स्त्रियाँ घर में रहकर उनकी अधिकाधिक देखभाल करें, शाम को वे थककर घर लौटें तो चाय-पानी के साथ उनका इन्तजार करती वे मिलें जबकि पूँजीपति निकाय चाहता था कि उनकी स्त्रियों के सिवा और सारी स्त्रियाँ वेज-लेबर बाजार का हिस्सा बनें। इस संकट का समाधान शुरू-शुरू में पूँजीपतियों ने ऐसे किया कि वे पूरे परिवार के लिए 'फेमिली वेज' देने लगे। उन्होंने इस तर्क पर चलने की कोशिश की कि पत्नी-बच्चे घर पर होंगे तो श्रमिकों का शारीरिक, मानसिक स्वास्थ्य सुधरेगा, वे परितृप्त भी रहेंगे। एक बार उन्हें परितृप्ति देकर उनके पत्नी, बच्चों को कम मजदूरी पर भी बाजार में खींचा जा सकता है। सुविधापरस्ती एक बार रक्त में आ गई तो निन्यानवे का फेर वैसे भी लग जाता है। इस प्रकार घर के सिवा काम के स्थान पर स्त्रियों का दर्जा पूरकता का हो गया—ज्यादा तनख्वाह

वाले महत्त्वपूर्ण पदों पर पुरुष स्थापित हो गए और कम तनख्वाह वाले काम स्त्रियों के सिर आ गए। अमरीका के औसत कार्य क्षेत्र में स्त्रियों की प्रतिव्यक्ति 0.69 डॉलर की कमाई पर आज भी पुरुष एक डॉलर कमाते हैं।

सर्वेक्षण से एक मजेदार बात यह भी सामने आई कि कामगार स्त्रियों के पतियों की अपेक्षा तो घर में रहनेवाली स्त्रियों के पति घरेलू कामकाज में ज्यादा मददगार साबित होते हैं। इसके पीछे का मनोविज्ञान शायद यह हो कि घरेलू स्त्रियों में पुरुष अपना आर्थिक प्रतिद्वन्द्वी नहीं देखते और उन्हें पूर्णतः अपने अधीन मानते हैं। खिलाएँगे तो खाएँगी, नहीं खिलाएँगे तो भूखी मर जाएँगी–इस करुणास्पद तथ्य से ही उनके अहं की पुष्टि बेहतर होती है शायद।

तीसरी दुनिया की स्थिति थोड़ी अलग है। गरीब परिवार बहुधा वहाँ स्त्री मुखिया के अधीन चलते हैं। पुरुष शराबी, जुआरी, ऐय्याश, निकम्मा और पत्नी पर पूरी तरह आश्रित हो, पत्नी-बच्चों के विकास के सन्दर्भ में कोई निर्णय ले सकने की स्थिति में न रहे, तो भी मारपीट, गली-गलौज करने और 'उछन्नर' लगाने (न्यूसैंस वैल्यू स्थापित करने) में उसका कोई मुकाबला नहीं होता। ऐसी स्थिति में स्त्री मजदूरों/माइयों और दूसरे कामगारों को भरपूर मजदूरी के अलावा शैक्षिक, कानूनी और चिकित्सकीय सहायता भी समय-समय पर मिलती रहे तो एक सम्मानजनक स्वतंत्र जीवन जीने में यकीनन उन्हें मदद मिलेगी।

कुल मिलाकर देखा जाए तो यही समझ में आता है कि वर्ग भेद लिंग भेद को प्रश्रय जरूर देता है पर वर्ग विभेद मिटने से लिंग विभेद मिट जाएगा–ऐसा तो नहीं कहा जा सकता। हार्डी का प्रसिद्ध उपन्यास 'टेस ऑफ द डिअम्बरवील' इसका प्रमाण है। टेस का एलेक के हाथों बलात्कार, क्लेयर का उससे प्रेम और फिर उसका परित्याग, स्टोनहंज में उसकी मृत्यु सम्भव है। सबका मार्क्सवादी विश्लेषण थीम है गाँव के भूमिहीन मजदूरों का आर्थिक विस्थापन (माइग्रेशन) किन्तु, बात यहाँ खत्म नहीं हो जाती। उपन्यास सिर्फ यही नहीं दिखाता है, वह उन विसंगतियों और विरोधाभासों की ओर भी संकेत करता है, जिनके कारण नैसर्गिक प्रज्ञा और उच्चाशय विवेक के बावजूद टेस पुरुषों के द्वारा निरूपित 'साइरन', 'प्रोटेस्टर' और 'कमोडिटी', ('खतरा', 'प्रतिरोध' और 'पण्य') आदि भूमिकाओं का वरण करती है और खुद अपना ही स्वतंत्र, सही और निरपेक्ष स्वरूप पहचानने में उसे इतनी देर लग जाती है।

देह से आत्मा को बिलकुल अलग करके देखनेवाली टेस की नैसर्गिक प्रज्ञा का क्रिक मजाक उड़ाता है। उसके प्राकृतिक, स्त्रीसुलभ आकर्षण को 'पालतू पशु' के बिम्ब में आ समेटने की कोशिश की जाती है। पर उपन्यास के अन्त तक आते-आते टेस की अन्तःदीप्ति इतनी बढ़ जाती है और जेंडर प्रतिनिधित्व के उसके

द्वन्द्वात्मक घेरे इतने घनीभूत हो जाते हैं कि टेस का प्रश्न स्त्री-मात्र की अस्मिता के प्रश्न से जा जुड़ता है। कुल मिलाकर देखा जाए तो पूँजीवादी पितृसत्तात्मक की चार संरचनाएँ मानी जा सकती हैं।

1. प्रजनन, 2. उत्पादन, 3. बच्चों का समाजीकरण और 4. यौन शक्ति। ये चारों संरचनाएँ दरअसल एक दूसरे पर निर्भर हैं और स्त्री मुक्ति तभी सम्भव है, जब इन चारों स्तरों पर आमूलचूल परिवर्तन घटित हो। इस प्रकार पितृसत्तात्मकता के पूर्ण विलय के लिए सामाजिक के साथ सांस्कृतिक क्रान्ति भी अनिवार्य है।

अमरीका में शॉरलेट पकिन्स गिलमैन की परम्परा की बड़ी मार्क्सवादी स्त्री आलोचन टिली ऑल्सेन हैं। 'साइलेन्सेस' नाम की अपनी पुस्तक में महिला श्रमिकों, माँओं और स्त्रियों से हुई बातचीत के रोचक टुकड़े आसानी से पढ़े जा सकते हैं। 'हिज स्टोरी' को 'हर स्टोरी' बनाने के महत्त्वपूर्ण प्रयास फ्रांस में जूलिया क्रिस्तेवा क्डियन इन लैंग्वेज), इंग्लैंड से मिशेल ऐरेट (फेमिजिन्ज एंड द डेफिनिशन ऑफ कल्चरल पॉलिटिक्स), जूडी शिकागो (द डिनर पार्टी) तथा सिल्विया टाउनकोट बॉर्नर ने जारी किया

सिल्विया टाउनशेड बॉनर्र का उपन्यास 'समरलिव शो' स्पैनिश सिविल वार के दौरान 1938 में प्रकाशित हुआ था। कहानी यह कहता है–1848 की पेरिस क्रान्ति के दिनों की एक डी क्लास संभ्रान्त स्त्री सोफिया की जो एक आततायी विवाह की गिरफ्त से निकलकर साम्यवादी कार्यकर्ता बनती है और कालान्तर में अपने पति की पूर्वप्रेमिका मिन्ना की लेस्बियन सखी भी। सोफिया के पति का नाम है फ्रेडरिक। वह सोफिया की पुश्तैनी सम्पत्ति, जो विवाह के बाद उसकी हो गई है, पूरी तरह तहस-नहस करके उसको दाने-दाने के लिए मोहताज कर देता है। उसके बावजूद उस पर धौंस जमाना नहीं भूलता।

वैसे यह उपन्यास 'मैरेड विमेन्स प्रॉपर्टी एक्ट' के पहले की रचना है, पर स्त्रियों की सम्पत्ति का मनमाना उपयोग तो अभी भी एक आम घटना है, इसलिए इसकी प्रासंगिकता ज्यों की त्यों है। 'कॉलोनाइजर्स ऑफ साइकी एंडपर्स' जानकर शुरू में तो सोफिया पुरुषों से डरती है फिर मिन्ना से बातचीत के क्रम में हास्य के भले से पुट के लिए कहती है, 'इन सम वेज मेन वर इसेशियल...वन मस्ट हैव अ कोचमैन, अ गार्डनर। (पृ. 6) किसी-न-किसी रूप में पुरुष उपयोगी भी है। कोचवान, माली आदि के रूप में इनका महत्त्व स्वयंसिद्ध है। हड़ताल के दौरान सड़कों, बाजारों फुटपाथों की हिंसात्मक हलचलों का यहाँ जितना सच्चा और बेबाक वर्णन हुआ है, उतना ही महीन वर्णन सोफिया के आर्थिक और यौन शोषण का। विधा बहुलता (मल्टीजेनरिक मिक्स) की इसकी तकनीक 'मिडनाइट चिल्ड्रेन' से मिलती-जुलती है।

टु द लाइट हाउस

देरीदा के विसंरचनावाद और लकां के मनोविश्लेषण को आधारस्तम्भ मानकर फ्रेंच भाषाविदों ने यह बात उठाई कि यौन-शोषण का सबसे बड़ा हथियार और सबसे बड़ा आईना तो खुद भाषा ही है! उद्देश्य/विधेय, संस्कृति/प्रकृति, कानून/कोलाहल, पुरुष/स्त्री आदि सब जोड़े इसी दर्शन पर गढ़े गए हैं कि एक सबल है, दूसरा निर्बल, एक बिम्ब है, दूसरा प्रतिबिम्ब, एक को ईश्वर ने अपने साँचे में गढ़ा, दूसरे को गढ़ दिया पहले की गर्दन की हड्डी से, अनमने भाव से, बस यों ही, पहले की सेवा टहल के लिए! स्त्रीवाद का मनोभाषिक स्केल अस्मिता की लड़ाई भाषाई औजारों से लड़ना चाहता है! पितृसत्तात्मक भाषा का व्यूह वह स्त्री-भाषा से भेदना चाहता है और व्यूह भेदने की जरूरी शर्त है व्यूह की संरचना समझ लेना।

भाषा के बारे में लकां की पहली स्थापना यह है कि माँ से अलग-स्वायत्त व्यक्तित्व-विकास के क्रम में ही शब्द फूट पड़ते हैं। जब तक माँ बच्चे की आवश्यकताएँ पूरी करती रहती है, उसे बोलने की आश्यकता महसूस ही नहीं होती। मन मस्त हुआ तो क्या बोले! इस प्रकार भाषा एक प्रतीक बन जाती है उसका, जो बीत गया, छुप गया, दमित होकर अवचेतन में चला गया, जिसकी बस कल्पना की जा सकती है, वह भी खुलकर नहीं–प्रतीक की भाषा में। खुली माँग रखने पर दंड का विधान है–पिता दंडित करेगा। इस तरह से देखा जाए तो भाषा ही प्रतीक हो जाती है पिता के दंड विधान का। पिता की बनाई हुई दुनिया का प्रवेश-द्वार बन जाती है भाषा। एक बार इस प्रवेश द्वार के भीतर गए तो पिता के बनाए हुए कानून ही वहाँ कारगर दीखते हैं। ऐसे कानून जो जन्म के भी पहले से हमारी सामाजिक और यौन-इयत्ता निर्धारित किए रहते हैं। अर्थ-निकाय के इन्हीं अलग-अलग चक्रों को लकां 'ग्रिड ऑफ मीनिंग' कहते हैं।

चूँकि भाषा की शुरुआत ही एक दमन-चक्र से होती है, आदमी जो चाहता है, साफ कह नहीं पाता और दो शब्दों के अनन्तर कई दरारें निकल आती हैं। सैस्यूर तो कहते थे 'सिग्निफायर' और उसके एक 'सिग्निफायड' की बात, लकां ने बात की 'चेन ऑफ सिग्निफॉयड्स' की। उन्होंने कहा कि हर सूचक सूचकों की एक

शृंखला पर से फिसलता हुआ आगे आता है और इस क्रम में कई विस्थापन और संघनन घटित हो जाते हैं। हर शब्द ही निशाने से चूका हुआ तीर बन जाता है। सही 'लक्ष्य' के संधान की मानसिक तृप्ति कभी मिल नहीं पाती। ब्लेक की प्रसिद्ध कविता 'द सिक रोज' या अज्ञेय की 'असाध्य वीणा' में एक सिग्निफायड के कई टेंटेटिव सिग्निफायर्स साफ दिखाई देते हैं।

इतनी सारी विडम्बनाओं के बीच भाषा पल्लवित कैसे होती है—इसका एक दिलचस्प वर्णन वर्जीनिया वूल्फ के प्रसिद्ध उपन्यास 'टु द लाइट हाउस' के उस दृश्य में है जहाँ श्री और श्रीमती रैम्जे अपने सबसे छोटे बेटे, जेम्स के साथ प्राक्एडिपीय संघर्ष में निमग्न है। बच्चा 'लाइट हाउस' की ओर जाने का इशारा करता है। (जो माँ के प्रति उसके संदीप्त आकर्षण का प्रतीक है), माँ उसकी इच्छा का मान रखने को कह देती है 'अच्छा' और इस पर वह बेइन्तिहा खुशी जाहिर करता है, लेकिन क्षण भर में ये खुशी बुझ जाती है—पिता के नकार से! पूरा उपन्यास ही दो विरोधी अर्थनिकायों, दो विरोधी संवेदनाओं के आपसी संघात से बुना गया है जिसमें एक का प्रतीक हैं श्रीमती रैम्जे और दूसरे का श्री रैम्जे! श्री रैम्जे अपनी अधिकार प्रमत्त भाषा में 'सत्य', 'तर्क', 'तथ्य', 'ज्ञान' का आतंक स्थापित किए चलते हैं और श्रीमती रैम्जे उस अधिकारप्रमत्ता में अगर एक भी छेद करती है, एक भी प्रश्न पूछती है तो उसे 'ज्ञानसत्ता' की चुनौती मानकर वे इतने जोर से गुर्राते हैं कि देखते बनता है—श्री रैम्जे कहते हैं कि कल पानी बरसेगा। श्रीमती रैम्जे सिर्फ इतना पूछती हैं कि इतने आश्वस्त-भाव से वे ऐसा कैसे कह सकते हैं...और उन्हें मिर्च लग जाती है।

पूरे उपन्यास में जेम्स पिता के प्रति प्रतिकार से भरा नजर आता है और यह एडिपल खिच-खिच तब खत्म होती है जब अन्ततः श्री रैम्जे उसे उसकी बहन, कैम के साथ 'लाइट हाउस' दिखाने ले जाते हैं। रास्ते भर जेम्स क्रोध से भरा हुआ सोचता रहता है कि इस 'लाइट-हाउस' तक पहुँचने में कितनी बाधाएँ बचपन में पिता ने उपस्थिति की थीं। उस समय वह लाइट हाउस था रजताभ मीनार जिसकी पीली आँखें पूरी मुलायमियत के साथ 'अचानक' हर शाम खुल जाती थीं...अब वह दिखाई देती है 'सफेद-स्याह पत्थरों की छुतहर इमारत।' ये दोनों 'लाइट हाउस' एक नहीं थे, पर वह दूसरा वाला लाइट हाउस नहीं था तो और क्या था! ऊहापोह की इस पूरी प्रक्रिया में वूल्फ भाषा को अवचेतन के दोहरे दबाव में कसमसाती हुई दिखाती हैं। 'लाइट हाउस' प्रतीक है माँ की निवेदित संवेदनाओं का। वह प्रतीक माँ है और नहीं भी है। भाषा अधूरी पड़ जाती है, माँ को पूरी तरह व्यंजित कर नहीं पाती। यात्रा के इसी बिन्दु पर पहले वाले 'लाइट हाउस' की सारी रहस्यात्मकता उसे खंडित दिखाई देती है। वह कल्पना का 'लाइट हाउस' ज्यादा

सुन्दर था। सचमुच के 'लाइट हाउस' तक पहुँचना जीवन के यथार्थ से समझौता करने जैसा है। समझौते के इसी दुखद क्षण में जेम्स का पिता से तादात्म्य होता है और 'लाइट हाउस' का अर्थ ही उसके लिए बदल जाता है। वह दोहरे से इकहरा हो जाता है, होता नहीं तो बना दिया जाता है। सायास और चुपचाप सिर झुकाकर प्रतीकात्मक व्यवस्था की प्रधानता उसे स्वीकारनी ही पड़ती है।

प्रतीकात्मक व्यवस्था की प्रधानता स्वीकार करते ही जेम्स की भाषा भी उतनी ही इकहरी, उपदेशात्मक/आदेशात्मक, सपाट, तर्कवाही और निष्करुण हो जाती है जितनी उसके पिता की थी। ज्ञान का अक्षय भंडार वह खुद को ही समझने लगता है। और उसकी बहन? कैम? उसके पास तो पिता से तादात्म्य का कोई बिन्दु ही नहीं। वह पूरी व्यवस्था में खुद को दरकिनार, हाशिए पर खड़ी हुई पाती है जैसे उसकी माँ।

प्रतीकात्मक व्यवस्था की प्रधानता कम-से-कम भाषा के स्तर पर सम्भव है और स्वतंत्र अस्मिता के विकास के लिए आवश्यक भी! तभी तो अपने ढंग से इसका प्रतिकार श्रीमती रैम्जे करती हैं और प्रायः सभी महिला रचनाकार भी। अपने आलेखों में वूल्फ स्त्री की विशिष्ट शैली की बात करती हुई कहती हैं कि पाठ के पहले ही शब्द से अक्सर पता चल जाता है कि लेखक स्त्री है या पुरुष। स्त्रियों का अनुभूतिमंडल, उनके जीवन-मूल्य, उनकी संवेदना के धरातल ही विशिष्ट नहीं होते—उनका शब्द-चयन, टोन, बिम्बविधान और प्रवाह—सब अलग से पहचान में आ जाने लायक होते हैं। उनकी कल्पना शक्ति, अवचेतन के विषय में उनकी अन्तर्दृष्टि अधिक खुली हुई और साफ होती है, पर मनोवैज्ञानिक और सामाजिक दबाव भी उन पर कम नहीं होता। 'अ रूम ऑफ वन्स ओन' में जेन ऑस्टेन, शॉरलॉट ब्रॉण्टे और शेक्सपियर की काल्पनिक बहन के इन्हीं दवाबों को अन्तर्दृष्टिपूर्ण विशेषज्ञ वूल्फ ने किया है। 'टू द लाइट-हाउस' स्त्री के अन्तर्जगत के ये ही बिम्ब एक वर्तुलाकार, विडम्बनापूर्ण आख्यान में पिरोता है।

जैसा कि पहले भी संकेतिक है, श्रीमती रैम्जे अन्तःप्रज्ञासम्पन्न, तरलमना व्यक्ति हैं जिनका भाषिक-दैहिक-मानसिक छंद पति से बैठ ही नहीं पाता। श्री रैम्जे विश्वविद्यालय के प्रोफेसर हैं। बुद्धितत्त्व और तर्कबल उनका इतना प्रबल है कि इससे उनमें एक तरह की यांत्रिक, कूढ़मगज प्रस्तरधर्मिता पैदा हो गई है। श्रीमती रैम्जे की पंखुड़ियाँ भीतर ही भीतर खुलती और बन्द होती रहती हैं। इस पूरे मनोवैज्ञानिक यथार्थ का जितना बारीक अंकन सिनेस्थेसिया (मिश्र संवेदनाओं) और बहुध्वन्यात्मक बिम्बों के माध्यम से वूल्फ करती हैं, वह इरिगरे, सिक्सू जूलिया क्रेस्तेवा आदि फ्रेंच फेमिनिस्ट भाषाविदों के सामने एक अलग-सी मिसाल कायम करती है।

पूरे उपन्यास की गति क्षैतिज नहीं वर्तुलाकार है। सम्बन्धवाचकों और समुच्चयबोधकों का इतना तरल विनियोग हुआ है कि पूरी कथा एक लय में बहती दिखाई देती है। पुनरावृतियाँ भी महत्त्वपूर्ण है। एक ही बिम्ब कभी पितृसत्तात्मकता की पैरोडी करता दिखाई देता है तो कभी मेटाफिजिक व्याप्ति में फैल जाता हैं, जैसा कि उस दृश्य में जहाँ श्रीमती रैम्जे अपने बच्चे को 'मछुआरे की पत्नी वाली' परी कथा पढ़कर सुना रही है। इस कथा में स्त्री को तीन वरदान माँगने हैं और हर वरदान वे वह अधिकाधिक महत्त्वाकांक्षी होती चली जाती है। अन्तिम इच्छा वह व्यक्त करती है पोप हो जाने की–पितृसत्तात्मक व्यवस्था का प्रतीकात्मक प्रधान और नतीजा यह होता है कि उसके बाकी दोनों वरदान भी छिन जाते हैं! वह और उसका पति फिर से अपनी मुफलिसी भोगते चले जाने को अभिशप्त हो जाते हैं।

इस पूरी कथा का उपयोग वूल्फ मिमिक्री का प्रभाव पैदा करने के लिए करती हैं। प्लेटो, फ्रॉयड और दूसरे विचारकों के पाठ के हास्यास्पद टुकड़े उठाकर स्त्रीवादी सुई से उन्हें पंक्चर किए जाना उनका सिद्ध कौशल है। जिस प्रतिबिम्बन को स्त्री की विवशता, उसकी नियति समझा जाता रहा है, उसी को एक तकनीक बनाकर श्रीमती रैम्जे को ऊपर-ऊपर बहाती हुई वूल्फ अन्दर-अन्दर मुस्काती जाती हैं। इस प्रक्रिया में भाषा का वह मनोछन्द भी उनकी मदद करता है जिसे क्रिस्तेवा 'सिमिऑटिक' कहती हैं और जो गर्भगृह में माँ की देह से छनकर शिशु की देह में उतर आता है–आती-जाती साँस की लय, स्तन पकड़ने-छुड़ाने की लय, प्रकाश जलने-बुझने की लय जो अधूरे वाक्यखंडों, शब्दों के बीच की दरारों, अन्तरपाठीय प्रभावों, रचनात्मक अन्यथाकरणों और व्याकरण के नियम लाँघ जाने में प्रतिबिम्बित होती है।

तरह-तरह के गम्भीर मुखौटे पहनकर व्यवस्था का मजाक उड़ाने का यह खेल बाख्तिन के 'कार्नेवलेस्क' की धारणा में भी प्रतिबिम्बत है। मध्ययुग में कार्निवल कड़ियल राजतंत्र के खिलाफ कुछ भी कर गुरजने का एक छोटा-सा अवकाश होता था जिसका उपयोग लोग समारोहपूर्वक अफसरशाही का मजाक उड़ाने में करते थे।

मूल की हास्यपरक अनुकृति उसकी सबसे प्रबल आलोचना होती है। बख्तिन का मानना है कि पैरोडी की यही परम्परा मध्ययुगीन और पुनर्जागरणकालीन साहित्य की सबसे सिद्ध परम्परा बनी और अभी तक यह उन पाठों का मुख्य टोन होती है जिसे वह बहुध्वन्यात्मक कहते हैं। क्रिस्तेवा 'अन्तरपाठीय' कहती हैं जिस भाषिक पच्चीकारी को, बाख्तिन उसे डायलॉजिक कहते हैं। उनके अनुसार कोई भी उपन्यास विभिन्न वर्गों, लिंगों, अवस्थाओं, धर्मों और समुदायों की मान्यताओं/भाषिक

निकायों का रणक्षेत्र होता है जहाँ वे आपस में प्रभुत्व के लिए लड़ते हैं। इसलिए पाठ एकार्थी नहीं होते, बहुत सारी अनुगूँजों का समन्वय होते हैं।

'टू द लाइट हाउस' की परम्परा में कैनेन के मुख्य क्लासिक्स से पैरोडीमूलक रिश्ता कायम करनेवाले कुछ और महत्त्वपूर्ण स्त्रीवादी उपन्यास हैं ऐंजेला कार्टर का 'नाइट्स ऐट द सर्कस' और सिल्विया प्लाथ का 'द बेलजार'। सिल्विया प्लाथ और ऐन ऐक्सटन की कविताएँ भी इस 'दृष्टि' से महत्त्वपूर्ण हैं।

'नाइट्स ऐट द सर्कस' जासूसी उपन्यास 'यात्रा वृतान्त', रूमानी कथाचक्र, रोमांस, डिकेसियन अतिरेक और कामदी, जोला का प्रकृतिवाद–सबका ऐब्सर्ड मिक्स है! पहले से इस्तेमाल की हुई भाषा के बहाने अपनी अस्मिता टटोलना मूलतः इसी सिद्धान्त की ओर संकेत है कि अस्मिता एक अन्तःपाठीय पैचवर्क ही होता है। मौलिकता एक मिथ है और स्वतंत्रता है इसी अर्थ की हास्यपरक, मस्त-मलंग स्वीकृति।

पूरे उपन्यास में मुखौटे ओढ़ने और मसखरी करने की कारनिवल प्रक्रिया के अन्तर्गत अस्मिता का आधारस्तम्भ गढ़ा गया है। जब वॉल्शर पहली बार अपना मेक-अप चढ़ाता है, उसे एक विशिष्ट प्रकार की स्वाधीनता का एहसास होता है जो मुखौटे के भीतर ही सम्भव है।

उसकी स्त्री-पात्र, फेनर्स की (परदे के पीछे की) स्वाधीनता और मजेदार है–अतिशयोक्तिपूर्ण भी, क्योंकि वहाँ तो वह उड़ने की, गुरुत्वाकर्षण तक के खिलाफ पंख पसारने की पूरी तैयारी करती दीखती है। उसका महत्त्वपूर्ण संवाद रेबेले के उपन्यास 'गा गैण्तुआ' से है जो यह 'जन्म और मरण'–दोनों का जैविक रिश्ता स्त्री की देह से स्थापित करता है। पर ऐन्जेला कार्टर की महीयसी (लार्जर दैन लाइफ) नायिका 'जन्म' की अवधारणा शुरू में ही ध्वस्त कर देती है। वह कहती है कि 'माँ' बनने के लिए 'जन्म' देना जरूरी नहीं है, मातृमूलक संवेदनाओं का विस्तार 'देह' से इतर भी सम्भव है और मातृत्व एक भूमिका है जो तटस्थ भी हो सकती है। मजाक-मजाक में वह कहती है वह कि उसका बस चलता तो हेलेन (ट्राय की हेलेन) की तरह वह एक विशालकाय अंडे से फड़फड़ाती हुई बाहर आती।

उसकी सौतेली माँ ने हमेशा उसे यही बताया है कि उसका अपना या उसके परिवार का इतिहास कभी कुछ था ही नहीं। उसकी कहीं कोई जड़ ही नहीं–न कोई कहनेवाला है कि वह क्या करे, क्या न करे। उसका न कोई इतिहास है, न दायित्व–उससे कोई उम्मीद भी नहीं किसी को–न उसकी कोई भूमिका है सिवा उस भूमिका के जो वह खुद अपने लिए तैयार करती है।

अपनी अस्मिता के निर्माण-क्रम में वह टुकड़े चुनती है पुरुष और स्त्री, माँ और बेटी, वेश्या और संत, चुस्त ठग और मरियल आदर्शवादी, तर्कवादी और उदार

भावुक—हर तरह के चरित्र से जो उसके भीतर इलेक्ट्रॉन चक्र की तरह लगातार घूमते रहते हैं—हर तरह के मातृ-मिथक का मखौल उड़ाते हुए।

संवेदनशील और सजग स्त्री की मानसिक विक्षिप्तता के साक्ष्य से सिल्विया प्लाथ की आत्मकथात्मक उपन्यास 'द बेलजार' भी पत्नीत्व और मातृत्व की पितृसत्तात्मक अवधारणा की धज्जियाँ उड़ाकर रख देता है। यहाँ अपनी माँ और अलग-अलग कालखंड के अपने प्रेमियों से ऐस्थर के क्लिष्ट सम्बन्ध अलग-अलग, 'टोन' में साधे-उतारे गए हैं। समकालीन सिनेमा, पत्रिकाओं, फैशनेबल वस्त्र विज्ञापनों, कस्बाई परिदृश्यों की भाषा-शैली की अन्तःपाठीय संवेदनाओं के साथ ज्वाएस, डिलेन टॉसम और शेक्सपियर की भाषा-शैली की अन्तःपाठीय संवेदनाएँ कायदे से फेंट-फाँटकर ऐसी-शाहना खिचड़ी तैयार की गई है कि उसका आस्वादन किसी भी वर्ग, किसी भी जमीन का व्यक्ति आसानी से कर सके।

अपने लेखन पर आत्मसजग टिप्पणियाँ करती हुई ऐस्थर जेम्स ज्वाएस के 'फिनिग्सन वेक' को बताती हैं—कभी 'अक्षरों का सूप' कभी 'बूम-बूम' करता सीढ़ियों पर लुढ़क जाता लकड़ी का भारी कुंदा। उसके बाद ही सीधा वह जासूसी उपन्यासों की सनसनीखेज भाषा पर उतर आती है। जासूसी उपन्यासों में मनःस्थितियों का कोई उल्लेख नहीं होता, यहाँ मनःस्थितियाँ ही प्रधान हैं, पर जासूसी उपन्यास के नायक की हाशियाबन्द स्थिति और उसकी तरह-तरह की असुरक्षाएँ इस नायिका के मनोजगत का सफल रूपक बनकर सामने आती हैं। जासूसी उपन्यासों में वस्तुजगत की जो उथल-पुथल होती है, वह यहाँ नैतिक उथल-पुथल में प्रतिबिम्बित हो गई है। समय यहाँ सीधा न चलकर तुरुप चाल चलता है। कोई एक 'खोजी' दृष्टि यहाँ सीधे-सीधे चीजों का सर्वेक्षण नहीं करती—ऐस्थर की खुद कोई ठस्स नैतिक दृष्टि नहीं पर वह भोली है और कच्ची भी, इसलिए उसका एंटीना संवेदनशील है और वह स्थितियों का सर्वपक्षीय विश्लेषण कर लेती है।

इस विश्लेषण में जुगुप्सा है, आश्चर्य भी, जादू भी, यथार्थ भी। 'उसके साथ ही प्रकट हुई एक बाँह—मरे हुए आदमी के हाथ की तरह भारी, पर नींद से गरम'। 'लिटरल' का 'प्रतीकात्मक' में रूपांतरण, राजनीतिक स्थितियों की वर्णनात्मक पैरोडी, उत्तर आधुनिक तकनीकों का सजग प्रयोग द्योतित करते हुए हमें नए सिरे से आश्वस्त करते हैं कि स्त्रियों की भाषा उनकी यौन-तंत्रियों की तरह बहुकेन्द्रिय और विशिष्ट होती है और उसका सारा संघर्ष इकहरे, एकांगी सत्य से होता है जिसमें पितृसत्तात्मकता के प्राण बसे हैं—जैसे लोककथाओं के मायावी दानव के प्राण तोते में बसे होते थे।

वाइड सरगासो सी :
अन्तःसलिलाओं की महाप्राण करवट

औपनिवेशिक संदर्भ भास्वर स्त्रीवादी उपन्यास है जीन राई का 'वाइड सरगासो सी'। सरगासो समुद्र अतलांतिक महासागर का प्रशान्त गुनगुना हिस्सा है जहाँ हल्की हवा से उलझती हुई समुद्री झाड़ियाँ बड़े-बड़े जहाजों का रास्ता रोक लेती हैं। इंग्लैंड और इंग्लैंड के बाबू रोजेस्टर उसके एक तरफ हैं और दूसरी तरफ प्रतीकात्मक ढंग से खड़ा है कैरीबिनयन उपनिवेश और उसकी 'अपनी' सीरोल स्त्री एंटवाएनेट का चरित्र!

एंटवाएनेट नाम की निर्धन बेसहारा सीरोल लड़की शॉरलेट ब्रांटे के 'जेन आयर' में चित्रित श्वेतांग महाप्रभु मिस्टर ब्रटेन के बाद मिस्टर रोजेस्टर से ब्याह करती है। दोनों ही विवाहों से उसे जो प्रताड़नाएँ मिलती हैं—उनका प्रतिकार अपने भरे-पूरे संग-साथ द्वारा करते हैं—उसकी अश्वेत नर्स क्रिस्टोफाइन और बचपन का अश्वेत साथी तिया। क्रिस्टोफाइन अंगेजी, फ्रेंच, पस्तो, ओतिया और अरावक इतिहास का अन्तरंग जानती-समझती है और उसके माध्यम से राजनीतिक/सांस्कृतिक शोषण की औपनिवेशिक परम्परा पर कई महत्त्वपूर्ण प्रश्न उठाती है।

पूरा उपन्यास तीन खंडों में बँटा है। पहले खंड में एंटॉएनेट बोलती है। दूसरे खंड में रोजेस्टर जेमाइका भूखंड को अपनी दृष्टि से टटोलता हुआ अपने विफल विवाह की कहानी कहता है। तीसरा खंड शॉरलेट ब्रॉन्टे के 'थार्नफील्ड हाल' के तहखाने में एंटरवाएनेट की आवेगपरक, टूटी-फूटी पुनर्रचना है—एक सफल अन्तःपाठीय उड़ान। 'वाइड सरागासो' सी ब्रॉन्टे का इतिहास नजरअन्दाज नहीं करता, पर नस्लवाद और 'जेंडर' से सम्बद्ध नए सार्थक प्रश्न जरूर खड़े करता है। यह कैरीबियन इतिहास के 1840 के दशक का कालवृत्त समेटता है जब इमैन्सिपेशन एक्ट द्वारा 'स्लेवरी' ऐपरेंटिणशिप' में रूपान्तरित हुई और जमाइका चीनी-बाजार से ब्रिटिश सरकार ने अपना 'संरक्षण' वापस लिया, पर मिश्रित रक्त के 'सीरोल' तो वहीं छूट गए।

एक अर्थ में यह लेखिका जीन राई के अपने परिवार के उत्थान-पतन की कहानी भी है पर सबसे पहले तो यह है पितृसत्तात्मक 'नियंत्रण' की पोल खोलता

हुआ कथावृत्त। कैसे? यह समझने के लिए रोजेस्टर और एंटरवाएनेट के अलग-अलग कथन उद्धृत किए जा सकते हैं। पहले उद्धरण में रोजेस्टर का भय झाँकता है और वह पूर्वग्रह भी कि इस प्रदेश के लिए नस्लगत स्वाधीनता यौनगत स्वच्छन्दता का पर्याय बन जाएगी : हमारा बगीचा बाइबिल के बगीचे-सा विशाल और सुन्दर था, जीवन का वृक्ष उगा था वहाँ। पर वह झबरीला और जंगली बन गया था। रास्तों पर बेतरतीब घास उगी थी और जीवन की ताजा गन्ध में अजब तरह से घुल गई थी मरे हुए फूलों की गन्ध/पेड़ों के नीचे हरा प्रकाश था। फलों के बगीचे इतने लहलहा उठे थे कि लगता था, वे स्पर्शातीत हो गए हैं। पता नहीं किस अज्ञात कारण से हुआ था ऐसा, पर हुआ तो था...गन्ध बहुत मादक और तेज थी। मैं उधर जा भी नहीं पाता था। यही हाल कालिम्बी एस्टेट का भी। गुलामी मुर्दाबाद—क्यों कोई दूसरे के लिए खटे?'' (राई जीन, वाइड सरगासो सी, हॉडर एंट स्टॉगटन, लन्दन, 1989, पृ.2)

इसके तुरन्त बाद के अनुच्छेद में एंटरवारनेट प्रकृति के छन्दों से एकात्मता दिखाई गई है और एक अलग तरह की स्वतंत्रता से तरंगायित! जिसे रोजेस्टर 'ग्रीन मीनेस' कहकर टालता है, वही प्राकृतिक वैभव और अगाधता एंटरवारनेट के व्यक्ति का मूल छन्द है, इसका आकर्षण इतना घना है कि नकारा नहीं जा सकता।

पर रोजेस्टर को यह बर्दाश्त नहीं, इसलिए वह इसे पीटता है और जब नर्स क्रिस्टोफाइन की 'छोटी आँखें' इन बड़े कुकृत्यों की साक्षी बनती हैं तो वह इन्हें बर्दाश्त नहीं कर पाता और अपने अपराध-बोध के विपथन के लिए बन्द कमरे में शराब पीने चला जाता है। इस तरह कई घटनाक्रमों का सजग साक्ष्य उपन्यास वहन करता है। जिसे फैनन अपनी प्रसिद्ध पुस्तक 'द रेवेड ऑफ द अर्थ' (1961) में 'सांस्कृतिक प्रतिकार' की परम्परा कहते हैं—अतीत के पुनर्प्रकाशन के उसके आजमाए हुए अस्त्र से जीन राई 'एक्जोटिक और इम्मोरल अदर' की यूरोपीय अवधारणा का पर्दाफाश करती है। सीरोल और अश्वेत इतिहास की आपस में संशिष्ट स्मृतिदग्ध परतें बड़े धीरज से अलग करती हुई दमित जाति/नस्ल/संस्कृति का नैतिक भूगोल जिस कौशल से वे उजागर करती हैं, उसके लिए वे निश्चय ही बधाई की पात्र हैं।

दरअसल पूरे अफ्रीकी साहित्य में 'पर्सनल इज पोलिटिकल' का आधारभूत दर्शन आगे बढ़ाते हुए हर वैयक्तिक/सामूहिक जीवन के आरोह-अवरोह और नैतिक-सामाजिक-राजनीतिक स्पन्दन इतने महीन ढंग से रजिस्टर किए गए कि एक पूरी जातीय अस्मिता का अन्तरंग इतिहास सामने आ खड़ा हुआ।

इस तरह वैयक्तिक और सामूहिक अर्थविन्यासों की एक दोहरी चेतना कम्बलों, घड़ों-टोटमों, अग्नि-जल आदि सांस्कृतिक प्रतीकों के माध्यम से घरेलू और

राजनीतिक विस्थापनों की एक पूरी तस्वीर खिंच गई। देशी बोली के ठस्से और ब्लैक ह्यूमर से अनुस्यूत जीवन के परासांस्कृतिक संवादों की दृष्टि से महत्त्वपूर्ण यह उत्तर औपनिवेशिक रजिस्टर अश्वेत स्त्री के उस दोहरे (नस्लगत और यौनगत) शोषण की कहानी एक विशेष 'वुमिनिस्ट' पर्सपेक्टिव से सुनाता है। 'अश्वेत सौन्दर्यशास्त्र' के इस संस्करण में महिला-रचनाकारों के अलावा घर के काम-काज में ही रचनात्मकता का सुख ढूँढ़ती उनकी माँओं, मौसियों, बुआओं और चाचियों का भी महत्त्वपूर्ण योगदान है।

जब देह बन जाए उपनिवेश

यूरोपीय उपनिवेशवाद का इतिहास करीब-करीब उतना पुराना है जितना यूरोपीय उपन्यास का। सांस्कृतिक दस्तावेज और उपनिवेशवाद हमेशा से एक-दूसरे की संरचना निर्धारित करते रहे हैं। जो महिला-उपन्यासकार घर-गृहस्थी के चकरचालों में उलझी अल्पप्राण दुनिया की उपन्यासकार कही गई, उनके यहाँ इतिहास पायजामा-कुर्ता पहने इतने सहज भाव में करवट लिए लेटा है जितना मर्दवादी दस्तावेजों के ऑफिशियल (औपचारिक) सूट-बूटधारी विन्यास में हो ही नहीं सकता था।

जेन ऑस्टेन का 'मैन्सफील्ड पार्क' ब्रिटिश बूर्ज्वाजी द्वारा कैरेबियन अर्थतंत्र के दोहन का साक्ष्य प्रस्तुत करता है। शॉरलेट ब्रांटे का 'जेन आयर' भी अपरोक्ष और इसलिए ज्यादा विश्वसनीय ढंग से दिखाता है कि अट्ठारहवीं शताब्दी का उत्तरार्द्ध आते-जाते राजनीतिक-आर्थिक शोषण का यह चक्र मिशनरी नेटवर्कों द्वारा आत्मा तक जीत लेने की साजिश में कैसे ढल गया था।

पुरुष-विरचित कुछ समकालीन उपन्यास अपने ढाँचे में भी इम्पीरियल हैं! बन्द-बन्द से, भव्य और चाकचिक्यपर्ण कि उन्हें ब्रिटिश साम्राज्यवाद का सही आईना माना जा सकता है। इन उपन्यासों का पूरा ताम-झाम और इसके मध्य स्थित सर्वव्यापक, सर्वज्ञाता, सर्वदृष्टा कथावाचकीय इयत्ता भी कम इम्पीरियल नहीं। कॉनरैड की ऐतिहासिक भूमिका यही है कि अपने ईश्वर-सरीखे विशिष्ट कथावाचक/नायक की केन्द्रस्थली पर प्रश्नचिह्न लगाए जो दूसरों पर हावी हो जाने को अपनी ताकत का सही विनियोग मानता है।

अफ्रीका के कांगो पर केन्द्रित कॉनरैड का उपन्यास 'हार्ट ऑफ डार्कनेस' अंग्रेजी की अफ्रीका-विजय की मिथकीय गाथा है और मनुष्य के अपने अँधेरों में उतरने की अस्तित्ववादी गाथा भी। किन्तु अफ्रीकी स्त्री के चित्रण के संदर्भ में कॉनरैड इम्पीरियल ढाँचे के पितृसत्तात्मक पूर्वग्रहों को भी महत्त्वपूर्ण ढंग से उजागर करते हैं—उसकी एक झलक मार्लो (कॉनरैड के वाचक) के अफ्रीकी स्त्रियोल्लेख में देखी जा सकती है :

"वह नपे-तुले कदमों से चल रही थीं–धारीदार चिथड़ों में लिपटी, गर्व से धरती का सीना रौंदती हुई–बर्बर गहनों की धमक और हल्की छमाछम के साथ! उसने अपना सिर उठा रखा था। गर्वोन्नत था उसका माथा, हैलमेट के आकार में सजा जड़ा, अंग-प्रत्यंग पर जादू के टोटके, ताबीजें, पीतल-हाथीदाँत के गहने उसकी चाल, उसकी धीमी प्रगति में कुछ मनहूस रूप से राजसी था! वह मोहक रूप से जंगली थी। पूरे जंगल का रहस्य और वैभव, दुख और दावानल उसकी ही देह में दबा था! कैसा उत्तप्त और आवेगमय होगा उसका मन! (कॉनरैड हार्ट ऑफ डार्कनेस, मैकमिलन, बैसिंगटोन, 1989 पेज–6)

मार्लो की भाषा उन्नीसवीं शती के यात्रा वृतान्तों से उधार ली गई भाषा है, जिनमें अफ्रीका विचित्र यौन-सम्भावनाओं वाला आदिम भूखंड है। इसकी अपार शक्तियाँ इतनी उन्नत हैं कि प्रशमित न की गईं तो हावी हो जाएँगी, खासतौर पर स्त्री-शक्ति जो विधेय है, उद्देश्य नहीं, पण्य है, व्यक्ति नहीं। एक सीमा पर जाकर तो अफ्रीका खुद खूँखार किन्तु कमनीय स्त्री-तत्त्व में रूपायित हो जाता है जिसकी भावनाओं का ख्याल किए बिना उसकी भौतिक सम्पदाओं का दोहन किया जा सकता है क्योंकि इसके पास अपनी वाणी तो है ही नहीं।

'गाइललेस, प्रोफाउंड, कॉन्फिडेंट एंड ट्रस्टफुल' (अशक्त, उदात्त आत्मविश्वास से महमह और विश्वसनीय) दीखता हुआ यह पूरा उपनिवेश पूँजीवादी औपनिवेशिक/मर्द ताकतों को ललचाता प्रतीत होता है। कॉनरैड इसका विरोध तो करते हैं, पर उनका स्त्री-पात्रों को स्वतंत्र वाणी न देना एक पितृसत्तात्मक चक्रचाल में पड़ जाना ही है।

तीसरी दुनिया के उपन्यास 'सेट ऑफ माइनॉरिटी लिटररी प्रोडक्ट्स' था। 'आइडियलाइज्ड वर्शन ऑफ एसेन्शियलिज्म' न समझे जाएँ–इसकी सजग स्थापना उपन्यासों में राष्ट्रीय/क्षेत्रीय उपन्यास के पुनर्गठन से ही सम्भव है। सही अर्थों में औपनिवेशिक संदर्भ का स्त्रीवादी उपन्यास है जीन राई का 'वाइड सरगासो सी'।

समलैंगिकता का दर्शन : सखी-भाव-परिविस्तार

लेस्बियनिज्म को एक तरह की यौन-विकृति मानकर खारिज करने से पहले यह समझ लेना जरूरी है कि देह से अधिक यह आत्मा का ताल-बन्ध है—एक-दूसरे से सब कुछ कह-सुन लेने के बाद भी तृप्ति में एक-दूसरे को ऐसा कोमल आत्मीय स्पर्श, स्पन्दन, शान्ति और आराम देने की कोशिश जो पुरुषों के तूफानी संसर्ग में बहुधा नहीं मिल पाती! बहुत दिनों तक पुरुष समाज में यह धारणा बलवती रही कि स्त्रियों की स्वतंत्र यौन-तंत्रिकाएँ होती ही नहीं, इसलिए वे प्रणय-क्रिया में भी पैसिव पार्टनर और एक कोख-मात्र होती हैं। बाद के जीववैज्ञानिक अनुसन्धानों, समाजशास्त्रीय सर्वेक्षणों और खुद स्त्रियों के अन्तरंग आत्मप्रकाशक वक्तव्यों से यह बात अयाँ होती चली गई कि स्त्री की देह का संगीत क्लासिकल रचनात्मक बन्ध है। पॉप संगीत की तूफानी धूम-धड़ाक उसकी देह के साथ उसका मन भी ऐसी विद्रूपता से कुचल डालती है कि फिर उससे कोई 'राग' नहीं उठता—मामला घोर 'विराग' का हो जाता है जहाँ पुरुष का साथ त्रासद ही नहीं, फार्सिकल भी हो जाता है।

मन की एकात्मता साधे बिना देह पर हावी हो जाना एक ऐसा भयावह अपराध है जिसके लिए कोई भी सजा कम समझी जानी चाहिए! और बौद्धिक तादात्म्य के बिना एक-दूसरे के सूक्ष्मतम दुखः-सुख से एकाकार हुए बिना, एक-दूसरे के लिए मन में गहनतम सम्मान जगे बिना, सीधे दैहिक स्पर्श पर उतारू हो जाना दुनिया का क्रूरतम खेल है जो पुरुष स्त्रियों के साथ वर्षों से खेलते आए हैं। इसी की तीक्ष्ण प्रतिक्रिया है वह लेस्बियनिज्म!

माँ-बेटी, बहन-बहन, ननद-भाभी आदि के कुछ मीठे-खट्टे रिश्ते ऐसे हैं जिनकी सम्भावनाएँ तलाशती हुई बहुत-सी कहानियाँ-कविताएँ भारत में लिखी गई हैं। स्त्रियों का बुर्काबन्द मुस्लिम समाज, जो शब्द के मूल अर्थ में आज तक असूर्यम्पश्याओं का समाज है, अपने जीवन की विरसताओं-विद्रूपताओं का तात्कालिक निवारण एक-दूसरे के उस तरह के संग-साथ में ढूँढ़ ले जिसका हवाला इस्मत चुगताई अपनी संवेदनशील कहानी 'लिहाफ' में देती हैं तो यह कोई बहुत हास्यास्पद स्थिति नहीं—इसके अपने मर्मस्पर्शी कोने-अन्तरे भी हैं।

औरत की देह में दूसरी औरत विश्वास, निष्ठा और सहानुभूति आदि का विस्तार ही ढूँढ़ सकती है, और क्या! ये ही कुछ स्पन्दन हैं जो उसे पुरुष के संसर्ग में नहीं मिलते तो वह मीरा-महादेवी, एमिली डिकिंसन और क्रिस्टिनी रॉजेटी की मनःस्थिति में आकाश-तत्त्व की ओर मुड़ जाती है या फिर लेस्बियन रचनाकारों की तरह आत्मनिर्भर घेटो के सन्धान में।

हमारे यहाँ गाँवों-कस्बों में सखी-बहिनापाएँ बनाने की पुरानी परम्परा रही है। उसकी एक पूरी प्रक्रिया होती है—दुपट्टे बदलकर, एक-दूसरे को पान-कसैली खिलाकर लड़कियाँ एक खास तरह के अटूट बन्धन में बँध जाती हैं जो विवाह बन्धन से भी कहीं ज्यादा गहरा समझा जाता है। एक-दूसरे के राज जिन्दगी भर अपने तक रखना और जिन्दगी के किसी कठिन मोड़ पर तन-मन-धन से काम आ जाना इस रिश्ते की खूबसूरती होती है।

एक गौरतलब बात यहाँ यह होती है कि सखियाँ एक-दूसरे का असल नाम नहीं लेतीं। एक-दूसरे को वे किसी पोशीदा नाम से बुलाती हैं। नाम अक्सर प्रकृति का कोई उपादान होता है—जैसे 'चम्पा'। 'अ' 'ब' को 'चम्पा' बुलाती है और 'ब' 'अ' को—इस तरह नाम और कुछ राज एक हो जाना अस्मिताएँ एक होने का पर्याय हो जाता है। पर असल नाम पोशीदा रखने के पीछे मनोविज्ञान क्या है? शायद यह कि कुछ बातें ऐसी होती हैं जिनका मर्म पितृसत्तात्मक पुरुष-समाज समझ ही नहीं सकता, इसलिए उसके आगे उनकी चर्चा भैंस के आगे बीन बजाने जैसी है। कुछ लोग, कुछ प्रसंग उसकी जानकारी से इतर रखना स्त्री की स्वतंत्र इयत्ता का इजहार तो है ही, एक अन्य स्त्री को अपने पति से अधिक नहीं तो कम-से-कम उसकी बराबरी का दर्जा देने के भी इससे संकेत मिलते हैं।

लेस्बियन साहित्य की पृष्ठभूमि में एक धारणा और जो काम करती है, वह यह कि स्त्री की अस्मिता तरल होती है, ठोस नहीं—उसमें पुरुष-तत्त्व और स्त्री-तत्त्व दोनों का समागम होता है और समय/स्थान के अनुरूप कोई एक स्वरूप उसमें प्रधान हो उठता है। इस तरह संरक्षक-संरक्षित का खेल दो स्त्रियाँ भी आपस में खेल सकती हैं। लड़कियों के स्कूल-कॉलेज, छात्रावासों या इस तरह के दूसरे स्त्री-शासित 'स्पेसों' में ये दृश्य आम हैं जिनका सफल चित्रण कॉलेट अपने प्रसिद्ध उपन्यास 'क्लॉडीन स्कूल' में करती हैं :

'Our intimacy is progressing very fast. Her nature is like a demonstrative cat's : she is delicate, acutely sensitive to cold, and incredibly caressing in her ways. I like looking at her nice pink face, like a fair haired little girls, and at her golden eyes with her curled up lashes. Lovely eyes that can only ask to smile.'' (Penguin, Harmondsworth, 1979, p. 15).

बूढ़ी है, क्लॉडीन की शिक्षिका भी, पर ऊँच-नीच। स्त्री-पुरुष, ज्ञानी-मूढ़ आदि सारे ध्रुवान्तों का शमन इस सहज उल्लसित मनोबंध में सम्मिलित है। जानवरों का वैसे कोई लिंग नहीं होता। (अंग्रेजी में 'इट' के न्यूटर जेंडर से काम चला लिया जाता है, पर 'कैट' और 'फॉक्स' शी से सम्बोधित की जाती हैं।) क्यों? यह स्पष्ट है, पर यहाँ उसका भी सकारात्मक पक्ष क्रीड़ाभाव प्रकाशित कर दिया गया है। चेहरे बदलते चलने की क्रीड़ाधर्मिता (मास्क्वरेड) लेस्बियन उपन्यासों में यौन रूढ़ि पलटने का एक कारगर साधन बनकर सामने आती है!

यौन और जातीय इयत्ताओं को अन्तर्सम्बद्ध माननेवाली आंड्रे लॉर्ड का कहना है कि अलग-अलग सांस्कृतिक अस्मिताओं के बावजूद विश्व भर की स्त्रियाँ बहनें हैं क्योंकि उनकी तात्विक समस्याएँ एक हैं। इतिहास, मिथक और आत्मकथा के सम्मिश्रण (biomythography) से मातृसत्तात्मक विस्मृत स्पेस (Non-linear diaspora) पुनर्सृजित करने का जो मूलमंत्र उन्होंने किया, उसका सुन्दर विनियोग उनके उपन्यास 'जामी' में दीखता है। 'कालमी नियत धारणा से छेड़-छाड़ अन्य लेस्बियन उपन्यासों के साथ इसमें भी सहज दिखाई देती है :

"I never caught cold, but got co-hum, co-hum' and then everything turned 'cro-bo-so' and to psyturway atleast but as low.

I am a reflection of my mother's secret poetry as well as of her hidden angers.

Sitting between my mother's spread legs, her strong knees gripping my shoulders tightly like some well-attended drum, my head in her lap, while she brushed and combed and oiled and braided. I feel my mother's strong, rough hands all up in my unruly hair, while I'm squirming around on a low stool or on a folded towel on the floor, my rebellious shoulders hunched and jerking against the inexorable sharp toothed comb.

After each springy portion is combed and braided, she pats it tenderly and proceeds to the next.

I hear the interjection of sotto voce admonitions that punctuated whatever discussion she and father were having.

'Hold your back up, now! Deenie, keep still! Put your head so!' Scratch, scratch, 'When last you wash your hair? Look the dandruff!' scratch, scratch, the comb's truth setting my own teeth on edge. Yet, these were some of the moments missed most sorely when our real wars began.

I remember the warm mother smell caught between her legs, and the intimacy of our physical touching nestled inside the anxiety/pain like a nutmeg nestled inside its covering of mace.

The radio, the scratching comb, the smell of petroleum jelly, the grip of her knees and my stinging scalp all fall into the rythms of a litany, the rituals of Black women combing their daughters' hair."—Andre, Lorde, Zami, Sheba, London, 1982, pp. 32-3

"For some of us there was no one particular place, and we grabbed whatever we found : sapce, comfort, quiet, a smile, non-judgement."—Ibid, p. 226

'Being women together was not enough. We were different. Being gay-girls together was not enought. We were different. Being Black together was not enough. We were different. Being Black dykes together was not enough. We were different."—Ibid.

बच्ची की कंघी-चोटी (और पिता से बकझक) करती माँ की देह में तरह-तरह के स्पन्दन ही इस पूरे अनुच्छेद का मूल पाठ है जिसकी अपनी गझिन आधिभौतिक परिव्याप्तियाँ भी हैं। कवितांश, आत्मकथांश, तरह-तरह के नाटकीय संवाद मिला-जुलाकर स्पर्श, स्वाद और गन्धों की एक सिमिऑटिक (गर्भगृह की-सी) जादुई दुनिया ही जैसे पुनर्सृजित कर ली गई है जहाँ सुरक्षा है और शान्ति भी, जो बाहर की पुरुष-प्रधान दुनिया में नहीं है।

इस घने तादात्म्य के बावजूद अपने अलग-अलग वजूदों और अलग सांस्कृतिक अस्मिताओं के प्रति सचेतन रहना भी उतना ही जरूरी है–यह याद दिलाना वे कभी नहीं भूलतीं।

स्त्रीवादी समीक्षा : एक आलोचना

कुल मिलाकर देखा जाए तो 'जेंडर एक कंस्ट्रक्ट है' माननेवाली स्त्रीवादी समीक्षा हर तरह के मनोसामाजिक और भाषिक सिद्धान्तों का सारवाद के खिलाफ विनियोग कर लेनेवाला अन्तर्विद्याशास्त्रीय निकष है, जो विचार करता है:

(अ) विशिष्ट कृतियों के यौन-पूर्वग्रह पर, (आ) स्त्री-केन्द्रित अनुभूतियों पर, (इ) स्त्री-लेखन पर, (ई) स्त्री को 'अन्य' तथा 'अपंग' घोषित करने की सामाजिक/राजनीतिक/ऐतिहासिक/भाषिक दुरभिसंधियों पर; और प्रस्तावित करता है कि :

(क) 'लेखक की मौत' वाली धारणा बेबुनियाद है, किसी विमर्श में उद्‌देश्य-स्थान पर रहनेवालों की स्थिति हमेशा सुदृढ़ होती है और उसी की अनुभूति केन्द्रस्थ! समय आ गया है कि स्त्रियाँ उद्‌देश्य-स्थान पर आकर 'महफिल उनकी, साकी उनका/आँखें अपनी, बाकी उनका' की बेचारगी से निकलें!

(ख) लिखना ही नहीं, पढ़ना भी एक राजनीतिक कर्म है जिसमें आप ही आप चीजें छँटती चली जाती हैं और एक खास तरह का मध्यावधि चुनाव भी होता चलता है।

(ग) औरतों की भाषा का एक अलग मिजाज है जिसे कैनन में प्रतिष्ठा मिलनी चाहिए। कैथरीन आर. सिम्पसन इसे बड़े कायदे से 'push and joy of language' कहती हैं।

(घ) स्त्री-रचनाशीलता की मनोगतिकी वैयक्तिक और समष्टिगत स्त्री-चेतना और स्त्री-लेखन की विशिष्टताओं का भी यथेष्ट विश्लेषण होना चाहिए।

(ङ) यह बात भी भूली नहीं जा सकती कि कोई भी स्त्री सिर्फ स्त्री नहीं होती; उसका एक विशिष्ट वर्ग, नस्ल, राष्ट्र, परिवार, कबीला, समय और स्थान होता है जिस पर अलग से विचार होना चाहिए।

स्त्रीवादी समीक्षा की अपनी सीमाएँ नहीं–ऐसा नहीं है! पहले चरण की स्त्रीवादी समीक्षा एक आखेटक दृष्टि से परिचालित थी–हाथ में धनुष-बाण लेकर साहित्यिक वन-कन्दराएँ घूम जाओ और जहाँ कोई स्त्री-विरोधी बात देखो–साध दो

निशाना। खैर, यह भी गनीमत थी। ज्यादा मुश्किल दूसरे चरण में शुरू हुई जब स्त्री-रचनाकारों ने आदर्श दीखनेवाले प्रायोजित स्त्री-चरित्रों की भीड़ जुटा दी। साहित्य सिर्फ प्रोग्राम्ड, आदर्श चरित्रों का उत्पादन करने लगे तो वह यथार्थ से दूर नहीं हो जाएगा क्या! जब संसार कच्चे, अनगढ़, थोड़े कमजोर, थोड़े सप्राण चरित्रों से भरा है तो साहित्य supermen/superwomen ही क्यों गढ़ता चला जाए? इस संदर्भ की महत्त्वपूर्ण ऊहापोह (double bind) कैरोल इयानोन ने 1981 के अपने पी-एच.डी. डिर्स्टेशन में प्रस्तुत की है :

"If women writers or characters are too successful, whether materially or morally, they cannot speak for women still oppressed. But if they are failures in achieving independence, they can hardly serve as models for other women."–As quoted in Peter Sham's '*Feminist Literary Criticism*', American Scholar, Autumn, pp. 498.

रास्ता कहीं बीच से ही होकर जाता है।

तीसरे चरण के फेमिनिज्म में दैहिक सम्वेदना-प्रधान (संदर्भ : clitoral hermeneutics) भाषा की बात उठाई गई, जिसमें एक अलग तरह के सारवाद के खतरे उभरे। व्याकरण के सब नियम तोड़नेवाली भाषा कोयल की कूक, चिड़ियों के अबूझ कलरव में भी विघटित हो सकती है : एक खतरा यह भी था। रुथवेन जिसे स्त्रीवादी आतंकवाद कहते हैं, उसकी भी कुछ सीमाएँ हैं। यह मानते हमें कोई गुरेज नहीं कि बहुत-सा स्त्री-लेखन कमजोर, कच्चे प्रतिक्रियावाद का नतीजा भी था, और यह भी कि कई पुरुष लेखकों ने भी स्त्री-चेतना का इतना सटीक वर्णन किया है कि उस पर अलग से चर्चा होनी चाहिए।

●●●